朱高正 著

四書精華階梯

（下卷）

臺灣商務印書館

四書精華階梯　下卷目錄

《論語》

〈先進第十一〉

〈憲問第十四〉

《孟子》

〈離婁上〉

〈離婁下〉

〈盡心上〉

《中庸》

四書精華高階

《大學》

第一條　格致誠正修齊治平之道

大學①之道，在明明德②，在親民③，在止於至善④。知止而后有定，定而后能靜，靜而后能安，安而后能慮，慮而后能得⑤。物有本末，事有終始，知所先後，則近道矣⑥。古之欲明明德於天下者⑦，先治⑧其國；欲治其國者，先齊其家⑨；欲齊其家者，先脩⑩其身；欲脩其身者，先正其心⑪；欲正其心者，先誠其意⑫；欲誠其意者，先致其知；致知在格物⑬。物格而后知至，知至而后意誠，意誠而后心正，心正而后身脩，身脩而后家齊，家齊而后國治，國治而后天下平⑭。自天子以至於庶人⑮，壹是⑯皆以脩身為本。其本亂，而末治者，否矣⑰。其所厚者薄，而其所薄者厚，未之有也⑱。此謂知本，此謂知之至也⑲。

①　大學：古時教育分為小學與大學。小學是小人之學，是教導百姓懂得如何順從長上，服從

政令的學問，其教學內容包括書寫、算術、灑掃、應對、進退等禮節。而大學則是大人之學，也就是君子之學，是教導將來從事「士」這個行業的人，也就是從事教書、爲官的士人，如何治國平天下，如何「爲王者師」，甚至要能「格君心之非」。一般的童生八歲入小學，到十五歲時，開始分流，優秀的子弟升入大學，教以窮理、正心、修己、治人的道理。而其他的子弟則從事農、工、商等行業。

②明明德：第一個「明」是動詞，第二個是形容詞。明德，是與生俱有的光明德行。明明德，把後天的人欲去除，使原有的光明德行明亮起來。

③親民：程朱學派向來將「親」解爲「新」。親民，使百姓能日新又新，進進不已。而王陽明則主張將「親」字解爲「親近」。親民，親愛其百姓。值得注意的是，清代乾嘉學派的先驅，康熙朝的毛奇齡，以陽明學者自居，對朱子的《四書章句集注》批評不遺餘力，但在他晚年的代表作《四書改錯》中，有關朱子將「親民」解爲「新民」一事則不置一語，默然接受。

④止於至善：止，到達、停留的意思。至善，完美的境界，最終的目的。

⑤知止…能得：言止於至善的順序與成效，在於定、靜、安、慮、得五個層次。知止，知道所要求的完美境界；定，知至善的所在，則志有定向；靜，謂心不妄動；安，謂所處而安；慮，謂思慮精當；得，謂得其所止。后，同「後」，下同。

⑥物有…近道矣：「明德」爲本，「親民」爲末，「知止」爲始，「能得」爲終。本、始所先，末、終所後。如此分清本末、終始，循序而進，就可以近乎大學之道。

⑦明明德於天下者：使通天下的人都能明其明德。天下，在周代爲所有諸侯國再加上周天子近畿的總稱。而諸侯國又分爲公、侯、伯、子、男五等爵位。

⑧治：音ㄔˊ或ㄓˋ。先「治」、欲「治」讀ㄔˊ；國「治」、末「治」讀ㄓˋ。

⑨欲治其國者，先齊其家：國，原指諸侯國，其封地由方百里到方五十里不等。家，指卿、大夫之家，除其家人、幫傭外，還包括在他的封地上勞動的農民。

⑩脩：通「修」。

⑪正其心：使心無邪念。

⑫誠其意：誠，實。意，心之所發。言心之所發，無不誠實。

⑬致知在格物：致，推到極致。知，知識。致知，推擴我的知識，欲其所知無不盡。格，至。物，事。格物，窮至事物之理，欲其極處無不到。

⑭物格…天下平：反覆闡明上文的意思。修身以上，是明明德的事；齊家以下，是親民的事。

⑮庶人：沒有爵祿的平民百姓。

⑯壹是：一切。

⑰其本亂，而末治者否矣：本，指修身。末，指齊家、治國、平天下。言身既不修，而欲國

治家齊，絕不可能。

⑱其所厚…未之有也：所厚，指身。所薄，指天下國家。「其所厚者薄」的「薄」，爲動詞，輕視之意；「其所薄者厚」的「厚」，爲動詞，重視之意。言所當厚的自身尚不能修持好，而能澤及天下國家的，是從來沒有的事。

⑲此謂知本…至也：這十個字在通行本中，被朱子認爲是衍文，而被刪除。其實，依照古本，文意仍然通暢，不宜刪除。

大學所講的道理，在於明亮自己本有的光明德行；在於使百姓能日新又新，進進不已；在於使明明德和親民的成就能達到完美的境界。能知道止於完美的境界，然後才能志有定向；志有定向，然後才能心不妄動；心不妄動，然後才能所處安穩；所處安穩，然後才能思慮精當；思慮精當，然後才能得到完美的境界。凡物都有根本和枝末，凡事也都有終局和起始；能夠明白這本末、終始的先後次序，就接近大學所講的修己治人的道理了。古時想要使通天下的人都能明其明德的人，一定要能先將自己的封國治理好；想要將封國治理好，就得先使自己的家庭和睦；想要使家庭和睦，就得先將自己本身修養好；想要修養好自身，就得先端正自己的心地；想要端正自己的心地，就得先誠實自己的意念；想要誠實自己的意念，就得先推擴自己的知識；想要推擴自己的知識，就在於能窮究各種事物的道理。事物的道理窮究明白了，知識便達到極點；知識達到極點，然後意念才能誠實；意念誠實，然後心地就端正；心地端正，然後自己就修養好了；自身修養好了，然後家庭就和睦了；家庭和睦，然後國家就可以治好了；國家治好，然後天下就可以太平了。上自天子，下至平民百姓，通通都要以修身爲本。如果不能修身而想使家庭和睦、國家大治、天下太平，那是不可能的。把修身這麼重要的事看成不重要，把治國、平天下這些次要的事反而看成最重要，而奢望能將恩澤被於天下，那是從來沒有的事！這樣就知道了根本，這樣就是知識的極致。

《大學》原是《小戴禮記》的第四十二章，在宋朝以前並未單行，朱子作《大學章句》時，將它分爲「經」一章（即本章），「傳」十章。他認爲「經」是曾子述孔子之意，「傳」是曾子的弟子述曾子之意。《大學》的作者雖還不能完全確定，但絕對是儒家思想中最有代表性的著作，尤其「經」一章，言簡意賅，闡述一套極爲弘偉的內聖外王之道，將儒家所堅持的「先修己，方能治人」的思路完整表達出來。難怪朱子教人讀書時，都要人「先讀《大學》，以定其規模」。大學之道有三綱領、八條目：三綱領就是「明明德」「親民」和「止於至善」；八條目則是「格物」「致知」「誠意」「正心」「修身」「齊家」「治國」「平天下」。要先能自明其明德，才能以身作則，使百姓的德行也日新又新；從而要求「明明德」與「親民」能達到完美的境界。爲了能做到「止於至善」，那也有五道程序，那就是定、靜、安、慮、得。而八條目之中的格、致、誠、正都是爲了修身，齊、治、平則是身修之後自然會有的效果。易言之，八條目就是以修身爲中心：格、致、誠、正是內聖的工夫；齊、治、平則是外王的成就。內聖功夫重在修養自己，明其明德；外王成就顯現在治國、平天下，「修己以安百姓」，這就是「親民」。要把內聖外王做到完美無瑕，那就要「知所先後」，要能「知本」，也就是先把自己修養好。這樣就把個人的道德修養與治國平天下緊密連結起來了，這就是何以要「先讀《大學》，以定其規模」的道理！

第二條　誠其意者，毋自欺也

所謂誠其意者，毋①自欺②也。如惡惡臭，如好好色③，此之謂自謙④。

①毋：音ㄨˊ，禁辭，不要。

②自欺：欺騙自己。

③如惡…好色：上一惡字，音ㄨˋ，厭惡。上一好字，音ㄏㄠˋ，喜好。厭惡難聞的氣味，喜好美好的顏色，都是發自內心的自然感受，沒有任何的人爲作做。

④謙：謙，音ㄑㄧㄝˋ，通「慊」，愜意。

所謂「誠其意」，就是不要欺騙自己，就像厭惡難聞的臭味，就像喜愛美好的顏色，眞誠反應自己的感受，不夾雜任何的私意作做，這叫做自足愜意。這就是說，想要修身的人，要能遷善改過。那就要眞正用其心力，不可自欺，使他厭惡不善就如惡惡臭一般，喜愛善德、善行，就如好好色一般。凡是不善的，都堅決除去；凡是美善的，都堅決求得。這樣就可以自快於己，不會苟且隨俗而遷就別人了。

第三條　小人閒居爲不善，無所不至

小人閒居①爲不善，無所不至，見君子而后厭然②，揜③其不善，而著④其善。人之視己，如見其肺肝。

① 閒居：獨處、平時。
② 厭然：厭，音ㄧㄢˇ。遮遮掩掩的樣子。
③ 揜：同「掩」，掩飾。
④ 著：音ㄓㄨˋ，顯明。

品德不好的小人閒居在家盡幹壞事，沒有做不到的。碰到了有德君子便遮遮掩掩地隱藏自己的不善，而刻意顯露自己的善行。可是人家看他，就像看穿到他身內的肺肝似的那麼清楚。這是在說，小人私底下盡幹壞事，而表面上卻想遮掩，而裝出也在做好事的樣子。由此可知，小人並不是不知道應該行善去惡，只是不能眞正用其心力，以達到行善去惡罷了。但是想掩飾他的過惡，卻終究掩飾不了；想假裝行善，卻終究假裝不了，這又有什麼用呢？

第四條　故君子必誠其意

富潤屋，德潤身，心廣體胖①，故君子必誠其意。

① 心廣體胖：胖，音ㄆㄢˊ。安適舒泰。言心無愧怍，則廣大寬平，而體常舒泰。

富有的人用錢財裝修住屋。而有德的人則用善德修養身心，其內心廣大寬平，形體自然舒泰。所以君子一定要使自己的意念誠摯無欺。

第五條　盛德至善，民之不能忘也

詩云：「瞻彼淇澳①，菉竹猗猗②。有斐③君子，如切如磋，如琢如磨④。瑟兮僩兮⑤，赫兮喧兮⑥。有斐君子，終不可諠⑦兮！」「如切如磋」者，道

學⑧也。「如琢如磨」者，自修⑨也。「瑟兮僩兮」者，恂慄⑩也。「赫兮喧兮」者，威儀也。「有斐君子，終不可諠兮」者，道盛德至善，民之不能忘也。

① 淇澳：淇水濱。淇水，今河南省黃河北。澳，音ㄩˋ，水濱，《詩經》作「奧」。
② 菉竹猗猗：菉，音ㄌㄨˋ，綠，《詩經》作「綠」。猗猗，美盛貌。猗，音一。
③ 有斐：斐，音ㄈㄟˇ，文質彬彬貌。
④ 如切⋯如磨：切磋，指治骨、角。琢磨，指治玉、石。謂就原有的美質，益求精進。
⑤ 瑟兮僩兮：瑟，嚴謹貌。僩，音ㄒㄧㄢˋ，威武貌。
⑥ 赫兮喧兮：煊赫盛大貌。喧，音ㄒㄩㄢ，《詩經》作「咺」。
⑦ 諠：音ㄒㄩㄢ，忘記，《詩經》作「諼」。
⑧ 道學：道，是說。指研究道理學問。
⑨ 自修：修養自身。
⑩ 恂慄：恂，音ㄒㄩㄣˊ。容貌嚴肅令人畏懼的樣子。

《詩經・衛風・淇奧篇》說：「瞧那淇水岸邊，綠竹何其茂盛！有位文質彬彬的君子，研究學問、修養道德，就像磨治骨、角，雕琢玉、石般地精益求精，顯得何其嚴謹而威武，煊赫而盛大啊！像這樣文質彬彬的君子，眞使人終身難忘啊！」像治骨、角般地切了再磋，是指他研究學問的認眞；像雕琢玉、石般地琢了再磨，是指他修養道德的細緻。嚴謹而威武，是他的戒愼恐懼；煊赫而盛大，是他的威信儀態。文質彬彬的君子，使人終身難忘，是指他的德行達到至善的境界，百姓眞地忘不了他啊！

第六條　心不在焉，視而不見

心不在焉①，視而不見，聽而不聞，食而不知其味。

① 焉：代名詞，指其處，即心所當在的地方。

心不專注，就好像心不在身上一樣，就不能作一身之主，身體各部位就不聽命，而有失檢點：眼睛雖然看著，卻見不著；耳朵雖然聽著，卻聞不到；雖是吃了東西，卻不知道是何滋味。當一個人心有旁騖的時候，就會出現「視而不見，聽而不聞，食而不知其味」的現象。可見如何讓這顆本心隨時保持惺惺然的狀態，對修養品德至關重要。務必要使我們的本心作我們一身之主，讓四肢百骸無不乖乖聽命於心，這樣心才是「君主之官」，才能「神明出焉」。否則，「心不在焉」，人就成了行屍走肉，此身成為無主之身，任外物擺佈、推擠，哪有人的自主、自律可言，哪有人的尊嚴？

第七條　要能好而知其惡，惡而知其美

故好而知其惡，惡而知其美者，天下鮮①矣！故諺②有之曰：「人莫知其子之惡，莫知其苗之碩③。」

①鮮：音，ㄒㄧㄢˇ，極少。
②諺：俗語。
③碩：音ㄕˊ，壯大。

所以喜愛這個人而能知道他的缺點，憎恨這個人而能知道他的優點，天下是少有的了。所以有這麼個俗語：「人從不知自己兒子的缺點，從不知自己禾苗的碩壯。」天底下能夠「好而知其惡，惡而知其美」的人，可說少之又少，只有十分明理的人才做得到。一般人容易感情用事，喜歡上一個人就只會看到他的好處，至於他的缺點就視而不見；討厭一個人就只會看到他的缺失，至於他的長處就視若無睹。所謂「溺愛者不明，貪得者無厭」，這就是心不能保持中正不偏的弊病。這也是人何以要學習的理由，只有經由學習，人才能從主觀、片面、感性中逐漸解放出來，依循義理來論斷是非、自定行止。

第八條　未有學養子而后嫁者也

未有學養①子而后嫁者也！

①養：撫養。

從來沒有先學會了撫養小孩，然後才出嫁的啊！這是在鼓勵大家，勇於力行。只要有心愛護嬰兒，嬰兒雖然不會說話，但只要能夠誠心去推求他的意願，好生撫養他，那麼，雖未能事事猜中，卻也能八九不離十，因此不必先「學養子而后嫁」。

第九條　君子有諸己，而后求諸人

是故君子有諸己，而后求諸人①。無諸己，而后非諸人。所藏乎身不恕，而能喻諸人者，未之有也。

①有諸己…而后非諸人：諸，作「於」解。

所以在位的君子要先使自己有仁德義行，而後才能要求別人有仁德義行；自己沒有惡德惡行，而後才能糾正別人的惡德惡行。自己本身沒有躬行推己及人的恕道，而能使別人行恕道的，是從來沒有的事。這裡重申儒家的基本主張，那就是凡事「反求諸己」，道德律令不是拿來要求別人的，而是要求自己身體力行，要先有善於己，然後才可以責人行善；要先無惡於己，然後才可以正人之惡。這都是推己及人之道，也就是「己所不欲，勿施於人」的恕道。

第十條　君子有絜矩之道

是以君子有絜矩之道①也。所惡於上，毋以使下；所惡於下，毋以事上；所惡於前，毋以先後；所惡於後，毋以從前；所惡於右，毋以交於左；所惡於左，毋以交於右；此之謂絜矩之道。

①絜矩之道：絜，音ㄒㄧㄝˊ，作「度」解。矩，作方形的工具。指上行下效，人心所同，所以君子要以人心之所同，推以度物，使彼我之間各得其分，則上下四旁無不均齊方正，而

天下可平。

所以在位的君子要躬行絜矩之道，要以同理心推己及人，使人人各得其分，則上下、前後、左右就能均齊方正，紛爭自能消彌於無形。我不希望長官對我無禮，我也以此揣度下屬的心理，因而也不敢以無禮的態度來使令他們；我不希望下屬對我不忠，我也以此揣度長官的心理，因而也不敢以不忠的態度來事奉他。至於與前後、左右的關係，無不是同樣的道理。如此則我們身體所處的上下四旁，長短、廣狹，彼此如一，無不方方正正，這就是絜矩之道。

第十一條　民之父母與民同好惡

民之所好好之，民之所惡惡之，此之謂民之父母。

百姓所喜好的，領導者也喜好；百姓所厭惡的，領導者也厭惡。領導者做到這樣，才配稱爲百姓的父母官。這裡的喜好與厭惡是以公義，而不是以人欲爲依歸的。唯有如此的好善惡惡，才能上順天理，下合人心。這樣的「與民同樂」「與民同憂」，領導者躬行絜矩之道，以民心爲己心，那麼領導者愛民如子，百姓自然愛他也如父母一般了。

第十二條　君子先慎乎德

是故君子先愼乎德。有德此有人①，有人此有土②，有土此有財，有財此有用。德者，本也；財者，末也。外本內末，爭民施奪③。是故財聚則民散，財散則民聚。是故言悖④而出者，亦悖而入；貨悖而入者，亦悖而出。

① 有德此有人：此，猶「即」，下同。有德，領導者有高尚的品德。有人，有人民來歸附。

② 有土：保有領土。

③ 外本……施奪：外，輕視。內，重視。領導者如果輕忽德行，而重視財富，那就會搜刮民財，與民爭利，這就是施行掠奪。

④ 悖：音ㄅㄟˋ，同「背」，違逆。

所以君子不可不先謹愼修此明德。有良好的德行就有人民來歸附；有人民就能保有領土；有了領土就有了財貨；有了財貨就有了用度。德行是根本，財貨是枝末。假使輕忽了根本的德行而重視枝末的財貨，那就會與民爭利，對百姓施行掠奪。所以國君要是爲自己積聚財貨，人民就會因生活困頓而流離四散；國君要是懂得「德者，本也；財者，末也」的道理，能散放財貨，藏富於民，人民就會因生活富足而聚集來歸。所以你如果不修此明德，講出的話違背義理，那你所聽到的話也會違背義理；你如果不懂得「財者，末也」，而「外本內末」，以致獲取財貨不依循正理，那你財貨的損失也不會依循正理。

第十三條　忠信方能得大道

是故君子有大道，必忠信以得之，驕泰①以失之。

① 驕泰：驕傲自大。

所以君子要治國平天下，有其根本原則。務必要忠誠信實，才能得到它；如果驕傲自大，那就會失掉它。

第十四條　仁者以財發身

仁者以財發身，不仁者以身發財①。未有上好仁而下不好義者也，未有好義其事不終者也②，未有府庫財非其財者也。

① 仁者以財…發財：發，猶「起」。言仁者散財以得民，不仁者亡身以聚財。

② 未有好義⋯終者也：言在下的人好義，必能忠於上，其所掌的事必能有始有終。

有仁德的國君散盡財貨給百姓而獲得德譽，沒有仁德的國君則捨棄德譽去搜刮財貨。從來沒有在上位的國君愛好仁德，而在下位的臣民不愛好義理的；也從來沒有愛好義理的臣民，做事半途而廢的；更沒有聽說過府庫裡的財貨竟不是國君所有的！

第十五條　〈格致補傳〉

所謂致知在格物①者，言欲致吾之知，在即物而窮②其理也。蓋人心之靈③，莫不有知，而天下之物，莫不有理。惟於理有未窮，故其知有不盡也。是以《大學》始教，必使學者即凡天下之物，莫不因其已知之理而益窮之，以求至乎其極。至於用力之久，而一旦豁然④貫通焉，則眾物之表裡精粗⑤無不到，而吾心之全體大用無不明矣。此謂物格，此謂知之至也。

① 致知在格物：致知，推極我的知識。格，至。格物，窮究事物的道理。

② 即物而窮：即物，就在事物上。窮，止、極的意思。

③ 靈：靈敏。

④ 豁然：開通貌。

⑤ 表裡精粗：表，表面。裡，內裡。精，精緻。粗，大略。

所謂致知在格物，是說想要將我們的知識推擴到極致，碰到一件事物，便要就這件事物窮究它所依循的道理。因爲人心的靈敏無不具有認知的能力，而天下的萬事萬物無不依循一定的道理。只因爲對於事物所依循的道理尚未窮究到底，所以他的認知能力還未用到極致。因此《大學》一開始教人，必使求學的人就其所碰到的任何事物，無不因其已知的道理爲基礎，而更進一步窮究，以求達到極致的境界。等到用力久了，自然就會突然心竅陡開，貫通一切的道理。那麼各種事物的外表、內裡、精細、粗率無不顯露無疑，而我心的整個本體與最大的作用也就無不明暢了。這就叫「物格」，這就是認知能力發揮到極致的地步。

這段文字是朱子爲《大學》所作的〈格物致知補傳〉，是理學頗具代表性的作品。其實，這段文字不僅適用於格物窮理、追求知識，也適用於學習任何的技能。尤其是「莫不因其已知之理而益窮之，以求至乎其極」。一個好的老師在教導學生時，要懂得因材施教。譬如學古琴，老師一定要先懂得學生的古琴造詣水平，然後再制定教學計畫。「至於用力之久，而一旦豁然貫通焉，則眾物之表裡精粗無不到，而吾心之全體大用無不明矣」，則說明學習由漸悟到頓悟的過程，只要腳踏實地勤奮學習，久而久之，就會由量變而質變，出現質的躍升。

「人心之靈，莫不有知，而天下之物，莫不有理」，這句話引出後來重要的哲學論題，即心物問題，而「物理學」的命名也是根據「天下之物，莫不有理」而定。

《論語》（沒有特別的註記，就是孔子講的話）

〈學而第一〉

第十六條　學而時習之，不亦說乎

學①而時習②之，不亦說③乎？有朋④自遠方來，不亦樂乎？人不知而不慍⑤，不亦君子⑥乎？

①學：從「不知」到「已知」的過程，就是「學」。學的本義是仿效，不知的人向已知的人仿效，就是學。「學」的對象包括對「物」（泛指外在事物）的認識，與對「人」（含認識主體本身）的認識（此爲理論層次），以及內心立意與外在行爲的塑造（此爲實踐層次）。

②習：小鳥振翅學飛爲「習」，喻一而再，再而三地學而不止。

③亦說：亦，語中助詞。說，音義同「悅」。

④朋：朋友，同輩志氣相契合的人。

⑤ 慍：音ㄩㄣˋ，不高興。
⑥ 君子：品德高尚的人。

學了新事物，還要時常去溫習它，不是很喜悅的嗎？有同道的朋友自遠方而來，互相切磋琢磨，不是很快樂的嗎？別人不知我在德行、學問上的成就，我絲毫不惱怒，不就是個品德高尚的君子嗎？其實，「學」的本義是仿效。每個人的天性雖同樣是善良的，但要明白覺醒到，我們確有這個天生的善性，則有先後之別。因此，比較慢覺醒的「後知後覺」就要效法比較早覺醒的「先知先覺」的所作所為，如此後知後覺才能明於此善性，而回復其本然的天性。既然學會了，還要隨時溫習它，才能讓所學會的眞正純熟於己，這才是實得於己。

很多人學習只是泛泛地學，似懂非懂，其實並沒眞懂，更不必說能實得於己了。就像補習英文，上了再多名師的課，如果自己不下《中庸》所說的「人一己百，人十己千」之功，那也是白補。同樣，學鋼琴，跟了再好的老師上課，如果自己回家不下工夫苦練，那也是白上。由此可見「自學」的重要。任何的學習，都是「師父引進門，修行在個人」。老師只是引我們入門而已，是不是能學會、學熟，乃至於實得於己，則全是要靠勤勉的「自學」。《論語》開篇就是「學而時習之」，其用意之深可知！

其次，既然「有朋自遠方來」，那鄰近的朋友就更不用說了。一個人只要眞能學有所得，自然會英華發於外，同道的朋友自然不請自到。進學的方法很多，其中尤以朋友之間相觀而善，進學最快。因此，當「有朋自遠方來」時，意味著已經學有所成，且在儕輩中也小有名氣了，這是《易經》乾卦「見龍在田」的氣象，這怎不叫人快樂呢？至於有些人不知我的學養，我也毫不以爲意，這是因爲，我所在乎的是「爲己之學」，而不是「爲人之學」。求學的目的是爲了自身的德日修、業日進；絕不是爲了求知於人，更不是爲了求譽於人。因此，「人不知而不慍」正足以說明，只有成德的君子才足以當之。之所以能成就良好的德行，無不由於學得正、習得熟、悅得深，以至於不能自已，而這正是爲學的無上境界。

第十七條　孝弟乃爲仁之本

有子①曰：「君子務本②，本立而道生③。孝弟④也者，其爲仁之本與⑤？」

①有子：子，古時男子的美稱。有子，姓有，名若。魯人，孔門弟子。按《論語》中，除了孔子，就只有曾子、有子二人稱「子」，不稱名。至於其餘弟子則或稱名，或稱字。因此古人以爲《論語》大概是曾子與有子的門生所記，因尊師之故而只稱他倆爲「子」。

②務本：務，致力。本，根本。

③本立而道生：根本樹立起來，則大道由此而生。

④ 孝弟：善事父母爲孝，善事兄長爲弟。弟，同「悌」。

⑤ 其爲仁之本與：其，猶「彼」。爲仁，猶「行仁」。仁爲「愛之理，心之德」，乃儒家最重視的品德。與，同「歟」，疑詞。

有子說：「有德的君子致力於鞏固根本，根本一樹立起來，大道自然由此而生。孝順父母、尊敬兄長這兩件事，大概就是行仁的根本吧！」其實，道德品目繁多，難以盡數。但道德有根本，也有枝末，本立則大道自然會充實而擴大。孝弟乃是柔順的德行，正是道德的根本。仁爲「愛之理，心之德」，仁既然主於愛，而愛莫大於愛親，所以說，孝弟是爲仁的根本。孝弟行於家，而後才能「仁」及於外人、「愛」及於萬物，所謂「親親而仁民，仁民而愛物」。所以「仁」以「孝弟」爲本，孟子才會說：「堯舜之道，孝弟而已矣。」

第十八條　巧言令色，鮮矣仁

巧言令色①，鮮②矣③仁。

① 巧言令色：巧，乖巧。令，美善。乖巧其言辭談吐，美善其容貌顏色。

② 鮮：音ㄒㄧㄢˇ，很少。

③ 矣：語助詞。

說話好聽，但不眞誠；臉色和悅，卻是僞作。挖空心思，務必巧其言辭，善其顏色，使人所聞所見，都能順耳悅目，這種一味想討好別人的，是很少有仁德的。有仁德的人，言爲心聲，形色從容，絕不會刻意去討好別人。

第十九條　吾日三省吾身

曾子①曰：「吾日三省②吾身：爲人謀③而不忠④乎？與朋友交而不信⑤乎？傳不習⑥乎？」

① 曾子：即曾參，字子輿，孔門弟子，事親至孝，將孔子之道傳給孔子之孫子思，而子思的門人再傳給孟子，被尊爲「宗聖」，因爲他能將聖人之道忠實地傳衍下去。

② 三省：省，音ㄒㄧㄥˇ，省察。三省，以下列三件事隨時省察自己，不能誤以爲每日只反省三次！

③ 爲人謀：爲，音ㄨㄟˋ。謀，謀劃辦事。

④ 忠：盡己之力爲忠。

⑤信：誠實。
⑥傳不習：傳，音ㄔㄨㄢˊ，傳授自老師的學問與教誨。習，溫習而使之純熟於自身。

曾子說：「我每天總以這三件事隨時來省察自己：替人家謀事是不是盡心盡力了？與朋友交往是否誠實無欺了？師長所傳授給我的學業是否用心溫習而純熟於己了？」如有所不及，就即刻改進。曾子自修懇切如此，一有所動，則必求諸自身，可說深得爲學之道了。而這三件事也有先後次序，忠、信兩者乃傳習的根本。忠是實心，信是實事。在己，無不盡之心爲忠；對人，無不實之言爲信。故《大學》說：「君子有大道，必忠信以得之，驕泰以失之。」

第二十條　治國之道

道①千乘之國②，敬事③而信，節用而愛人，使民以時④。

①道：音ㄉㄠˋ，通「導」，引導、治理。
②千乘之國：乘，音ㄕㄥˋ，四匹馬拉一輛兵車爲乘。千乘之國，指能出一千輛兵車的諸侯大國。
③敬事：處事敬謹，不敢放肆。

④時：農閒的時候。

治理一個可出千輛兵車的大國，處理政事要敬謹，要能取信於民，要節省財用，處處以愛人爲念，使用民力要選在農閒的時候。這五項平易的要求，可說是治國的綱領。在上者不敬謹，在下者就驕慢。不能取信於民，百姓對在位者就心存疑惑。在下者既驕慢又疑惑，那政事就難以推動。財用如果不節以制度，就會奢侈浪費而傷財，傷財必至於害民。故愛民以節用爲先，如此使用民力，就不至於違反農時。

第二十一條　爲人弟子之職份

弟子①入則孝，出則弟②，謹而信③，汎愛衆④而親仁⑤，行有餘力，則以學文⑥。

①弟子：指爲人弟、爲人子的人。

②弟：音ㄊㄧˋ，同「悌」，敬事長上。

③謹而信：謹，謹慎。信，信實。

④汎愛衆：廣博地親愛衆人。

⑤ 親仁：親近有仁德的人。
⑥ 文：謂詩、書六藝等書籍。

年輕的弟子在家要孝順父母，出外要尊敬長上，言語要謹慎而信實，要博愛眾人，親近有仁德的人。這五點都做到了，才利用多餘的時間去學習詩、書六藝之文。否則，這五點還沒做好，就急著去學詩、書六藝之文，那就是捨本逐末，而非「為己之學」了。所謂「為己之學」，就是要將上天所賦予吾人的明德善性，不斷地推擴開來，由近而遠，由親而疏，由「入則孝」「出則弟」，以至於「泛愛眾」。「謹而信」是持己之道，「親仁」則是接受仁者的薰陶。現今教育出了大問題，德、智、體、群、美五育之中，顯然太過偏重智、美兩育，而忽略了德、體、群三育。大多數的學校與家庭，只要求小孩成績出眾，拼命讓小孩學習各種才藝，而不要求小孩幫忙做家事，鍛鍊身體，以及培養合群的習性。可見「弟子入則孝，出則弟，謹而信，汎愛眾，而親仁」對當今社會仍有很強的指導意義。務必先要把根本培育好了，才「行有餘力，則以學文」。

第二十二條　雖曰未學，吾必謂之學矣

子夏①曰：「賢賢易色②，事父母能竭③其力，事君能致其身④，與朋友交言而有信。雖曰未學，吾必謂之學矣。」

①子夏：孔子弟子，姓卜，名商，擅文學，習於詩。

②賢賢易色：上一賢字是動詞，尊重的意思；下一賢字是名詞，指仁厚的賢人。易，替換。色，美貌的女色。

③竭：竭盡的意思。

④致其身：委致其身，指獻身於職守。

子夏說：「能將愛好女色的心替換爲敬重賢人，事奉父母能竭盡自己的能力，事奉君上能奉獻出自己的生命，和朋友交往能言而有信。這種人雖說沒學過什麼，我卻一定要說他已經學過了。」其實，爲學的目的就在於明人倫，而子夏所說的四件事則是人倫中至爲重要的，學就是在學如何盡人倫而已。只是子夏之言，立意雖好，但辭氣之間，抑揚太過，其流弊或將至於廢棄學習，必得像孔夫子所說的「行有餘力，則以學文」，才不至於抑揚太過。

第二十三條　君子不重則不威

君子不重①則不威②，學則不固③。主忠信④，無友不如己者⑤，過則勿憚改⑥。

①重：厚重。
②威：威嚴。
③固：堅固。
④主忠信：孟子巧妙地形容人心「出入無時，莫知其鄉」（《孟子．告子上》第八章），「鄉」通「向」。如果不以忠信爲一心之主，則其所言所行皆不信實，爲惡則易，爲善則難。
⑤無友不如己者：無，通「毋」，禁止之辭。朋友所以輔仁，與品德不如自己的人爲友，對進德無益而有損。
⑥過則勿憚改：過爲過錯。憚，音ㄉㄢˋ，畏懼。有過錯要能勇於改正。

君子不厚重，就沒有威嚴，所學也就不會堅固。爲人處事要以「忠信」作爲一心之主；不要與品德不如自己的人爲友；犯了過錯，要勇於改過，所謂「過而不改，是謂過矣」。程夫子也說：「學問之道無他也，知其不善，則速改以從善而已。」

第二十四條　愼終追遠

曾子曰：「愼終追遠①，民德歸厚②矣。」

①愼終追遠：愼終，謂喪事務盡其禮。追遠，謂祭祀務盡其誠。禮最重要的，莫過於冠、昏、喪、祭四種，冠為成人禮，昏指婚禮。冠、昏，乃人、子之始；喪、祭，乃人、子之終。「終」不愼，「遠」不追，何以為人？何以為子？

②歸厚：歸於淳厚。

曾子說：「在上位的人，在父母壽終時要盡禮、盡哀，對歷代祖先要充滿誠敬追念祭祀。如此在上位的人德行敦厚，下民受其感化，民俗道德自也歸於淳厚了。」所謂「君子之德風，小人之德草，草上之風，必偃。」

第二十五條　孝道

父在，觀其志①；父沒②，觀其行③；三年無改於父之道④，可謂孝矣。

①志：志向，心意之所向。

②沒：音ㄇㄛˋ，同「歿」。

③行：音ㄒㄧㄥˋ，指其所作所爲。

④三年：父之道：父之道，謂父親所依循的行事準則。如父之道合於義理，雖終身無改，可也。如不合於義理，何待三年？然而「三年無改」者，以孝子之心，有所不忍，故也。

父親在世的時候，爲人子固然不得自專，那就要觀看他的志向是否眞誠合於父親所依循的行事準則。父親去世之後，那就觀看他的行爲是否合於父親所依循的行事準則。等到守喪三年期滿，而能夠不改父親所依循的行事準則，這就可以稱爲孝子了。亦即孝子是，父親在世時，能眞誠遵守父親所依循的行事準則，而定其志向；父親去世後，仍能遵守「父之道」自定行止。在做任何決定時，心中老惦記著，要是父親還在的時候，會怎麼下決定，能夠做到這樣，「三年無改於父之道」，那就算得上是孝子了。

第二十六條　可謂好學也已

君子食無求飽①，居無求安②，敏於事而愼於言③，就有道而正焉④，可謂好學⑤也已。

①飽：肥美饜足的意思。
②安：華麗舒適的意思。
③敏於事而愼於言：敏，靈活敏捷。愼，謹愼。敏於事，做事勤敏。愼於言，說話謹愼。
④就有道而正焉：就，親近。有道，有高尙道德的人。正，請教其是非。
⑤好學：好，音ㄏㄠˋ。好學，熱愛學習。

君子對飲食不求甘美，住處不求安適，行事勤敏而言語謹愼，親近有道德的人來指正自己的錯誤，這樣可說是熱愛學習的人啊！其實，正因爲君子一心向學，對於飲食、居住等生活條件不會太過在意，而能「敏於事而愼於言，就有道而正焉」，這樣才能使學問精益求精。

第二十七條　學要精益求精

子貢①曰：「貧而無諂②，富而無驕③，何如？」子曰：「可也。未若貧而樂④，富而好禮者也。」子貢曰：「詩云：『如切如磋，如琢如磨⑤。』其斯之謂與？」子曰：「賜也，始可與言詩已矣！告諸往而知來者。」

①子貢：孔子弟子，姓端木，名賜。

②諂：奉承別人。

③驕：對人傲慢。

④未若貧而樂：未若，不如。貧而樂，指安貧樂道。

⑤如切⋯如磨：出自《詩·衛風·淇澳篇》。治骨爲切，治象牙爲磋，治玉爲琢，治石爲磨。指未加切、磋、琢、磨，則四者不能成器，比喻做學問要精益求精。

子貢說：「貧窮而能不諂媚，富有而能不驕傲，怎麼樣？」孔子說：「可以。但還比不上窮而能悠然自得，富有而能雅好禮節。」子貢說：「詩云：『如切如磋，如琢如磨。』就是這個意思吧？」孔子說：「賜啊！現在可以和你談詩了。只要告訴你過去的事，你就能悟知未來的事。」一般人常陷溺於貧、富之中，而不知所以自守，故難免有「貧而諂」與「富而驕」的毛病。能無諂、無驕，就知道自守了，但仍未能超乎貧、富之外。務必要貧而能樂，則心廣體胖而忘其貧；富而好禮，則安處善而樂循理，也不知其富了。子貢做生意，先貧後富，常用力於自守，因此發爲此問。孔子藉著回答，贊許他所已能，而勉勵他所未至，可謂善於啓迪後學的良師啊！

第二十八條　不患人之不己知

不患人之不己知①，患不知人②也。

①不患人之不己知：患，憂慮。人之不己知，人家不了解我。

②知人：知人之邪正、善惡。

不必擔憂別人不了解我的德行與才華，卻要擔憂自己不能分辨別人的邪正與善惡。此正所謂「君子求諸己，小人求諸人」。君子所該擔憂的是自己「德之不脩，學之不講，聞義不能徙，不善不能改」，以及分辨不出別人的邪正與善惡，從不擔憂別人對自己的不了解。

〈爲政第二〉

第二十九條　爲政以德

爲政以德，譬如北辰①，居其所而衆星共②之。

①北辰：北極星。

②共：音ㄍㄨㄥˇ，同「拱」，環抱、環繞的意思。

由品德高貴的人來治理國家，就能不動而化，不言而信，無爲而成。其所守者，至爲簡要而能馭繁；其所處者，至爲閑靜而能制動；其所務者，至爲寡約而能服眾。這就像北極星一樣，待在固定的地方，眾多的星星都環繞著它而旋轉。鄧小平推動改革開放，提倡「發展是硬道理」，終能撥亂反正，團結人心，全國上下圍繞著改革開放而奮鬥，就是最好的例證。反之，如果由品德不佳的人來治理國家，就等於播其惡於眾，其德不足以服人，終必導致離心離德，眾叛親離。

第三十條　《詩》以「思无邪」

《詩》三百①，一言以蔽②之，曰「思无邪③」。

① 《詩》三百：《詩經》共有三百十一篇，「三百」是舉其大數。

② 蔽：覆蓋、概括的意思。

③ 思无邪：出自《詩・魯頌・駉》篇，孔子引用來評論整部《詩經》。

《詩經》三百篇，可用一句話來概括它，那就是「思无邪」。因爲《詩經》的立教，可以感發人的善心，可以懲創人的逸志。讀《詩》可以使人不但行无邪，思也无邪，終能使人復歸其性情之正。

第三十一條　治以德禮，有恥有格

道①之以政，齊②之以刑，民免而無恥③；道之以德，齊之以禮，有恥且格④。

① 道之以政：音ㄉㄠˇ，同「導」。政，法制禁令。
② 齊：使整齊畫一。
③ 民免而無恥：免，苟免，意指苟免犯罪，不受刑罰之苦。無恥，不知恥。
④ 格：矯正。

用法制禁令來引導百姓，用刑罰來使得他們的行爲整齊畫一，如此百姓雖能苟免犯罪，卻不知道犯罪是可恥的。用高貴的德行來引導百姓，用禮制節文來使他們行爲整齊畫一，如此百姓對犯罪有羞恥心而能矯正其邪念。法制禁令只是治國之具，刑罰則是輔治之法；德與禮才是治國之本，而德卻又是禮之本。所以如何讓有高貴品德的人來出任領導人，是追求治國、平天下的一個嚴肅課題。

第三十二條　爲學順序

吾十有①五而志於學，三十而立②，四十而不惑，五十而知天命③，六十而耳順④，七十而從心所欲，不踰矩⑤。

①有：音ㄧㄡˋ，通「又」。

②立：自立。

③天命：天道流行所賦予萬物者，乃事物所以然之故。

④耳順：指聲入心通，無所違逆，乃知的極致，是不思而得的境界。

⑤從心所欲，不踰矩：從，隨。踰，踰越、超過。矩，規矩法度。

我十五歲就立志爲學，要求取大學之道。三十歲時，就可以自立，所言所行都能合乎禮的要求了。四十歲時，對事物之所以然，都能無所疑惑。五十歲時，就能知曉天命。六十歲時，聲入心通，無所違逆。到七十歲時，就可以隨心所欲，也不會踰越規矩。孔子在此教導我們爲學有一定的順序，要優游涵泳，不可躐等而進。從「知」與「行」的角度來分析：「志於學」雖然也是行，但以知爲重；三十而立雖本於知，卻以行爲重。「志於學」是知之始，「不惑」與「知天命」、「耳順」是知之至。「三十而立」是行之始，「從心所欲，不踰矩」

是行之至。

第三十三條　無違爲孝

孟懿子①問孝，子曰：「無違②。」樊遲御③，子告之曰：「孟孫④問孝於我，我對曰：『無違。』」樊遲曰：「何謂也？」子曰：「生，事⑤之以禮；死，葬之以禮、祭之以禮。」

①孟懿子：魯國大夫，複姓仲孫，名何忌，懿爲其諡號。

②無違：無，通「毋」。不違背。

③樊遲御：樊遲，名須，孔子弟子。御，駕車。

④孟孫：即仲孫氏。按魯國公子慶父，名共仲，其後稱仲孫氏。慶父弒閔公，子孫諱弒君之罪，改爲孟孫氏或孟氏。

⑤事：服侍，事奉。

孟懿子向孔子請教，如何才算孝，孔子說：「不要違背。」樊遲幫孔子駕車，孔子告訴他：「孟孫問我如何盡孝道，我對他說：『不要違背。』」樊遲就問：「什麼叫做不要違背？」孔子說：「父母健在時，事奉他們要盡禮；父母去世時，安葬要盡禮，祭祀也要盡禮。這樣就是不違背了。」其實，生事、葬祭乃事親的始終，而禮則爲天理的節制與文飾。人要事親，自始自終，當以「禮」爲依歸。凡力所能及的，得爲則當爲；否則得爲而不爲，則與不孝無異。

第三十四條　善保身體即爲孝

孟武伯①問孝，子曰：「父母唯其疾之憂②。」

① 孟武伯：孟懿子的兒子，名彘。武爲諡號，伯是尊稱。

② 父母…之憂：唯，通「惟」，只有。其，指子女。

孟武伯向孔子請教，如何才算孝，孔子說：「父母只擔憂子女生病，做人子女的要保養好身體，不要讓父母擔憂，這也算盡孝道了。」

第三十五條　不敬無以爲孝

子游①問孝，子曰：「今之孝者，是謂能養②。至於犬馬，皆能有養，不敬，何以別乎？」

①子游：孔子弟子，姓言，名偃。

②養：音一ㄤˋ，供養。下同。

子游向孔子請教，如何才算孝，孔子說：「現在所謂的孝，只要能供養父母就可以了。其實，犬能守禦，馬能拉車，也都能供養人，犬馬所不足的，就差個『敬』字而已。人子供養父母，如果也少了個『敬』字，那跟犬馬在供養主人還有什麼區別?!」《禮記・坊記》也有記載，子云：「小人皆能養其親，君子不敬何以辨？」

第三十六條　和顏悅色事親最難得

子夏①問孝，子曰：「色難②。有事，弟子服其勞，有酒食③，先生饌④，曾是⑤以為孝乎？」

①子夏：孔子學生，姓卜，名商。

②色難：事親時，要一直保持和顏悅色，最爲難得。

③食：音ㄙˋ，米飯食物。

④先生饌：先生，指父兄。饌，音ㄓㄨㄢˋ，吃喝。

⑤曾是：曾，音ㄗㄥ，猶「嘗」。是，如此。

子夏向孔子請教，如何才算孝，孔子說：「最難得的是，事奉父母時，要一直保持著和顏悅色。若只是家中有事，由弟子操勞；有了酒飯，讓父兄先吃；光是如此怎可算是孝呢？」

針對孟懿子、孟武伯、子游、子夏四人向孔子請教如何盡孝，而孔子的答覆卻各個不同，程子解釋說：「告懿子，告眾人者也。告武伯者，以其人多可憂之事。子游能養，或失於敬。子夏能直言，而或少溫潤之色。各因其才之高下與其所失而告之，故不同也。」

第三十七條　回也，不愚

吾與回①言終日，不違②如愚。退而省其私③亦足以發④。回也，不愚。

①回：孔子最讚賞的門生，以德行聞名。姓顏，名回，字子淵，又稱顏淵，被追尊爲「復聖」，以其能失之不遠而復也。《易．復．初九》：「不遠復，无祇悔，元吉。」〈小象〉

說：「不遠之復，以修身也。」

②不違：謂意不相背，只有聽受，而沒有問難。

③私：謂燕居獨處之時。

④發：謂發明所言之理。

我與顏回談論了一整天，他不曾提出與我看法相背離的問題，就像個蠢夫似的。告退之後，我觀察他私下獨處的所作所爲，也頗能就我講述的義理多所發揮。顏回啊，其實一點都不愚蠢。可見，顏回生性深潛純粹，已具有聖人的體段規模。一聽到夫子的話，就能默識心通，心領神會。所以夫子與他「言終日」，只見他「不違」有如蠢夫似的。及「退而省其私」，則看到他平常在動靜、語默之間，都能發明夫子之道，坦然由之而無疑，而後才確知：「回也，不愚」。

第三十八條　知人之法

視其所以①，觀其所由②，察其所安③。人焉廋④哉？人焉廋哉？

①視其所以：以，爲、做的意思。視其所以，即看一個人的所作所爲。

②觀其所由：由，從。觀其所由，觀看一個人所從由的理據。

③察其所安：安，安適愉悅。察其所安，察看一個人做了那件事之後，是否安適愉悅。

④焉廋：焉，何處。廋，音ㄙㄡ，隱匿。

先看一個人的所作所爲，其次觀看他所從由的理據，最後再察看他做了那件事之後，心中是否安適愉悅。那麼這個人怎能隱匿自己的眞意呢？怎能隱匿得住呢？這是孔夫子的知人之法，由「視」而「觀」，由「觀」而「察」，一步步深入，由判斷一個人外在的行爲是否合乎禮義下手，再觀看其行爲的眞實動機，最後再察看其是否能安適於此行爲。這樣就能把人看得清清楚楚。

第三十九條　君子不器

君子不器①。

①器：器皿的總稱，如杯、盤、碗、碟之類，各適其用，卻不能交換通用。這裡是用來指特定的材、藝。

君子不會像器皿一樣，只有特定的用途。因爲君子乃成德之士，是曉悟大學之道的通才，故體無不具，而用無不周，不是只通一材一藝而已。

第四十條　先行其言，而後從之

先行其言，而後從之。

有德君子要踐行於未言之時，而言之於既行之後。要勇於踐行，唯恐不足；雖言於既行之後，卻不敢盡。正如孔子在《中庸》所言：「庸德之行，庸言之謹：有所不足，不敢不勉；有餘，不敢盡。言顧行，行顧言，君子胡不慥慥爾！」這就像孔子在《論語》中所說的：「欲訥於言，而敏於行」，「敏於事而謹於言」。

第四十一條　學而不思則罔，思而不學則殆

學而不思則罔①，思而不學則殆②。

① 罔：通「惘」，昏而無所得。

② 殆：危疑而不安。

光只學習，而不用心認眞思考，那就會茫然而無所得。放任思考，上天下地，而不腳踏實地學習，那就會危疑而不安。

第四十二條　攻乎異端，斯害也已

攻①乎異端②，斯害也已。

① 攻：講習，如攻讀之攻。

② 異端：端爲物之始，末爲物之終。舉端則可以睹其末矣，故君子爲學必愼乎始。異端，泛指偏離聖人之道，而別爲一說的言論或主張，如楊、墨、佛、老之類。

講習研治異端之說，禍害是很大的！天底下就一個正理，只因人心易惑，頗易流於異端。習於彼，必害於此；入於邪，必害於正。這些異端不惟不可講習、研治，即便稍加理會也不可以。誠如孟子所言：「能言距楊、墨者，聖人之徒也。」墨主兼愛，疑於仁；楊主爲我，疑於義。但墨家愛無差等，有視父母猶路人的弊端，被孟子批爲「無父」；而楊子「拔一毛而利天下，不爲也」，了無利他之念，被孟子批爲「無君」。像楊、墨這些異端，不能說它們全沒道理，但因立論有所偏頗，結果便會出現「無父」「無君」的問題。至於佛、老，中國歷史上除了漢朝初年採用黃老治術外，基本上，自漢武帝以來莫不採用儒學作爲治國的綱領，至少也要「儒表法裡」。這是因爲儒學中自有一套極爲弘偉的內聖外王之道，而佛、老既不重視修身，更無治國平天下之道。佛教基本上是否定人生，追求的是，掙脫出六道輪迴的涅槃境界，而道家或道教則崇尙「道法自然」，追求長生不老的仙術。兩者對於安邦定國少有重視。誠然，儒、釋、道三教經過一千多年的相互滲透、融合，已難截然區別，但只要談到齊家、治國、平天下，則非以儒家爲正學不可。佛、老曾幾何時關心過「孝弟忠信」？

其實，處在當今全球化的世界，各種文明交互影響，各種價值體系也互相交鋒。現在要說只有儒學才是正學，而其它各種學說，譬如《新約》《舊約》或《可蘭經》，通通是異端，大概也不甚妥當。在可預見的未來，對於各種不同的文明與價值體系，應保持寬容、理解，甚至欣賞，這是促進世界和平的不二法門。否則，像過去五百年來，西方世界挾其先進的火炮、船艦，奴隸非西方地區的人民，天主教、基督教尾隨著商船、軍艦之後大舉文化入侵，這對亞、非、拉丁美洲等地區的大多數文明造成毀滅性的破壞，這已是眾所周知的事實。能倖免於耶教化的，大概就是回教地區與東亞諸國，包括日本、朝鮮、越南與中國。而這些東亞國家卻早在七、八百年前，就已全面接受儒學爲正統了。換句話說，東亞地區在七、八百年前已完成相對的全球化，而儒學則成爲整個東亞文明圈所共信的價值體系。中國的崛起意味著質疑、挑戰，甚至顚覆「西方文化中心主義」，也給非西方世界帶來新的希望與選擇。

相信不久，儒學將在全球範圍內，與耶教平起平坐，甚至超越耶教的影響力，成爲全球所共同認可的正學。但這還有待「聖人之徒」付出更大的努力與更堅韌的耐心。

第四十三條　知之爲知之，不知爲不知，是知也

知之爲知之，不知爲不知，是知也。

所知道的，就以爲知道；所不知道的，就坦承不知道。千萬不要強不知以爲知，這就是求知的道理。眞能如此，現在雖不能盡知一切，卻沒有自欺的流弊，也不影響將來更進一步的求知，這才是求知之道啊！

第四十四條　言寡尤，行寡悔

多聞闕疑①，愼言其餘，則寡尤②；多見闕殆③，愼行其餘，則寡悔④。言寡尤，行寡悔，祿在其中矣。

① 闕疑：闕，同「缺」，保留的意思。疑，疑問，所未信。闕疑，有疑問的地方要保留。

② 尤：自外而至的責備。

③殆：音ㄉㄞˋ，危險，所未安。

④悔：自內而出的悔意。

要多聽聞，有疑惑的地方保留起來，其餘沒問題的謹愼地說出來，這樣就可以少受責備。要多見識，有不安的地方保留起來，其餘沒問題的謹愼地做出來，這樣就可以減少悔恨。說話少犯過錯，行事少有悔恨，官爵俸祿就在其中了。能多聞、見，則學之博；能闕疑、殆，則擇之精。愼其言、行，則守之約，如此雖不求祿，而祿在其中矣。

第四十五條　舉直錯諸枉，則民服

舉直錯諸枉①，則民服；舉枉錯諸直，則民不服。

①舉直錯諸枉：舉，任用。直，正直的人。錯，擱置。諸，眾多。枉，邪枉的人。

舉用正直的人而捨棄那些邪枉的人，人民就會心服；如果舉用邪枉的人而捨棄那些正直的人，那麼人民就不會心服了。當領導的人最重要的素質是要會用人，要能明辨正邪、直枉。在歷史上，多的是以直為枉和以枉為直。因此君子要居敬而窮理，才能舉、錯得宜。

第四十六條　人無信不立

人而無信，不知其可也。

一個人要是不守信用，那眞不知道他如何可以立身行世。

第四十七條　損益要與時俱進

殷因於夏禮①，所損益②，可知也；周因於殷禮，所損益，可知也。其或繼周者，雖百世③，可知也。

① 殷因於夏禮：殷、夏，爲朝代名，殷又稱商。因，因襲、沿用。

② 損益：損，減損。益，增益。

③ 世：帝王易姓受命爲一世，即一個朝代。

殷商的典章、文物、禮俗、制度承襲自夏代，其中已經不合時宜的部分，就予以減損，出現一些新狀況應加以規範的，就予以增訂。殷商以夏代的禮制爲基礎，視實際情況的變化而有所損益，這是可以知道的。而周代的典章、文物、禮俗、制度又承襲自殷商，其中已經不合時宜的部分，就予以減損，出現一些新狀況應加以規範的，就予以增訂。周代以殷商的禮制爲基礎，這中間有繼承（因），也有改易（損益），這也是可以知道。由此可以推知，將來或許有繼周代而興的朝代，就算是百世之後，其對前代也是有繼承、有改易的關係，這是可以預知的。由此可見孔子的史觀是非常開放進步的，下一個歷史階段並不能全盤否定上一個歷史階段，而是有繼承與改易的關係。主要矛盾當然要有所改易（損或益），其他非爭議所在，則宜繼承。這種史觀既維護了穩定，又體現了改革與發展的可能。

〈八佾第三〉

第四十八條　人而不仁，如禮樂何

人而不仁①，如禮何②？人而不仁，如樂③何？

① 不仁：沒有仁德。
② 如禮何：如，作「奈何」解。禮，指禮節。
③ 樂：指樂律音調。

一個人要是沒有仁德，怎麼講禮呢？一個人要是沒有仁德，怎麼講樂呢？程子說：「仁者，天下之正理。失正理，則無序而不和。」禮、樂要是沒有仁德做基礎，就算玉帛交錯，鐘鼓鏗鏘，那又有什麼意義呢？

第四十九條　禮、喪寧儉、戚

禮，與其奢也，寧儉①；喪，與其易也，寧戚②。

①禮，與其奢也，寧儉：與其，是比較連詞，猶「如其」。奢，奢侈，指一切排場。儉，節儉，指應備的也不全備。奢與儉都不合於中道，但若要兩者取其一，則寧捨奢而就儉。

②喪，與其易也，寧戚：易，治的意思。意即徒具喪禮的節文，而缺乏哀痛之意。戚，是哀過於禮。易與戚都不合於中道，但若要兩者取其一，則寧捨易而就戚。

講到禮制節文，與其奢華浪費，寧可簡樸一點；至於喪禮，與其徒具虛文而無哀痛慘怛之意，寧可內心哀戚一些。奢、易乃過而太文；儉、戚則不及而太質。兩者皆不合禮，因為禮貴得中。但凡物必先有質而後有文，質乃禮的根本，故寧「儉」「戚」而捨「奢」「易」。

第五十條　繪事後素

繪事①後素②。

①繪事：繪畫的事。

②後素：素，白色，質樸，不加修飾。後素，繪畫時，要先以白底粉地為質，而後再上五彩顏色。

繪畫時，要先將粉白底子先調抹好，然後再塗繪上五彩顏色。這就像人先要有忠信的素質，然後再用禮節來文飾。否則徒有合乎禮節的文飾，而無忠信的素質，那與衣冠禽獸有何不同？

第五十一條　吾不與祭，如不祭

吾不與①祭，如不祭。

①與：音ㄩˋ，參與。

我如沒有親自參與祭典，就算有人代我祭過了，好像我不曾祭祀過一樣。祭祀首重至誠，所謂「祭神如神在」，有其誠則有其神，無其誠則無其神。要祭先祖如先祖在，祭聖賢如聖賢在，久而久之，先祖的流德遺徽，聖賢的嘉言懿行，也都將因至誠祭祀，而體現在我們自己的身心之上。

第五十二條　獲罪於天，無所禱也

王孫賈①問曰：「『與其媚於奧，寧媚於竈②』，何謂也？」子曰：「不然，獲罪於天，無所禱也③。」

①王孫賈：周靈王之孫，名賈，故名王孫賈，此時爲衛國掌權的大夫。

②與其…媚於竈：爲當時的俗話。媚，討好。奧，室的西南隅，即最深處，爲尊者所居。竈，古人祭竈時，在竈徑內設置神位，祭畢，更設饌於奧以迎尸（古時祭祀用人扮飾的神像爲尸）。因以奧有常尊，而非祭祀之主；竈雖卑賤，而卻用事。譬喻與其自結於國君，不如阿附權臣。王孫賈是衛國的權臣，欲使孔子奉承他，所以用這句俗話來暗諷孔子。

③獲罪…所禱也：天，即天理，最爲尊貴，非奧、竈可比，逆理則獲罪於天，豈因有所媚於奧、竈，而能因禱而免禍呢？謂人當順理而行，非特不當媚竈，也不可媚於奧。

王孫賈問道：「『與其討好房屋西南角的尊位，還不如討好竈神。』這句俗話是什麼意思？」孔子答說：「這句俗話不妥。假使做事違背常理，得罪了上天，就是禱告，也於事無補啊！」

第五十三條　入大廟，每事問

子入大廟①，每事問。或曰：「孰謂鄹人之子②知禮乎？入大廟，每事問。」子聞之，曰：「是禮也。」

① 大廟：大，通「太」。太廟，祭祀魯國始祖周公旦的廟。

② 鄹人之子：鄹，音ㄗㄡ，又作「陬」，魯邑名，今山東省曲阜縣東南，孔子生於此，孔子父親叔梁紇，曾爲鄹邑大夫，故以「鄹人之子」稱孔子，有輕視之意。

孔子當魯國大夫時，初次入太廟助祭，每件事情的環節都問得很詳細。有人嘲笑說：「誰說鄹人的兒子知道禮啊？進了太廟，每件事都要請教人家。」孔子聽到了，就說：「至誠至敬，不敢自以爲是，這樣才合於禮啊！」

第五十四條　爾愛其羊，我愛其禮

子貢欲去告朔之餼羊①。子曰：「賜②也，爾愛其羊，我愛其禮。」

①去告…餼羊：去，除去，免去。告，音ㄍㄨˋ，謁請。朔，每月初一。周朝有告朔之禮，周天子於每年冬末，頒布來年十二個月的初一於諸侯。諸侯受而藏之於祖廟。每月初一則以特定的牲羊告廟，請而行之。餼，音ㄒㄧˋ。餼羊，供告朔用的牲羊。魯國自文公就不再視朔，而有司猶供餼羊，所以子貢想免除掉它。

②賜：子貢，姓端木，名賜。

子貢因爲魯國早已不舉行告朔之禮，而役吏依然在祖廟供奉牲羊，便想將這牲羊也免掉。孔子就對他說：「賜啊！你是吝惜那隻牲羊，我卻珍惜那告朔的禮制啊！」孔子的意思是，告朔之禮雖已不行多年，但供奉餼羊卻仍可以使人想起告朔之禮，將來就有恢復的可能。如果將餼羊一併去除，那告朔之禮就永遠恢復不了，所以孔子才會有這種感嘆。

第五十五條　事君盡禮

事君盡禮①，人以爲諂②也。

①盡禮：做到不缺不失而已，並非於正式禮節之外，別有增益。

②諂：奉承。

事奉君上，禮數上該做的都要做到，這是做人臣子的本分，但現在不太重視這些禮數，反以爲盡到禮數的人是在奉承君上。

第五十六條　君使臣以禮，臣事君以忠

君使臣以禮，臣事君以忠。

君上使令臣下要依禮，臣下事奉君上要盡忠。因爲君之使臣，不患君心不忠，惟患君禮不至而已。臣之事君，不患臣行無禮，惟患臣忠不足而已。

第五十七條　關雎得性情之正

關雎①，樂而不淫②，哀而不傷③。

①關雎：關雎是《詩經・國風・周南》的首篇名。雎，音ㄐㄩ。
②樂而不淫：樂，喜樂。淫，樂得過頭而失其正的意思。
③哀而不傷：哀，難過的樣子。傷，哀得過頭而失於和。

〈關雎〉之詩在述說后妃之德宜配君子。而君子求之未得，則不能無寤寐反側之憂；求而得之，則宜其有琴瑟鐘鼓之樂。其憂雖深，而不害於和；其樂之盛，而不失其正。所以孔夫子稱讚〈關雎〉「樂而不淫，哀而不傷」，可見君子涵養篤厚，深得性情之正。

第五十八條　樂其可知也

樂其可知也：始作①，翕如②也；從③之，純④如也，皦⑤如也，繹⑥如也，以成⑦。

①始作：開始演奏時。
②翕如：翕，音ㄒㄧˋ，聚集會合的意思。如，語助詞。

③從：同「縱」，指樂聲展開以後。
④純：和諧，指音調節奏的和諧。
⑤皦：音ㄐㄧㄠˇ，明白，指音節的分明。
⑥繹：相續不斷，指整首樂曲一氣呵成。
⑦成：終結，指一曲奏完。

音樂的音調節奏是可以知道的。開始時，五音六律聚合起來；到樂聲展開時，抑揚頓挫，清揚高下，互相調和，不相混亂，節奏分明，如此相續不絕，直到樂曲結束。

第五十九條　天將以夫子爲木鐸

儀封人①曰：「天下之無道也久矣，天將以夫子②爲木鐸③」。

①儀封人：儀，衛國城名，今開封附近。封人，官名，掌封疆的官，是賢而隱於下位的人。
②夫子：指孔子。
③木鐸：鐸，音ㄉㄨㄛˊ。木鐸，金口木舌的大鈴，古代施行政教時，敲它來向百姓宣達。

儀封人說：「天下無道已經很久了，終將回復正道，上天將以夫子爲木鐸，讓夫子來恢復大道，垂範後世。」

第六十條　韶、武之別

子謂韶①，「盡美②矣，又盡善③也。」謂武④，「盡美矣，未盡善也。」

① 韶：音ㄕㄠˊ，舜時的舞樂名。
② 盡美：盡，至極。美，美盛。
③ 善：內容仁善。
④ 武：周武王時的舞樂名。

孔子評論韶樂說：「聲容至爲美盛，內容也至爲仁善。」又評論武樂說：「聲容至爲美盛，內容卻未盡仁善。」其實，舜繼承堯平治天下，武王伐紂救民水火，其功相同，故其樂同樣至爲美盛。然而舜之德天生使然，又以揖讓而有天下；武王之德則善返天性，因征誅而有天下。故其樂的內涵不盡相同。

〈里仁第四〉

第六十一條　仁者安仁，知者利仁

仁者安仁①，知者②利仁③。

①安仁：安於行仁。
②知者：知，音ㄓˋ，通「智」。智者，聰明的人。
③利仁：以行仁有利而行仁。

有仁德的人，不論窮困或快樂，都能安於行仁；聰明的人，知道行仁可以利己利人，因此也能行仁。仁者不必刻意存心即能行仁，智者必得刻意存心才能行仁，這是兩者的根本差別。但兩者都不會因外在環境的變化而影響他們的行仁。

第六十二條　唯仁者能好人，能惡人

唯仁者能好①人，能惡②人。

①好：音ㄏㄠˋ，喜好。

②惡：音ㄨˋ，厭惡。

唯獨有仁德的人能夠公正無私的去喜愛好人，厭惡壞人。好善而惡惡乃天下的公理，但人往往不得其正，只因爲心有所繫念而不能克制自己。就像《大學》所言，心只要有所忿懥、恐懼、好樂、憂患，就不得其正。唯獨有仁德的人能使純潔無瑕的本心常爲此身之主，才能公正地好善惡惡。

第六十三條　君子無終食之間違仁

富與貴①，是人之所欲也，不以其道②得之，不處③也；貧與賤，是人之所惡④也，不以其道得之，不去也。君子去仁，惡乎成名⑤？君子無終食之間⑥違仁，造次⑦必於是，顚沛⑧必於是。

①富與貴：富，財產多。貴，官爵高。
②不以其道：不以正當的方式或手段。
③處：音ㄔㄨˇ，居處。
④惡：音ㄨˋ，厭惡。

⑤惡乎成名：惡，音ㄨ，何能。乎，助詞。惡乎成名，何能成就君子的美名。
⑥終食之間：吃一頓飯的時間，喻短暫。
⑦造次：急遽匆忙之際。
⑧顛沛：流離困頓之時。

富與貴雖然是人人都想要的，但若不應得，就算得到了也要辭卻，片刻也不能居處。貧與賤固然是人人所厭惡的，雖非理所應得，但不幸碰上了，也絕不閃躲，而是安然處之。君子對於處富貴格外審愼，對於處貧賤則安之若素。君子如果貪戀富貴而厭惡貧賤，那就背離了仁德，怎還能稱得上是君子呢？君子是時時刻刻不背離仁德的，就算是吃頓飯這麼短暫的時間，也不會背離，無論如何的急遽匆忙，無論如何的流離困頓，總是不背離仁德。可見君子的求仁之道，自富貴與貧賤之間的取捨，以至於終食、造次、顛沛之際，無時無處而不用其力於修持其仁德。取捨之間分辨得愈明晰，然後其存養之功就愈綿密；存養之功愈綿密，則其取捨之間分辨得就更加明晰。

第六十四條　惡不仁

惡不仁者，其爲仁矣，不使不仁者加乎其身。

厭惡不仁的人，在行仁的時候，不使一點點不仁的事情加在自己身上。

第六十五條　觀過，斯知仁矣

人之過①也，各於其黨②。觀過，斯知仁③矣。

① 過：過失。

② 各於其黨：黨，類別。如君子的過失多在寬厚，小人的過失多在刻薄。

③ 斯知仁：斯，則、就。知仁，知其爲人是仁或不仁。

人所犯的過失，各以其類別而有所不同。只要觀察他所犯的過失是哪一個類別，就可以知道其爲人到底是仁還是不仁了。就如程夫子所說：「人之過也，各於其類。君子常失於厚，小人常失於薄。君子過於愛，小人過於忍。」

第六十六條　朝聞道，夕死可矣

朝聞道①，夕②死可矣。

①朝聞道：朝，音ㄓㄠ，早晨。聞，聽聞、知曉。必定要知得到，信得眞誠，方是聞。道，事物當然之理。

②夕：晚上。

人不可以不知「道」，如果早晨能曉悟大道，則生順死安，就算當晚死去，也就了無遺憾了。一般人視道極輕，視死極重。道可以不聞，死則期期以爲不可。其實，人生可長可短，終究難逃一死。貪生怕死，固然不可；醉生夢死，尤其不可！道乃天命之性，唯獨五行之秀、萬物之靈的人才能與聞。人既秉道而生，亦當抱此而往。未聞道而死，死是眞死，也是枉死，因該聞道而未聞啊！

第六十七條　士志於道，不以惡衣惡食爲恥

士志於道，而恥惡衣惡食①者，未足與議②也！

①恥惡衣惡食：惡，音ㄜˋ。以不美好的衣著與食物爲羞恥。

② 未足與議：不能與他議論。

一個讀書人如果有志於求道，卻對自己的衣食不如別人，而引以爲恥，物欲如此深重，便不足與這種人論道了。像顏回簞食瓢飲，不改其樂；子路衣蔽蘊袍與衣狐貉者立，而不以爲恥。

第六十八條　義之與比

君子之於天下也，無適①也，無莫②也，義之與比③。

① 適：音ㄉㄧˊ，固定不變的意思。

② 莫：不肯。

③ 比：依從。

君子立身行事於天下，沒有說必定要如何，也沒有說必定不要如何，只要合於義理就去做。就像〈朱子家訓〉所言：「遇合理之事則從。」

第六十九條　放於利而行，多怨

放①於利而行，多怨②。

① 放：音ㄈㄤˇ，依從。

② 多怨：多取怨於人。

只依從有利於自己的事去做，自然會損害到別人的利益，這就會招來許多怨恨。一個有德君子不應依從「利益」，而應依從「道義」爲準則，來與人交往，則寡怨。國與國之間的交往，如果只依「維護國家利益」爲原則，必定造成強凌弱、大欺小，結果是國際恐怖主義盛行。國際交往應回復到以「自然法」爲原則，只有在不違反「自然法」的前提下，才能去追求國家利益，這樣，才能建立一個公正而穩定的國際新秩序。

第七十條　不患無位，患所以立

不患無位①，患所以立②。

① 位：公職、祿位。

② 患所以立：擔憂有無與其職位相適稱的德與才。

有道君子不擔心沒有高官厚祿，只擔心沒有與該職位相適稱的德與才而已。在官場上，一般人只盲目地追求職級的晉升，而少用心於積蓄自己的才、德。其結果自然是對有權的長官逢迎拍馬、巧言令色，甚至公然行賄，以謀取更高的職務。這種人官愈大，爲惡愈甚，眞是「播其惡於眾」啊！孔子說：「不患無位，患所以立。」何其深刻地反映出儒者悲天憫人的使命感！「患所以立」正是以高標準要求自己好好進德修業。

第七十一條　夫子之道，忠恕而已矣

曾子曰：「夫子之道，忠恕①而已矣。」

① 忠恕：中心爲忠，心中所藏著的爲忠。如心爲恕，以我的心去推度他人的心爲恕。即朱子所言：「盡己之謂忠，推己及人之謂恕。」

曾子說：「夫子一以貫之的道，就是忠與恕而已。」。「一以貫之」爲以一心應萬事，「一」是一心。「貫」是萬事。一貫，就像一條繩索，曾子將錢每十枚爲一堆，都已數了十堆，成百了，只是還沒把它們貫串起來罷了。別人則是零錢一堆，也沒數過，就算給他一條繩索，也無由串得起來。「一」是「忠」，是體；「貫」是「恕」，是用。「忠」在聖人為「誠」，「恕」在聖人為「仁」。「忠恕而已矣」，並非直指「忠恕」，只是借「忠恕」兩字貼出一貫的道理。盡己為忠，推己為恕，忠恕本是學者所應努力的工夫。朱子說：「天地是無心底忠恕，聖人是無為底忠恕，學者是求做底忠恕。」聖人之心，渾然一理，而泛應曲當，用各不同。如天地之至誠無息，而萬物各得其所。曾子有見及此，卻又難以表達，因此用學者所當戮力的盡己、推己的工夫來顯明「夫子之道」。忠主於內，因恕而見；恕見於外，由忠而出。忠的極致便是至誠無息，乃道之體，「萬殊之所以一本也」；恕的極致便是仁，使萬物各得其所，為道之用，「一本所以萬殊也」。其實，忠恕二字追根究底，只是一個恕字。就如子貢問曰：「有一言而可以終身行之者乎？」子曰：「其恕乎！己所不欲，勿施於人。」毛奇齡說：「一貫只是一串，一串之道只在忠恕，別無他道，無二心。且忠恕二字，究只一恕字，己所不欲，勿施於人而已。」在《大學》裡，講的就是「所惡於上，毋以使下；所惡於下，毋以事上」的「絜矩之道」，「所藏乎身不恕，而能喻諸人者，未之有也。」而《中庸》也說：「忠恕，違道不遠。施諸己而不願，亦勿施於人。」

第七十二條　君子喻於義，小人喻於利

君子喻於義①，小人喻於利②。

①喻於義：喻，曉得、知道。義，義理。
②利：私利、利欲。

君子通曉義理，而小人則唯利是圖。誰不知，一般人所想要的，沒有超過生命的；所厭惡的，沒有超過死亡的。君子之所以能捨生取義，乃因深知義理的可貴，而不會讓利害動搖他的本心。君子所擔心的就是「德之不修，學之不講，聞義不能徙，不善不能改」；而小人所關心則是股市的起伏，房價的漲跌，以及錢財的增減而已！一位有德君子碰到再好的投資機會，也能毫不動心。因爲他所關心的是求取大道，而爲了求取大道就不能有絲毫的利心。只要一有利心，他就與大道絕緣了。要求取大道，就要徹底捨棄各色各樣的利，捨棄世俗的名位，甚至要捨棄寶貴的生命。一般人早上一起床，就營營碌碌，爲了養家糊口而忙碌不已。只要不爲非作歹，不背義求利，照顧妻小，奉養老人，這是當一個人起碼的義務。在社會上君子畢竟是少數，大多數的人是小人。但一個社會有多一點的君子，意味著堅持道德文化理想的人多一點，這個社會就會光明一點；反之，就會黑暗一點。而小人之中，也有少數是唯利是圖、見利忘義，而爲非作歹的，這些是社會的敗類，應該繩之以法。但也有些小人，事業經營有成，覺悟到自己作爲一個經營者的社會責任，此時他們工作的動機已不再爲自己謀利，而是造福人群，他們就從「小人」蛻變爲「君子」了。這就是「君子喻於義，小人喻於利」的本義。其實，君子、小人之別，並不是絕對的，就取決於他們行事動機的公與私而已！因此「君子」與「小人」可以互相轉換。君子要是心術不正，利欲薰心，那就淪爲小人了；反之，小人要是覺悟，一切以公義爲念，那就蛻變爲君子了。要當君子或小人，就取決於一念之間，公或私而已！

第七十三條　事父母幾諫

事父母幾諫①，見志不從②，又敬不違③，勞④而不怨。

① 幾諫：幾，音ㄐㄧ，隱微。指父母有過錯時，應微言悅色，柔聲勸諫。
② 見志不從：見父母不接納自己的勸言。
③ 又敬不違：仍然要像以前一樣尊敬而不違逆父母的意思。
④ 勞：憂心。

事奉父母，發現他們有過錯時，應和聲下氣勸諫；假使他們並不接納，仍須保持原來那樣孝敬不違；雖然擔憂，卻不宜有所怨懟。

第七十四條　父母在，不遠遊

父母在，不遠遊①，遊必有方②。

① 遠遊：出遠門。

② 有方：一定的方向、住所。

父母健在時，不出遠門；不得已而出遠門時，須有一定的方向、住所。這是因爲出遠門，必然時日久遠，則定省曠而音問疏。不只自己會思親不已，也擔心父母會念我不忘。遊必有方，如說往東，就不敢擅改往西，務必讓父母放心，知道自己在哪裡。父母如果要我回來，一定馬上回家，不敢有誤。

第七十五條　不可不知父母之年

父母之年①，不可不知也。一則以喜，一則以懼。

①年：年紀。

父母的年紀，爲人子女的不可不記在心裡，一方面爲父母能享高壽而高興，一方面也爲父母的高年而擔憂。

第七十六條　勿輕易發言

古者言之不出①，恥躬之不逮②也。

①言之不出：不隨意出口說話。

②躬之不逮：躬，自己身體。逮，音ㄉㄞˋ，及。自身做不到。

古人所以吝於發言，是因爲擔心自身做不到，而成爲羞恥。所以君子非不得已，不輕易出口，並不是言說有多難，而是行事要做到位難啊！正因爲一般人不在乎認眞行事，因此才會輕易言說。如果信守「言如其行，行如其言」，那就會「先行其言，而後從之」了，這就是《中庸》所說的：「言顧行，行顧言，君子胡不慥慥爾！」

第七十七條　訥於言，敏於行

君子欲訥於言①，而敏於行②。

①訥於言：納，音ㄋㄜˋ，遲鈍。訥於言，喻說話謹慎。

②敏於行：敏，快速。行，實踐。

君子要謹慎說話，而敏捷行事。因爲放言易，所以要訥其言；力行難，所以要敏於行。

第七十八條　德不孤，必有鄰

德不孤①，必有鄰②。

①孤：孤單。

②鄰：鄰居。

不論品德的好壞，都不會孤單的，一定有同類會親近他，這就和住家之旁有鄰居一樣。這就是「同聲相應，同氣相求」，好人爲善，自有好人相伴；壞人爲惡，自有壞人相伴。有怎樣的品德，必有怎樣的同類相應。

第七十九條　勸諫之道

子游①曰：「事君數②，斯辱矣；朋友數，斯疏矣。」

① 子游：姓言，名偃，字子游，孔門弟子，以文學著稱。

② 事君數：數，音ㄕㄨㄛˋ，屢次。事君數，意爲屢次繁瑣地向君上進諫。

子游說：「侍奉君上，勸諫不從，就宜停止，若仍頻頻勸諫，反而會遭到羞辱。與朋友交往，勸止不從，就宜停止，若仍反覆囉唆，反而會被疏遠。」如果在重大的議題上，君上老是不從，那君子就要考慮辭官回家。如果朋友老是不聽勸諫，那君子就要考慮與他疏遠。

〈公治長第五〉

第八十條　聽其言而觀其行

今吾於人也，聽其言而觀其行①。

①行：音ㄒㄧㄥˋ，行動。

現在我對別人，除了聽他所說的話，還要觀看他所做的事。

第八十一條　子貢讚嘆孔子之言性與天道

子貢①曰：「夫子之文章②，可得而聞③也；夫子之言性與天道④，不可得而聞也。」

①子貢：複姓端木，名賜，字子貢，孔門弟子，有口才，能料事，曾相魯、衛。
②文章：指孔子顯現在外的言論、文辭、威儀。
③聞：聽聞，即曉悟的意思。
④性與天道：性，人所稟受於天的善性，不可得而見。天道，天地化生萬物之道，也不可得而見。

子貢說：「夫子的威儀文辭，是大家得以聞見的；至於夫子有關性與天道的言論則難以聞見。」其實，孔子教導學生是循序漸進的，由淺近而深遠，先易後難，從不躐等而教，因此很少跟弟子們談論像性與天道這麼抽象而高深的話題。子貢到此時才能聽得到夫子的至論，因此讚嘆不已！

第八十二條　子路聞善必行

子路①有聞，未之能行，唯恐有②聞。

① 子路：姓仲，名由，字子路，孔門弟子，小孔子九歲，性好勇。

② 有：音一ㄡˋ，同「又」。

這一段並不是孔子的話。子路對於新聽到的義理，在還沒身體力行之前，唯恐又聽到別的新義理。子路向來「聞過則喜」，勇於改過，他這種聞善則勇於必行的精神，孔門弟子自以爲比不上，因此特別紀錄在《論語》之中，勉勵大家要向子路學習。

第八十三條　臧文仲不知

臧文仲居蔡①，山節藻棁②，何如其知③也？

①臧文仲居蔡：臧文仲，姓臧孫，名辰，字仲，謚爲文，故又稱文仲，魯大夫。居，收藏。蔡，春秋的蔡國，今河南省境內，當地多產烏龜，故古時稱大龜爲蔡。古人以龜爲靈物，大至一尺二吋，只有國君才能用來占卜，大夫須用小龜。今臧文仲不是國君而藏大龜，是僭越人君之禮。此處的龜是指占卜用的龜殼。

②山節藻梲：節，柱頭上的斗拱。梲，音ㄓㄨㄛˊ，樑上的短柱。藻，水草名。山節藻梲，是說節上刻山，梲上畫藻，是天子的廟飾。

③知：音ㄓˋ，通「智」。

臧文仲用來收藏占卜用的大龜龜殼的房子，在柱頭的斗拱上刻了山的形象，在樑上的短柱畫了水草，這怎麼還能稱他爲智者呢！臧文仲不專心政事，爲民服務，卻諂媚敬事鬼神如此，著實令人扼腕。

第八十四條　甯武子，其知可及，其愚不可及

甯武子①邦有道則知②，邦無道則愚。其知可及也，其愚不可及也。

①甯武子：甯，音ㄋㄧㄥˊ，姓，名俞，謚爲武，衛國大夫。

②知：音ㄓˋ，同「智」。

甯武子在國家政治清明的時候，顯用其才智；在國家衰敗的時候，就假裝愚魯。他的才智，我們趕得上；但他的愚魯，我們卻學不來。

第八十五條　伯夷、叔齊不念舊惡

伯夷、叔齊①不念舊惡②，怨是用希③。

①伯夷、叔齊：商代孤竹國（在今河北省盧龍縣南）國君之子。武王滅紂後，二子義不食周祿，隱居在首陽山，採蕨而食，最後餓死在首陽山上。

②惡：惡，音ㄜˋ，過錯。

③怨是用希：怨，指怨恨伯夷、叔齊的人。是用，猶是以，因此的意思。希，通「稀」。

伯夷、叔齊都不記掛別人以前的過錯，因此怨恨他們的人很少。這也是恕道的表現。有人老是記掛著別人的過錯，因此心胸難以舒坦。〈朱子家訓〉中說：「人有小過，含容而忍之；人有大過，以理而諭之。」「人有過，則掩之；人有善，則揚之。」這都是抱著「與人爲善」的心態爲人處世，自能從容中道，理順人際關係。

第八十六條　左丘明所恥，丘亦恥之

巧言、令色，足恭①，左丘明②恥之，丘亦恥之。匿怨③而友其人，左丘明恥之，丘亦恥之。

① 足恭：足，音ㄐㄩˋ，過的意思。足恭，過於恭敬。

② 左丘明：古代的名人。

③ 匿怨：匿，隱藏。匿怨，隱藏怨恨。

說話好聽但不眞誠、假裝和顏悅色、過於恭敬卑順，左丘明覺得這種人可恥，我孔丘也覺得是可恥的。把怨恨隱藏在心中，表面上卻裝著跟他很友善，左丘明覺得這種人可恥，我孔丘也覺得是可恥的。

第八十七條　夫子之志

老者安之，朋友信之，少者懷之。

（我的志向是）老年人都能得到安養，朋友之間都能誠信往來，年幼的人都能得到撫愛。

第八十八條　見其過而能內自訟

吾未見能見其過，而內自訟①者也。

① 內自訟：口不言而內心深自咎責。

我從未見過，見到自己的過錯，而能在心裡自我咎責的人。人有過錯而能自己察覺到的，已經非常少了。知道過錯而能「內自訟」的，那就少之又少了。大多數的人明明知道自己犯了過錯，卻想方設法文過飾非，甚至還要找藉口爲自己開脫，這種人想要進德可謂難於登天。反之，要是能夠「內自訟」，意味著他悔意眞切，一定能下決心改過歸正，如此進德就快了。

第八十九條　好學爲貴

十室之邑①，必有忠信如丘者焉，不如丘之好學也。

① 十室之邑：只有十戶人家的小邑。

就像是只有十戶人家的小地方，也一定有生性忠信像我孔丘一樣的人，只是不如我孔丘這樣好學罷了。一個人的生性再好，如果不努力向學，結果仍不免淪爲鄉人或市井小民。孔夫子雖然天賦異稟，卻仍好學不倦，才能受到後世的景仰。可見孔子自認，他的資質並不比常人好，重要的是經由後天的努力、好學，才能成爲至聖先師、萬世師表。

〈雍也第六〉

第九十條　不遷怒，不貳過

不遷怒①，不貳過②。

① 不遷怒：遷，轉移。不遷怒，不把對甲的怨怒轉移到乙的身上。

② 不貳過：貳，復、再的意思。不貳過，不再犯同樣的過錯。

（孔子贊美顏回最爲好學）從不把怨怒轉移到不相干的人身上，也從不再犯同樣的過錯。顏回克己之功做得如此綿密，可謂眞好學了。顏回的怒在物而不在己，所以不會「遷怒」。有不善未嘗不知，知之而未嘗復行，所以不會「貳過」。

第九十一條　父惡不掩子之賢

子謂仲弓①，曰：「犂牛②之子，騂且角③，雖欲勿用④，山川其舍諸⑤？」

① 仲弓：姓冉，名雍，字仲弓，孔子弟子，以德行著稱。

② 犂牛：毛色黃黑相雜的牛，屬下品，只能用來耕田，不能供祭祀用，因此稱「犂牛」。仲弓的父親地位卑賤而素行不良，有如犂牛。

③ 騂且角：騂，音ㄒㄧㄥ，純赤色。周人尚赤，故牲用騂。角，音ㄐㄩㄝˊ，指牛角周正而長短合式。騂且角，譬喻仲弓德行美好，不該因父之惡而廢其子之善。

④ 勿用：不用來祭祀。

⑤ 山川其舍諸：山川，指山川的神靈。舍，通「捨」。諸，語助詞，猶「乎」。

孔子評論仲弓，說：「毛色相雜的耕牛，卻生下毛色純赤，且頭角端正的小牛，人們雖不想用牠來做祭牛，但山川的神靈怎麼會捨棄牠呢？」以瞽瞍為父而有舜，以鯀為父而有禹，聖賢豈在乎出身？子能改父之過，變惡以為美，這才是眞正的孝子啊！

第九十二條　回也，其心三月不違仁

回也，其心三月①不違仁，其餘②則日月至焉③而已矣。

①三月：言時間的長久。

②其餘：除顏回以外的其他弟子。

③日月至焉：言或一日或一月，喻時間的短暫。至，達到。

唯獨顏回的心可以三月之久不背離仁德，其餘的弟子則只能堅持一日或一月不違背仁德。張載說：「始學之要，當知『三月不違』與『日月至焉』，內外賓主之辨，使心意勉勉循循而不能已。」修德要從「日月至焉」而「三月不違」，再從「三月不違」而「終食、造次、顚沛」也渾然毫無間斷。

第九十三條　賢哉，回也

賢哉，回也！一簞食①，一瓢②飲，在陋巷③，人不堪④其憂，回也不改其樂。賢哉，回也！

①簞食：簞，音ㄉㄢ，盛飯的竹器。食，音ㄙˋ，飯。
②瓢：音ㄆㄧㄠˊ，用葫蘆瓜做的舀水器。
③陋巷：簡陋的小巷子。
④堪：勝任。

多麼的賢良啊，顏回！只吃一筐米飯，喝一瓢清水，住在簡陋的小巷道裡頭，別人受不了這種清貧的生活，顏回卻一點也沒有改變他求道的樂趣。多麼的賢良啊，顏回！顏子之樂，不是在簞食、瓢飲與陋巷，不因貧困而拖累其心，而改易其所樂。其所樂何事，正是學者所當深思而自得之。當年兩位程夫子受學於濂溪先生，濂溪先生每要他倆追尋仲尼、顏子樂處與所樂何事。

第九十四條　君子儒

女爲君子儒①，無爲小人儒②。

①女爲君子儒：女，音ㄖㄨˇ，同「汝」。儒，學者之稱。君子儒，有道德學養的學者。

②小人儒：罔顧義理，只顧私利的學者。

你要做一個品德高尚的君子儒，不要做一個品德低劣的小人儒。君子儒與小人儒之別，就在義與利之間而已，猶如「君子喻於義，小人喻於利」。只是「小人儒」比起「小人」更拙劣罷了。因爲小人未必有學識，而小人儒既有學識，卻不知服膺義理，那就更不可理喻了。

第九十五條　孟之反不伐

孟之反不伐①，奔而殿②。將入門③，策④其馬曰：「非敢後也，馬不進也。」

①孟之反不伐：孟之反，春秋時魯國大夫，名側。哀公十一年魯與齊戰，師敗而奔，孟之反殿後拒敵，而不居功。伐，誇功。

②奔而殿：奔，敗逃。殿，居後以擋追兵。

③門：國都的城門。

④策：馬鞭，指以馬鞭鞭策著馬。

孔子稱讚孟之反這個人，因爲他不誇稱自己的功勞。魯國與齊國打戰失利時，孟之反留在後面抵擋齊兵，掩護魯兵撤退。將進城門時，特意鞭策著馬，對人說：「我並不敢落後，只因馬跑得太慢了。」孟之反這種有功不伐的行爲，於今尤爲可貴。在講效率、重功利的工商社會，凡事要求短、平、快，總要立竿見影。由於競爭劇烈，爭功諉過已成常態，眾人見怪不怪。孟之反有功不居，尚且道：「非敢後也，馬不進也。」爲敗退的將士保留顏面，像這樣才是國家的棟樑，社稷的股肱之臣啊！

第九十六條　文質彬彬，然後君子

質勝文則野①，文勝質則史②。文質彬彬③，然後君子。

①質勝文則野：質爲本質。文爲文飾。野爲粗鄙的野人。

②史：掌文書的史官，以辭采漂亮爲貴。

③彬彬：配合勻稱的樣子。

本質樸實勝過文采，就像粗鄙的野人。文采要是勝過本質，那就和掌文書的史官差不多。文采與本質搭配勻稱，那才是個君子。這與《易經》賁卦所講的道理是一樣的。賁有兩義：一為文飾，一為無色。無色代表本質的樸實，文飾則代表外表的彩飾。任何東西都需要文飾，沒有文飾就烘托不出這個東西的價值；但如果文飾太過，反而傷害了本質的樸實。一位彬彬君子，不僅要有良好的德行，也要有相稱的文采，才能讓人景仰、學習。

第九十七條　仁者先難而後獲

仁者先難而後獲，可謂仁矣。

有仁德的人，做事不會先計功謀利，而是只要事所當為，就算有再大的困難，也會先努力去做。至於能獲得什麼效益，則聽其自至，不會格外在意。能做到這樣，就算是有仁德了。這就是後來漢儒董仲舒所說的：「正其義，不謀其利；明其道，不計其功。」

第九十八條　知者樂水，仁者樂山

知者樂水①，仁者樂山②；知者動，仁者靜③。

①知者樂水：知，音ㄓˋ，同「智」。樂，音ㄧㄠˋ，喜好。智者遇事即能了知其理，猶水之無孔不入，故智者樂水。

②仁者樂山：仁者樂天知命，與世無爭，故不動如山。

③知者動，仁者靜：水動而山靜，故知者動，仁者靜。

明智的人，通曉事理，周流無滯，像水一樣，所以喜好水。仁厚的人，安於義理，厚重不遷，像山一樣，所以喜好山。明智的人，靈活好動；仁厚的人，穩重恬靜。

第九十九條　觚不觚

觚不觚①，觚哉！觚哉！

①觚不觚：觚，音ㄍㄨ，古時鄉飲酒的杯子，四方有稜，作八角狀，下有腳座。觚，通「孤」，其命名的意思是要人少喝酒。孔子因人用觚飲酒，卻不能少飲，甚至沉湎於酒中，因此感嘆說：「觚不觚。」

要提醒人少喝酒的觚，已不再能發揮其原本命名爲「觚」的作用了，還能稱它做「觚」

嗎？還能稱它做「觚」嗎？

第一百條　博文約禮

君子博學於文①，約之以禮②。

① 博學於文：文，典籍。要從典籍中廣博地學習，以多識前言往行。

② 約之以禮：約，約束。禮，行爲舉止的各種規範儀式。

君子要博覽典籍，努力學習，並循守各種禮儀，約束自己。「博學於文」在於從古聖先賢學習他們的嘉德懿行、格言至論，也就是向先知先覺們學習，如此進德最快，這也是爲什麼要努力學習經典的理由。唯其如此，才能學有所本。「約之以禮」在於要求自己不能放肆，而應謙和有禮。學識愈爲廣博，愈知學海無涯，豈敢自是，因此涵養也就愈爲敦厚，對各種禮儀自然愈爲遵守。

第一百零一條　中庸之爲德也

中庸①之爲德也，其至矣乎②！民鮮③久矣！

①中庸：中，不偏，無過與不及，恰到好處。庸，不易，平常。中爲天下的正道，庸爲天下的定理。

②至矣乎：至，極致。矣乎，語助詞。

③鮮：音ㄒㄧㄢˇ，很少。

中庸是至高無上的德行啊！世人缺乏這種德行已經很久囉！

第一百零二條　己欲立而立人，己欲達而達人

夫①仁者，己欲立而立人②，己欲達而達人③。能近取譬④，可謂仁之方也已⑤。

①夫：音ㄈㄨˊ，語前助詞。

②己欲立而立人：立，樹立起來，站穩腳步。自己要能自立，而後也要協助別人，使其自立。

③己欲達而達人：達，到達，通達。自己要能通達，而後也要協助別人，使其通達。

④能近取譬：近，自身接近的事。譬，比喻。能近取譬，謂近取諸身，以己之所欲，譬之他人，知他人之所欲，也和我一樣。

⑤方也已：方，方法、途徑。也已，語助詞。

所謂仁德就是：自己想要自立，也要幫助別人自立；自己想要通達，也要幫助別人通達。能夠就近取諸身，以己之所欲，譬之別人，而知道：別人之所欲，猶己之所欲。這種推己及人的恕道，就是行仁的方法呀！

〈述而第七〉

第一百零三條　述而不作，信而好古

述而不作①，信而好古②，竊比於我老彭③。

①述而不作：述，傳述，即傳述先聖先賢的言論、事蹟給後生晚輩。作，著書立說。孔子刪述六經，主要是把古代的典籍加以整理，重新編輯，並沒有創作。而《論語》則是孔子的弟子與再傳弟子所記，也不是孔子的創作。

②信而好古：好，音ㄏㄠˋ。相信而喜好古聖先賢所留下的典籍。

③竊比於我老彭：竊比，尊敬之辭，私下親比附和的意思。我，親切之辭。老彭，商代的賢大夫。

我平生刪詩書，訂禮樂，贊周易，修春秋，都只是傳述古聖先賢的言論與事蹟而已，並沒有什麼創作。我篤信並且雅好古聖先賢之道，私下親比我商朝的賢大夫老彭。孔子雖謙遜自稱「述而不作」，其實，經由他刪述六經，才把上古優秀的文化結晶整理出來，其對中國，乃至對世界的貢獻，何可言喻？其事雖「述」，而功則百倍於「作」矣！此又今人所不可不知的！

第一百零四條　學而不厭，誨人不倦

學而不厭，誨①人不倦。

①誨：音ㄏㄨㄟˇ，教導。

我一直努力學習，不敢自滿；教導後生，不敢倦怠。唯其「學而不厭」，才能不斷超越原有的局限性，彰顯作為認知主體的能動性。所謂「學原於思」（伊川語），「學」離不開

「思」。人之所以是萬物之靈，就在於人能思考。《書經》說：「思曰睿，睿作聖。」只要勤於思考，人就會變得明睿，明睿到極致，那就是聖人了。人生本來就是一個學習的過程，所謂「活到老，學到老」。要不斷超越主觀的局限性，只有經由孜孜不息的學習，怎敢厭倦呢？至於「誨人不倦」，則是以「先覺覺後覺，先知覺後知」的心情來教導別人。要有耐心，要講求方法，要能因材施教，如此自能教學相長，樂在其中了。

第一百零五條　聖人之憂

德之不修①，學之不講②，聞義不能徙③，不善不能改，是吾憂也。

① 修：修養、整治。
② 講：講論、研究。
③ 徙：遷徙、遵循。

德行不努力修養，學問不用心講求，聽到義理不能遵循，有了過錯不能悔改，這四件事是我所擔憂的。這就是君子憂道不憂貧。之所以擔憂「德之不修」，是擔心德行的修養不夠細緻，擔心有片刻偏離仁德，務必要做到「造次必於是，顛沛必於是」。之所以擔憂「學之不講」，是擔心學問做得不夠精深，擔心對聖學的信心不夠堅定，以致為異端所迷惑。之所以擔憂「聞義不能徙」，是擔心對義理的服膺不夠真誠，而常為個人的私意與私欲所驅使。之所以擔憂「不善不能改」，是擔心自己不夠勇猛精進，向道之心不夠堅定，以致不能及時改過遷善。一位有德君子就要像孔子一樣，戒驕、戒惰，如此就能下學而上達了。

第一百零六條　申申如也，夭夭如也

子之燕居①，申申②如③也，夭夭④如也。

① 燕居：閒居，平素閒暇無事時。
② 申申：容貌極為舒服。
③ 如：句末語助詞。
④ 夭夭：神色極為愉悅。

孔子閒居時，容貌泰然舒適，神色怡然和悅。這是弟子對孔子閒居時的描述。一般人閒居時，不是怠惰放肆，便是太過嚴厲。聖人由於體悟大道，上下與天地同流，自然神舒體泰，洋溢一股粹和之氣，因此「申申如也，夭夭如也」。

第一百零七條　爲學大要

志於道①，據於德②，依於仁③，游於藝④。

①志於道：志，心之所向。道，事物當然之理。

②據於德：據，執守不失。德，行道而有得於己。

③依於仁：依，遵循。仁，淨盡私欲，此心純是一片公理。

④游於藝：游，同「遊」，玩物適情。藝指禮、樂、射、御、書、數六藝。

立志求道，篤守德行，依從仁厚，游於六藝。這是在講爲學的大要。爲學莫先於立志，「志於道」則心存正而不他騖。「據於德」則道實得於己而不佚失。「依於仁」則德行常用而物欲不行。「游於藝」則小物不遺而動息有養。

第一百零八條　不憤不啓，不悱不發

不憤不啓①，不悱不發②。

①不憤不啓：憤，心想求通而未得的意思。啓，啓迪、開導。人還沒「憤」，就不去「啓」

他。

② 不悱不發：悱，音ㄈㄟˇ，嘴巴想說而說不出口的樣子。發，引導。

不是他自己想求通而未得，就不要去啓迪他。不是他想講而不能表達出來，就不要去引導他。如果沒等到「憤悱」的程度，就「啓發」他，那他的理解就不會很堅固。等到出現「憤悱」現象時，再去「啓發」他，他的理解就堅如磐石了。

第一百零九條　用之則行，舍之則藏

用之則行，舍①之則藏。

① 舍：通「捨」。

有國君要重用我們，那就將治國、平天下的大道施行出來；如果捨棄我們，那就將大道收藏起來。其實，「用」與「舍」與自己毫不相干，有德君子或「行」或「藏」，隨遇而安，坦蕩自在。

第一百一十條　不義而富且貴，於我如浮雲

飯疏食①飲水，曲肱而枕之②，樂亦在其中矣。不義而富且貴，於我如浮雲。

①　飯疏食：飯，動詞，吃的意思。疏食，粗飯。

②　曲肱而枕之：肱，音ㄍㄨㄥ，手臂。枕，動詞，讀ㄓㄣˋ。

吃粗米飯，喝清淡水，彎著手臂當枕頭來睡覺，這樣也挺快樂的！不合義理的富與貴，對我而言，就像飄在天空的浮雲一般，與我何干!?並不是樂在疏食飲水，而是就算處在只有「疏食飲水」的困境，也不能改變他安貧樂道的心。

第一百一十一條　學易無大過

加我數年，五十①以學易②，可以無大過矣。

①　五十：疑是「卒」字的誤寫，「卒」與「五十」字相似而誤分。且孔子此時已年近七十了。卒，終完。

②易：指《周易》一書，經孔子闡述後，成爲群經之首。易主要在推演吉凶消長之理，進退存亡之道。

如果讓我多活幾年，到晚年再學學《周易》，這樣就不會犯大過錯了。

第一百一十二條　詩、書、執禮，皆雅言也

子所雅言①，詩、書、執禮，皆雅言也。

①雅言：即正言，指端其聲音，審其句讀，莊重而出之，也叫「莊語」，即周朝的官話，也就是當時陝西關中一帶的方言。

這句不是孔子的話，而是弟子們的記載。孔夫子平日用官話講述的，如誦讀《詩》《尚書》，還有執行禮事，都是採用官話。

第一百一十三條　發憤忘食，樂以忘憂

發憤①忘食，樂以忘憂，不知老之將至。

①發憤：奮發，堅定心志去做。

發憤起來用心學習，連飲食也會忘記。快樂於學有所得，忘掉了所有的憂愁，甚至連快要衰老了，自己也都不知道。這就是孔子好學不倦、安貧樂道的最佳寫照。

第一百一十四條　我非生而知之者

我非生而知之者，好古，敏①以求之者也。

①敏：敏捷，急速。

我並不是生來就知道一切的人。我只是愛好古聖先王之道，並勤敏地用心探求它的人罷了。這裡的「古」不是泛指舊的禮俗、典章、文物、制度，而是指古聖先王所樹立的楷模，所留下的嘉言懿行，以及值得沿用的禮俗、典章、文物、制度，也就是古聖先王之道。任何的創新無不源自模仿。我們並不是「生而知之者」，想要增廣見聞，就得廣泛地學習，而最有效的，莫過於將前人的學習成果學爲己用，再在這個基礎上去創新。這就像要研究一個課題，就得將這個課題的研究史先做一個回顧，還得說明這個課題爲什麼現在還值得做，是否有發現了新事實，或是要採用新方法、新角度來研究。孔子好古敏求，並不是一個盲目的復古主義者，而是實事求是，懂得尊重前人學習成果，先繼承再創新的智者。

第一百一十五條　三人行必有我師焉

三人行必有我師焉。擇其善者而從之，其不善者而改之。

三人同行，除了我之外的兩人，一定有值得我學習，而可以當我老師的。我選擇那好的來效法，那不好的來警惕自己，這就是「見賢思齊，見不賢而內自省」的道理。

第一百一十六條　子釣而不綱

子釣而不綱①，弋②不射宿。

①綱：是用大繩編成的網，上面繫有很多魚鉤，把它橫絕在河流上釣魚，要一網打盡。

②弋：用帶生絲繩子的箭去射鳥，則中箭的鳥就跑不掉了。

孔子釣魚時，不用繫有很多魚鉤的大繩網橫絕河流而釣；用帶生絲繩的箭射鳥時，不射已經回巢歇宿的鳥。孔門弟子特別紀錄「子釣而不綱，弋不射宿」，讓大家知道有仁德的人，釣魚不會盡物而取，射鳥不會出其不意。聖人待物如此，則其待人可知。小事如此，則大事可知。這是仁者深體「天地生物之心」，仁民愛物的自然流露。就像道學的開山祖師周敦頤（濂溪先生），春天從來不除窗前草，也是這個意思。

第一百一十七條　多聞多見，知之次也

蓋有不知而作①之者，我無是也。多聞，擇其善者而從之，多見而識②之，知之次也③。

① 蓋有不知而作：蓋，傳疑之詞，並非指其確有。作，創作。或許有人不知其理而妄自創作。
② 識：音ㄓˋ，記住。
③ 知之次也：孔子以生知為上，學知為次，因而謙虛地以學知自處。

大概有些人對事理一無所知，而竟敢妄自創作，我就不敢這麼做。要多聽，選擇好的依從去做；要多看，記下來以備參考。這樣也就可以是次於生知安行的智者了。

第一百一十八條　我欲仁，斯仁至矣

仁遠乎哉？我欲仁，斯仁至矣。

仁德離我們很遠嗎？其實，仁德就是——做爲一身之主的——心固有的德性，並不是外在的。就如朱子所言：「仁者，愛之理，心之德也。」只是物欲使心放失了仁德，而誤以爲仁德遠離我們。只要我想要仁德，仁德馬上就回來了。

第一百一十九條　苟有過，人必知之

丘也幸，苟有過，人必知之。

我孔丘眞幸運，假若有過錯，人家一定會知道。多數人犯了過錯，而自己卻不知道，常要經由師長、朋友的提醒，才會知道。假如沒有良師益友隨時在旁責善，那想進德就很難了。孔子有見於此，才會說出：「丘也幸，苟有過，人必知之。」

第一百二十條　與其不孫也，甯固

奢則不孫①，儉則固②。與其不孫也，甯固。

① 孫：音ㄒㄩㄣˋ，同「遜」，恭順的意思。

② 固：鄙陋。

奢侈就顯得不恭順，節儉就顯得鄙陋。與其不恭順，寧可鄙陋。其實，奢侈與節儉都不合乎中道，但奢侈的弊害大，因此寧可鄙陋。

第一百二十一條　君子坦蕩蕩

君子坦蕩蕩①，小人常戚戚②。

① 坦蕩蕩：坦，平坦。蕩蕩，寬廣的樣子。

② 戚戚：憂愁的樣子。

君子正己而不求諸人，所以坦蕩舒泰；小人多欲而不知足，所以老是愁眉苦臉。

第一百二十二條　威而不猛

子溫而厲①，威而不猛，恭而安。

①厲：嚴肅。

夫子溫和而嚴肅，有威儀而不凶猛，恭敬而安祥。這是孔門弟子對夫子儀態的描述，可見夫子與大道渾然為一，陰陽合德，中和之氣乃能盎於面背如此。

〈泰伯第八〉

第一百二十三條　至德矣，泰伯

泰伯①，其可謂至德也已矣！三以天下讓，民無得而稱焉。

①泰伯：周朝先祖古公亶父的長子。古公亶父有三個兒子：泰伯、仲雍、季歷。古公亶父時，商代已逐漸式微，而周則日漸強大。季歷又生了兒子昌，自幼有聖德，深得爺爺喜愛。古公亶父因有翦商之志，而泰伯不從，古公亶父遂想傳位給季歷與姬昌父子。泰伯知道父親心意後，就協同弟弟仲雍往南逃到荊蠻之地。於是古公亶父乃立季歷，傳國至姬昌時，三

分天下有其二，是爲文王。文王崩，其子姬發遂克商而有天下，是爲武王。以泰伯之德，處商周之際，本可朝諸侯、有天下，乃捨棄不取，又自泯其蹟於荊蠻之地，其德可謂至極了。

泰伯他的德行可說是至高無上了吧！多次以天下讓給季歷、姬昌父子，卻隱微而了無痕蹟可見，老百姓眞找不到合適的話來稱讚他。

第一百二十四條　君子貴乎動容貌、正顏色、出辭氣

曾子言①曰：「鳥之將死，其鳴也哀；人之將死，其言也善。君子所貴乎道者三：動容貌②，斯遠暴慢③矣；正顏色，斯近信矣；出辭氣④，斯遠鄙倍⑤矣。籩豆之事⑥，則有司⑦存。」

①言：自言。曾子病重，魯大夫孟敬子來慰問，因此曾子自言這段話。
②動容貌：使自己整體的容貌從容、恭敬、合禮。
③遠暴慢：遠，音ㄩㄢˋ，遠離。暴慢，粗暴無理，怠慢放肆。
④辭氣：語言聲氣。

⑤ 倍：同「背」。

⑥ 籩豆之事：籩，竹製器皿。豆，木製器皿。籩、豆都是古代祭祀時盛祭品的用具。籩豆之事，指祭祀或禮儀之事。

⑦ 有司：此處指主管祭祀或禮儀的官員。

曾子（病重時）自道：「鳥將死時，牠鳴叫的聲音格外哀傷；人將死時，他所說的言辭也特別和善。君子最在意的莫過於『動容貌』、『正顏色』與『出辭氣』這三件事。動容貌是說，人整體的容貌要依禮而動，那就可遠離粗暴怠慢；正顏色是說，臉色莊正而不漂移不定，那就接近於信實；出辭氣是說，言語聲氣順時而出，那就可遠離鄙俗與背理。至於祭祀、禮儀的器用等瑣碎小事，自有相關官員負責司理，用不著君子去操這個心。」這三件事乃修身之要，也是為政之本，是君子所最應重視的。

第一百二十五條　以能問於不能

曾子曰：「以能問於不能，以多問於寡，有若無，實若虛，犯而不校①，昔者吾友②嘗從事於斯矣。」

① 犯而不校：校，音ㄐㄧㄠˋ，同「較」。有人侵犯我，我不跟他計較。

② 吾友：指顏回。

曾子說：「自己有才能而還能去請教沒才能的人；自己學識淵博而還能去請教學識淺薄的人；自己有學問卻像沒有一樣；自己實有所得卻像了無所得一樣；有人侵犯，絲毫也不計較。從前我的朋友顏回曾經在這方面下過工夫。」曾子稱讚顏回「以能問於不能」，可見顏回不敢自以爲是，因爲再無能的人也會有一技之長。自己學識再淵博，也不能全知全能，正因有此認識，才能「以多問於寡」。至於「有若無，實若虛」，那眞是虛懷若谷了。顏淵謙遜如此，難怪對別人可以做到「犯而不校」。

第一百二十六條　士不可不弘毅，任重而道遠

曾子曰：「士不可不弘毅①，任重而道遠。仁以爲己任，不亦重乎？死而後已，不亦遠乎？」

① 弘毅：弘，大，言志氣遠大。毅，強硬不屈，言做事堅持到底。

曾子說：「讀書人的心志不可不遠大而堅毅，因爲所擔負的責任重大，且道路漫長。他把行仁做爲自己的責任，這責任不是很重嗎？他要堅持行仁到死方休，這道路不是很漫長嗎？」行仁是儒者終身的職責。仁包含了仁、義、禮、智，也就是惻隱、羞惡、辭讓、是非之心，這是上天賦予我們作爲萬物之靈的天生善性。儒家最高的道德理想就是「仁」，最高的人格理想就是「聖人」。聖人能夠將仁德體悟得浸潤灌透，片刻也不會背離仁德，「造次必於是，顚沛必於是」。從這個角度來看「士不可不弘毅，任重而道遠」，就會有深一層的領悟了。

第一百二十七條　興於詩

興於詩①，立於禮②，成於樂③。

① 興於詩：興，興起、鼓舞。詩即《詩經》。詩能興發人好善惡惡之心。

② 立於禮：立，確立、自立。禮以謙讓恭敬爲本，學禮可以立身。

③ 成於樂：樂，音樂。音樂可以調節人的性情，蕩滌邪穢，成就完美的人格。

詩可以興發人的性情，禮可以端正人的行爲，樂可以涵養人的性情，成就完美的人格。

西周初年，周公制禮作樂，教化大行，而魯國又爲周公長子伯禽的封國，保存禮樂最爲完整。孔子出生在離魯國都城曲阜不遠的尼山，深受周公禮樂教化的薰陶。孔子不論在朝爲官，或是帶領門生周遊列國，乃至退而著書立說，無不以禮樂與詩教爲主要的教學內容。

第一百二十八條　民可使由之

民可使由之①，不可使知之②。

① 由之：由，遵行。之，政令。

② 不可使知之：不可，猶不可能。知，知曉、了解。

可以使老百姓遵循政令，卻不可能使老百姓了解爲甚麼要制定這些政令的道理。譬如開徵外加型的增值稅，爲甚麼是百分之十四，而不是其他百分比。又如重傷害罪的刑度爲何最少是七年以上有期徒刑，而不是五年以上有期徒刑。

第一百二十九條　不可驕且吝

如有周公①之才之美②，使驕且吝③，其餘④不足觀也已。

①周公：姓姬，名旦，武王的弟弟，武王子成王繼位時，年幼，由周公與召公攝政，號稱「共和」。周代的禮樂刑政多由他所訂，曾興建東都雒邑，平定管蔡之亂，並將大位奉還成王。自來被稱爲聖人。

②之才之美：才與美，謂周公的智能出眾、技藝不凡。

③使驕且吝：使，假使、如果。驕是氣盛而驕傲。吝是氣歉致器量狹小。

④其餘：指除了不凡的智能、技藝外的善行。

如果人有周公那麼傑出的智能與技藝，假使他爲人驕傲而且鄙吝，那其他的長處也就不值一提了。這是在說，驕、吝對一個人成德的傷害何其大啊！

第一百三十條　篤信好學，守死善道

篤信好學①，守死善道②。危邦不入，亂邦不居③。天下有道則見④，無道則隱。邦有道，貧且賤焉，恥也；邦無道，富且貴焉，恥也。

① 篤信好學：篤信，堅信。要切實誠信，才是眞正的好學。

② 守死善道：守死，抱定至死不渝的決心。善道，古聖先賢所傳下的正道。

③ 危邦不入，亂邦不居：危邦，將亂之國。亂邦，已亂之國。不入，不進去任官。不居，已任官的當即辭職他去。

④ 見：音ㄒㄧㄢˋ，同「現」。

讀書人要切實誠信去求學，抱定至死不渝的決心，弘揚聖道。不到將亂的國家任官，已亂的國家切勿停留。天下政治清明時，就要出來行道；政治黑暗時，就要引退不仕。國家盛治時，如果既貧又賤，那是可恥的！國家敗亂時，如果既富且貴，那也是可恥的！

第一百三十一條　不在其位，不謀其政

不在其位①，不謀其政②。

① 位：職位。

② 不謀其政：謀，謀畫。政，該職位分管的政事。

不在那個職位上，就不謀畫那個職位所掌管的政事。這是指人各有分限，如田野之人，不得謀朝廷之政。身在此間，只得守此。一不守分限，便是侵犯別人的疆界。

第一百三十二條　學如不及

學如不及①，猶恐失之②。

① 學如不及：求學要抱著來不及學習的心態，唯恐落於人後，如此才能勇猛精進。
② 猶恐失之：學有所得之後，還擔心得而復失，務必要能自得而且深得而後已。

學習要勇猛精進，好似總來不及學的樣子，這樣才不會落於人後。學有所得之後，仍應不時溫習，以免因不夠純熟，以致得而復失。二零零七年十二月下旬，筆者在上海花了整整三天向國寶級的太極拳大師朱天才大哥學會了纏絲功和老架十三式。二零零八年春節我專程前往太極拳的發源地，河南省陳家溝，只花了五天就把老架一路學起來。老架一路已有兩百多年的歷史，可說是陳氏太極拳的拳母，楊氏太極拳的祖師楊露禪就是向陳長興大師學這套拳的，共有七十二式，分解動作有六百多個。我每天早上六點不到就起來練拳，八點到十二點，下午兩點到六點，每天跟天才大哥學八個小時的拳，晚上七點到十點自己再練三個小時。

睡覺時，起來上廁所，還要在走廊上再練一回。這種精神就是「學如不及，猶恐失之」。難怪天才大哥稱讚我，是第一個能在五天內就把老架一路學起來的人。

第一百三十三條　大哉！堯之為君也

大哉！堯之為君也，巍巍①乎，唯天為大，唯堯則之。蕩蕩②乎！民無能名焉。巍巍乎！其有成功也；煥③乎！其有文章④。

① 巍巍：高大的樣子。
② 蕩蕩：極其廣大的樣子。
③ 煥：光明。
④ 文章：禮樂法度。

太偉大了！堯這位君主。何其崇高啊！只有天最為高大，唯獨堯能以天為準則。何其廣大啊！老百姓無從頌揚他。他的功業何其崇高！他的禮樂法度何其光明！

第一百三十四條　禹，吾無閒然矣

禹，吾無閒然①矣。菲②飲食，而致孝乎鬼神；惡衣服，而致美乎黻冕③；卑宮室，而盡力乎溝洫④。禹，吾無閒然矣。

① 閒然：音ㄐㄧㄢˋ，通「間」。閒然，找空隙，這裡是批評的意思。
② 菲：菲薄。
③ 黻冕：黻，音ㄈㄨˊ，祭祀用的禮服。冕，祭祀戴的帽子。
④ 溝洫：溝渠，指農田水利。

對於大禹，我沒什麼可說的了。他飲食菲薄，而奉祀鬼神的祭品卻很豐盛；他穿著簡樸，而祭祀時的穿戴卻很華美；他住得簡陋，卻盡力於農田水利。對於大禹，我眞的沒什麼可說的了。

〈子罕第九〉

第一百三十五條　子罕言利

子罕言利。與命，與仁①。

①此章有三種不同的斷句，第一種爲「子罕言，利與命與仁。」兩個「與」字均爲平行連詞。謂夫子很少談利、命與仁。因爲計利則害義，命之理至爲微妙，而仁之道至爲廣大，所以夫子很少談利、命與仁。第二種斷句爲「子罕言，利與命，與仁。」第一個「與」爲平行連詞，第二個「與」爲讚許的意思。謂夫子很少談論利與命，卻讚許仁。第三種爲「子罕言利。與命，與仁。」兩個「與」字皆表贊許。本書採用第三種。

孔子很少談論「利」的問題，因爲擔心人一求利則害義，所謂「君子喻於義，小人喻於利」。孔子贊許天命，所謂「不知命無以爲君子」，孟子也說：「殀壽不貳，修身以俟之，所以立命也。」孔子更是贊許仁德，仁德是孔子思想的核心概念，是儒家思想的內核，也是一切德行的根源。

第一百三十六條　子絕四

子絕①四：毋意②，毋必③，毋固④，毋我⑤。

①絕：絕對沒有的意思。
②毋意：毋，通「無」。意，私意。

③必：期待必如何。
④固：固執。
⑤我：私己、主觀。

夫子絲毫也沒有「意」、「必」、「固」、「我」這四種毛病：絕不憑空起「意」，絕不事先期「必」，絕不執著頑「固」，絕不滯於私「我」。這四種毛病互爲終始，起於「意」，遂於「必」，留於「固」，成於「我」。「意」「必」常在事前，「固」「我」常在事後。到了「我」，就又生出「意」，物欲牽引，循環不已…。只要有其中任何一個毛病，那就沒法「上下與天地同流」了。

第一百三十七條　子畏於匡

子畏於匡①，曰：「文王②既沒，文不在茲乎？天之將喪斯文③也，後死者④不得與⑤於斯文也；天之未喪斯文也，匡人其如予何？」

①子畏於匡：畏，有戒心。匡，地名，今河南省長垣縣西南。當年孔子離衛赴陳，途經匡地，匡人誤以孔子爲陽貨，而把孔子圍困起來。

②文王：周文王，姓姬，名昌，周武王的父親。文王是孔子心目中的古聖王之一，在此孔子將文王視爲當時周文化的代表。

③斯文：古代的典章制度。

④後死者：孔子自謂。

⑤與：音ㄩˋ，參與。

孔子在匡地被圍困時，說：「文王去世後，周代的禮樂文化典章制度不都在我這裡嗎？如果上天要毀喪掉這種文化，那我就不會參與而熟悉這些文化了；上天如果不要毀喪這些文化，那匡人又能拿我怎麼樣？」

第一百三十八條　吾少也賤

吾少也賤，故多能鄙事①。

①鄙事：一般老百姓所做的事。

我年少的時候，社會地位卑微，因此一般人做的事，我也都能做。正因爲如此，所以孔子的人生經驗才特別豐富。

第一百三十九條　仰之彌高，鑽之彌堅

顏淵喟然①歎曰：「仰之彌高②，鑽之彌堅；瞻之在前，忽焉在後。夫子循循③然善誘人，博我以文，約我以禮。欲罷不能，既竭吾才，如有所立卓爾④。雖欲從之，末由也已。」

①喟然：喟，音ㄎㄨㄟˋ。喟然，嘆息的樣子。

②仰之彌高：仰，仰望。彌，更加。

③循循：有次序。

④卓爾：直立的樣子。

顏淵深有感慨地說：「夫子學養豐厚，抬頭仰望，更覺高不可及；努力鑽研，更覺堅不可入。看它明明在前，忽然卻在後面，眞是高深莫測啊！夫子善於有次序地啓誘我，用文獻來豐富我的知識，又用禮儀來約束我的行爲。使我想停止學習都不可能，我已經竭盡我的聰明才智，好似這學養就矗立在我面前。學到這個地步，雖想跟從上去，卻力不從心了。」其中，「高」「堅」「前」「後」是用來譬喻道體，「仰」「鑽」「瞻」「忽」是說明顏淵尚未得其要領。經由夫子的循循善誘，先博我以文，使我知古今、通事變，然後約我以禮，使我尊所聞，行所知。所以欲罷不能，盡心竭力，不敢休廢，然而又見夫子所立之卓然，雖欲從之，卻沒辦法。

第一百四十條　出則事公卿，入則事父兄

出則事公卿①，入則事父兄，喪事不敢不勉，不爲酒困②，何有於我哉？

①公卿：公，國君。卿，長官。

②困：亂。

已經當官的人，出門要能夠服侍國君與長官，回家要能夠服事父母和兄長。遇到喪事不敢不盡力而爲，不爲酒所亂。這些事對我來說有什麼困難呢？弟子是「入則孝，出則弟」，先入後出。這裡是「出則事公卿，入則事父兄」，自出而入，這是在勖勉已經當官的人。

第一百四十一條　逝者如斯夫，不舍晝夜

子在川上，曰：「逝①者如斯夫②，不舍③晝夜。」

①逝：往，過逝。指過去就像川流一樣。

②夫：音ㄈㄨˊ，語助詞。

③舍：止息的意思。

孔子在河川上有感而發：「過往者就像這川流一樣，不分晝夜，從不止息。」天地間的變化，往者過而來者續，沒有片刻間斷，這有如道體一般。天底下最具象而易見的道體，莫如川流。因此，藉著川流不息來啓發學者，修己治學要勤敏不已，隨時省察，不能有片刻的間斷。

第一百四十二條　好德如好色

吾未見好德如好色①者也。

①好德如好色：兩個「好」字皆讀ㄏㄠˋ。好德，愛好品行修養。好色，愛好美女美色。好好色，惡惡臭，就是誠。如果好德如好色，那就是眞誠愛好品德修養了。

我不曾見過愛好品德修養，就像愛好美色那樣眞誠的人。

第一百四十三條　學貴有恆

苗而不秀者，有矣夫①！秀而不實②者，有矣夫！

①苗而不秀者，有矣夫：苗爲禾苗，始生的稻。秀是開花。矣夫，感嘆的語助詞。夫，音ㄈㄨˊ。

②實：果實，即稻穀。

禾苗成長而不及開花的，是有的吧！開了花而不及結果實的，也是有的吧！可見進德爲學，貴在有恆，不可「苗而不秀」或「秀而不實」。

第一百四十四條　後生可畏

後生①可畏，焉知來者之不如今也。

①後生：少年。

後生年富力強，足以積學而有所成，其勢可畏。怎知他們將來會不如今天的我呢？這是在勉勵年輕人，要努力進學，將來就無可限量。反之，少而不勉，就會老而無聞，虛度一生。

第一百四十五條　法言貴能改，巽言貴能繹

法語之言①，能無從乎？改之爲貴。巽與之言②，能無說③乎？繹④之爲貴。說而不繹，從而不改，吾末如之何也已矣。

① 法語之言：規範，正經講出來的話。
② 巽與之言：巽，恭順。與，稱許。婉轉講出來的話。
③ 說：音ㄩㄝˋ，同「悅」。
④ 繹：尋其緒，分析其眞意。

（別人）正經講出來的話，能不聽從嗎？但以能改正錯誤爲貴。婉轉講出來的話，能不喜悅嗎？但以能尋出其眞意爲貴。法言人所敬憚，故必從；然而不改，只是面從而已。巽言無所乖忤，故必悅；然而不繹，則無以知其微旨之所在。因此，如果只是悅而不繹，從而不改，則是仍舊無所繹、改，對這種人我也拿他沒辦法了。

第一百四十六條　匹夫不可奪志也

三軍①可奪帥也，匹夫②不可奪志也。

① 三軍：周制，諸侯大國有左、右、中三軍，一軍有一萬二千五百人。
② 匹夫：匹，音ㄆㄧˇ，單獨的。匹夫，指一般沒有爵位的普通百姓。

三軍雖眾，但人心不一，則其將帥可奪而取之。匹夫雖微，苟能堅守其志，不可得而奪也。所守的這個志乃指與義理、大道相合的志向，如果只是執守個人的私意或成見，而不知徙義，這個叫做任意，而不能稱爲守志。

第一百四十七條　歲寒，然後知松柏之後彫也

歲寒，然後知松柏之後彫①也。

① 彫：同「凋」，凋落。

到了寒冷的季節，才會知道，松、柏這種樹是最後凋落的。一般人身處在治世，也能自

我修整，與君子沒啥兩樣。在衰亂之世，然後才知道君子的守正不阿，所謂「士窮見節義，世亂識忠臣」。

第一百四十八條　知者不惑

知①者不惑，仁者不憂，勇者不懼。

① 知：音ㄓˋ，同「智」。

智者明睿，足以明理，所以不會疑惑。仁者仁厚，私欲淨盡，所以沒有憂愁。勇者至剛，配道與義，所以無所畏懼。

第一百四十九條　共學、適道、立與權

可與①共學，未可與適道②；可與適道，未可與立③；可與立，未可與權④。

① 可與：可與之共為此事。

② 適道：適，往或到達。達於大道。

③ 立：卓然而立。

④ 權：權衡輕重，使合於義理。

可以和他共同學習，未必可以和他同赴大道；可以和他同赴大道，未必可以和他卓然立在大道上；可以和他卓然立在大道上，未必可以他一起權衡事理的輕重。程子說：「可與共學，知所以求之也。可與適道，知所往也。可與立者，篤志固執而不變也。權，稱錘也，所以稱物而知輕重者也。可與權，謂能權輕重使合義也。」而龜山先生也說：「知爲己，則可與共學矣。學足以明善，然後可與適道。信道篤，然後可與立。知時措之宜，然後可與權。」

〈先進第十一〉

第一百五十條　先進於禮樂

先進於禮樂，野人也①；後進於禮樂，君子也②。如用之，則吾從先進。

① 先進…野人也：先進，猶前輩。周制，住在城內的稱國人，城外爲「郊」，郊外爲「野」。野人，指住在遙遠而偏僻的鄉人。這是說，前輩對於禮樂，文質得宜，但世俗之見反以爲是太過質樸的鄉人。

②後進：君子也：後進，猶後輩。後輩對於禮樂，由於文過其質，世俗之見反以爲是賢大夫。前輩對於禮樂，文質得宜，卻被認爲太過質樸，像是個村夫；後輩對於禮樂，太重文彩，卻被認爲文質彬彬，像是個賢大夫。如果要用禮樂，那我寧可遵從前輩。

第一百五十一條　鯉死，有棺而無椁；顏淵死，不宜有椁

顏淵死，顏路①請子之車以爲之椁②。子曰：「才③不才，亦各言其子也。鯉④也死，有棺而無椁。吾不徒行以爲之椁⑤。以吾從大夫之後⑥，不可徒行也。」

①顏路：顏淵的父親，比孔子小六歲，也是孔子的學生，名繇，也作無繇。字路，又字季路。顏路家裡很窮，故請孔子賣掉坐車爲顏淵買椁。

②椁：音ㄍㄨㄛˇ，通「槨」，外棺，以木爲之。

③才：才幹。

④鯉：孔子兒子，名鯉，字伯魚，比孔子早死。

⑤吾不…爲之椁：徒行，步行。之，指孔鯉。我並沒有爲孔鯉買椁而賣車，以致徒步走路。

⑥從大夫之後：孔子本爲魯國大夫，後來去職周遊列國，後來魯國以幣召孔子回魯，當然恢復原爵，位大夫之列。後，謙辭。

顏淵死了，他父親顏路請求孔子把坐車賣掉，幫顏淵買一副外棺。孔子說：「才與不才，雖有差異，但都是自己的兒子啊！以前我兒子鯉去世時，也只有內棺，而沒有外棺。當時我並沒有把坐車賣掉來爲我兒子買外棺。因爲我還得跟隨在列位大夫的後面，那是不可以徒步走路的啊！」

第一百五十二條　冉求，非吾徒也

季氏富於周公①，而求②也爲之聚斂，而附益之。子曰：「非吾徒也，小子③鳴鼓而攻之④，可也。」

①季氏富於周公：季氏指魯國的卿相季康子。周公，指魯國的始祖周公旦。
②求：指冉求，孔子的學生。
③小子：老師對學生的稱呼。
④鳴鼓而攻之：作戰時，擊鼓進軍，鳴金收兵。鳴鼓而攻之，喻公然聲討他的罪狀。

季家的財富已超過魯國的始祖周公，而冉求還在幫季家搜刮民財，使其更加富有。孔子說：「像冉求這樣的人，不再是我的門生了。弟子們，你們可以擊鼓公然聲討冉求的罪過了。」

〈顏淵第十二〉

第一百五十三條　克己復禮爲仁

克己①復禮②爲仁。一日克己復禮，天下歸③仁焉。爲仁由己，而由人乎哉？

①克己：克，制勝的意思。己，指己身的私欲。身有七情六欲，當以禮義克勝它。

②復禮：復，失而復得。禮乃天理的節文，因七情六欲而失，經由克己，使禮失而復得，就是復禮。因此，克己則禮自復，並非克己之外，別有復禮的工夫。

③歸：猶「與」，讚許的意思。

仁德乃本心的全德，此心原本充塞著天理，卻難免不被情欲所侵蝕。所以有仁德的人，必能克勝私欲，回復禮義，讓凡事皆能合於天理，那麼本心之德又復全於我了。一旦這樣做了，天下的人就會贊許你是個有仁德的人。可見克己工夫的成效既快且大。踐行仁德完全在自己，難道還需要倚賴別人嗎？只要勤於時時克己而不以爲倦，則私欲淨盡，天理流行，仁德就不會有片刻的間斷了。

第一百五十四條　四勿

非禮勿視，非禮勿聽，非禮勿言，非禮勿動。

（而克己復禮的細目就是）不合於禮的不看，不合於禮的不聽，不合於禮的不說，不合於禮的不做。非禮勿視、聽，是要防止不合禮的進入吾身；非禮勿言、動，是要防止不合禮的自吾身出去。「四勿」雖然沒提到「思」，其實，「勿」就是指思，要求我們連那個念頭都不能去動。

第一百五十五條　己所不欲，勿施於人

出門如見大賓，使民如承大祭。己所不欲，勿施於人。在邦①無怨，在家②無怨。

①在邦：在諸侯之邦。
②在家：在卿大夫之家。

出門辦事，如同接待貴賓一樣地恭敬；使用民力，如同承奉大祭一樣地謹慎。自己不願的事，不要加諸別人。如此敬謹地要求自己，以推及己人的恕道來處理事務，不論在邦、在家，都不會惹人怨恨。

第一百五十六條　何謂明且遠

浸潤之譖①，膚受之愬②，不行焉，可謂明也已矣。浸潤之譖，膚受之愬，不行焉，可謂遠也已矣。

①浸潤之譖：譖，音ㄗㄣˋ，誣陷、毀謗。浸潤之譖，指這種毀謗像水浸潤一般，慢慢地日積月累而形成，使人不知不覺地接受。
②膚受之愬：愬，音ㄙㄨˋ，誣告。膚受之愬，指肌膚會感到疼痛那樣驟不及防的誣告。

日積月累、像水那樣慢慢滲透的毀謗，急迫而來、有切膚之痛那樣的誣告，在你那裡都起不了作用，那你可說是個遇事明白的人了。「浸潤之譖」與「膚受之愬」，在你那裡都起不了作用，那你可說是深有遠見的人了。

第一百五十七條　君臣父子

君君，臣臣，父父，子子。

（爲政之要是）做君上的要像君上，盡爲君之道，「止於仁」；做臣下的要像臣下，盡爲臣之道，「止於敬」；做父親的要像父親，盡爲父之道，「止於慈」；做兒子的要像兒子，盡爲子之道，「止於孝」。

第一百五十八條　君子成人之美

君子成①人之美，不成人之惡；小人反是。

①成：誘掖獎勸，以成其事。

君子心存仁厚，總是要成全別人的好事，而不會去成全別人的壞事；小人則相反。

第一百五十九條　政者，正也

政者，正也。子帥以正，孰敢不正？

政是公共事務，自然要求公正。您如果能以至公至正率領大家，誰敢不公不正？

第一百六十條　君子之德風

君子之德風，小人之德草，草上之風，必偃①。

①偃：仆倒。

君子的德行好比風，小人的德行好比草，草上風吹，草就會隨風而倒。只要上面的人做得正，風行草偃，下面的人自會隨風而化了。

第一百六十一條　交友宜忠告而善道之

子貢問友。子曰：「忠告①而善道②之，不可則止，毋自辱焉。」

①忠告：告，音ㄍㄨˋ。盡心給予勸告。
②善道：道，音ㄉㄠˋ，通「導」。善其說給予引導。

子貢問交友之道。孔子說：「朋友要相互輔助仁德。如果朋友言行有不妥之處，就應盡心給他忠告，並巧妙地開導他。他要是不接受，那就算了。千萬不要自討侮辱。」這裡的「不可則止」並非與他絕交，而是不勉強他馬上接受，等到下個適當的時機再向他提出忠告。朋友是以義相合的，如果老是不接受人家的忠告，就應漸漸疏遠這種人。

第一百六十二條　以文會友，以友輔仁

曾子曰：「君子以文會友，以友輔仁。」

曾子說：「君子以文章學問與自己的朋友相切磋，則學識愈益堅實；以朋友的嘉言懿行來培養仁德，則德行愈益進長。」

〈子路第十三〉

第一百六十三條　名正言順

名不正，則言不順；言不順，則事不成；事不成，則禮樂①不興；禮樂不興，則刑罰不中；刑罰不中，則民無所措手足。

①禮樂：事得其序爲「禮」，物得其和爲「樂」。

名不符實則名份不正，那說出來的話就不能順理；言不順理，事就辦不成了。事不成，就是無序而失和，亦即禮樂不興。禮樂不興，則爲政皆有違中道，所以刑罰就不能得當。刑罰不得當，就會使百姓無所適從。

第一百六十四條　《詩》貴能用

誦《詩》①三百，授②之以政，不達；使③於四方，不能專對④；雖多，亦奚⑤以爲？

①《詩》：詩作本於人情，兼該物理，可以檢驗風俗的盛衰，判斷政治的得失。詩的用字遣辭溫厚和平，尤其善於諷諫譬喻，所以熟讀《詩》必能爲政，且能言善道。

②授：交付。

③ 使：出使。

④ 專對：專，獨。對，應對。專對，指在外交場合能根據實際狀況獨立應對。

⑤ 奚：何。

熟讀《詩》三百篇了，交付他去處理政事，還是處理不來；派他出使外國，也不能獨立應對；這樣讀得再多，又有什麼用呢？程子說：「須是未讀《詩》時，不達於政，不能專對。既讀《詩》後，便達於政，能專對四方，始是讀《詩》。」

第一百六十五條　其身正，不令而行

其身正，不令而行；其身不正，雖令不從。

當領導的人，本身行事正派，就是不下命令，大家也會各盡其職；本身要是行事不正，雖有嚴令，也沒人會順從他。

第一百六十六條　居處恭，執事敬，與人忠

居處恭，執事敬，與人忠。雖之夷狄，不可棄也。

（有仁德的人）居家時自處恭謹，處事時嚴肅莊敬，待人則一片忠誠。這三件事，就算到夷狄這種不重視禮義的地方，也不能捨棄的啊！

第一百六十七條　不得中行而與之，必也狂狷乎

不得中行①而與之，必也狂狷②乎！狂者進取，狷者有所不為也。

① 中行：中道，指言行皆能恰到好處，無過與不及。

② 狂狷：狂，志向極高遠，卻不見得有實踐的能耐。狷，音ㄐㄩㄢˋ，潔身自好，安分守己，力雖未及，而守則有餘。

得不到中行的人來教導，那也必得狂者或狷者來教導了！狂者、狷者比起一般庸庸碌碌的人更易晉升於大道，因為他們是有志、有節的人，只要稍加裁抑或激勵，便可入於大道。狂者只是過於進取，狷者則潔身自愛，有所不為。中行的人，有狂者之志而更為縝密，有狷者之節而不至於保守。找不到中行者來傳道，只好退而求其次，找狂者或狷者來教導。但是

狂狷的人雖易入道，卻常常與世俗不相得。如果憎惡狂狷的人，則其相與的盡皆是庸俗之人，其本身豈能不庸俗！這種人如果出而爲政，就易於與小人相昵，而與君子疏離。驗之歷史，屢試不爽。孔夫子這番言論，何其引人深思啊！

第一百六十八條　君子和而不同

君子和①而不同②，小人同而不和。

① 和：無絲毫乖戾之心爲「和」。

② 同：有阿比附和之意爲「同」。

君子崇尚義理，難免有不同的意見，故常和而不可以苟同。小人偏重利欲，安得而和，但卻能阿比爲同。

第一百六十九條　君子易事而難說

君子易事而難說①也：說之不以道，不說也；及其使人也，器之②。小人

難事而易說也：說之雖不以道，說也；及其使人也，求備焉。

① 說：音ㄩㄝˋ，同「悅」。下面五個「說」字，亦同。

② 器之：隨其材器而使用。

君子容易事奉而難以取悅：用不正當的方法來取悅他，他不高興；在用人的時候，他是量才錄用，所以容易事奉。小人則難以事奉而易於取悅：雖然用不正當的方法來取悅他，他也很高興；用人的時候，不是量才錄用，而是求全責備，所以難以事奉。總之，君子之心公而恕，小人之心私而刻，由此可見。

第一百七十條　君子泰而不驕

君子泰①而不驕，小人驕而不泰。

① 泰：安舒貌。

君子安祥舒泰，而不驕慢放肆；小人驕慢放肆，卻不安祥舒泰。

第一百七十一條　剛毅、木訥，近仁

剛毅、木①訥②，近仁。

① 木：質樸。

② 訥：遲鈍，喻謹言。

剛直、堅毅、質樸、謹言，具有這四種品德的人離仁不遠了。因爲剛毅則不屈於物欲，必不能「令色」；木訥則不至於外馳，必不爲「巧言」。而這正是「近仁」與「鮮仁」的區別。

第一百七十二條　以不教民戰，是謂棄之

以①不教民戰，是謂棄之。

① 以：用。

用沒受過軍事訓練的百姓去打戰，這就等於是捨棄他們去白白送死。

〈憲問第十四〉

第一百七十三條　邦有道，穀

邦有道，穀①；邦無道，穀。恥也。

①穀：指俸祿，因爲古時的官薪都以稻穀來計算。

邦國政治清明，卻不能有所作爲；邦國政治昏暗，又不能獨善其身。這兩種情況下，只知做官拿俸祿，同樣是可恥的。

第一百七十四條　士而懷居，不足以爲士矣

士而懷居①，不足以爲士矣。

①懷居：懷，貪戀。居，居室，泛指一切生活的享樂。

讀書人而貪圖居室安逸、生活舒適，便不足以當讀書人了。讀書人以行仁爲己任，憂道不憂貧，所擔憂的是「德之不修，學之不講，聞義不能徙，不善不能改」，怎會在意穿著、住處不如人呢？

第一百七十五條　邦有道，危言危行

邦有道，危言危行①；邦無道，危行言孫②。

①危言危行：危，正。行，音ㄒㄧㄥˋ。據理直言，嚴正行事。

②孫：音ㄒㄩㄣˋ，通「遜」，謙遜。

邦國政治清明時，要據理直言，嚴正行事。邦國政治昏暗時，要嚴正行事，但言論就要謙遜，不可放肆。可見有德君子持身不可不嚴正，至於言論則有時而不敢盡，以免惹禍上身。然而治國的人使得讀書人言不敢盡，這不是該深自檢討嗎？

第一百七十六條　有德者，必有言

有德者，必有言；有言者，不必有德。仁者，必有勇；勇者，不必有仁。

有德行的人，和順積於中，英華發於外，自有好口才；能言善道的人，也許只是口才便給而已，未必有良好的德行。有仁德的人，心無私繫，見義必為，自有好勇氣；有勇氣的人，也許只是血氣特強而已，未必有仁厚的德行。由此可見，本可概括末，而末不可概括本，「德」「仁」為本，「言」「勇」為末，學者當用力於本，培「德」養「仁」，則「言」與「勇」可不求，而自至矣。

第一百七十七條　四賢各盡所能，為命詳審精密

為命①：裨諶草創之②，世叔討論之③，行人子羽修飾之④，東里子產潤色之⑤。

①為命：為，辦理。命，辭命，即國與國之間聘會往來的文書。

②裨諶草創之：裨，音ㄆㄧˊ。諶，音ㄔㄣˊ。裨諶，春秋鄭國大夫，善謀。草創，擬稿。之，指上言的辭命，下同。

③世叔討論之：世叔，鄭國大夫。討論，審議。

④行人子羽修飾之：行人，複姓，因行人之官以為姓，行人猶今之外交官。子羽，其字，即鄭國大夫公孫揮。修飾，將公文予以增損。

⑤東里子產潤色之：東里，複姓，因居東里而以為姓。子產，即鄭國大夫公孫僑。潤色，將

公文加上文采，使成好文章。

鄭國製作外交文書的過程極爲謹嚴：先由善謀的裨諶擬就底稿，次由世叔講評審議，再由行人子羽增刪文字，最後由東里子產來潤飾辭藻。鄭國在製作辭命時，必經此四賢之手，使四賢各盡所能，而辭命則詳審精密，所以與諸侯應對時，無不得心應手。因此，鄭國的辭命備受孔子稱讚。

第一百七十八條　譎而不正與正而不譎

晉文公譎而不正①，齊桓公正而不譎②。

①晉文公譎而不正：晉文公名重耳，春秋五霸之一。譎，音ㄐㄩㄝˊ，狡詐。正，正直。晉文公即位以詐，召天子而使諸侯朝之，書曰：「天王狩於河陽。」是用陰謀取勝，故爲「譎而不正」。

②齊桓公正而不譎：齊桓公，名小白，春秋五霸之一。齊桓公伐楚以公義，過問昭王南征不還，故爲「正而不譎」。

晉文公與齊桓公皆爲春秋時期諸侯的盟主，倡導尊王攘夷。他倆雖以力假仁，但桓公伐楚，仗義直言，不由詭道；而文公伐衛以致楚，陰謀以取勝，極爲詭譎。

第一百七十九條　陳恆弒其君，請討之

陳成子弒簡公①。孔子沐浴而朝②，告於哀公③曰：「陳恆弒其君，請討之！」公曰：「告夫三子④！」孔子曰⑤：「以吾從大夫之後，不敢不告⑥也。君曰『告夫三子』者！」之三子告，不可⑦。孔子曰：「以吾從大夫之後，不敢不告也。」

①陳成子弒簡公：陳成子，名恆，成子爲其謚號，因其先祖陳完奔齊而改姓田，故又稱田成子，爲齊國大夫，執政，弒齊簡公，事在春秋魯哀公十四年。

②沐浴而朝：當時孔子沒有官守，沐浴齋戒以上朝，表示慎重其事之意。

③哀公：即魯哀公。齊、魯相鄰，故孔子請魯君討伐齊之逆臣陳恆。

④告夫三子：夫，音ㄈㄨˊ，語助詞，下文同。三子，指孟孫、叔孫、季孫三家。當時魯國政出三家，哀公不敢自專。

⑤孔子曰：孔子退朝後感慨自言。

⑥以吾…不告：孔子沒有官守，故言從大夫之後。弒君之賊，禮所必討，義所當告，故言不敢不告。

⑦之三子告不可：之，往；奉君命往告三子。不可，因三子乃魯國強臣，素有無君之心，故曰「不可」，以沮孔子之謀。

陳成子以下犯上，弒殺了齊簡公。孔子沐浴齋戒後上朝，稟告魯哀公說：「陳恆殺了他的國君，請君上發兵聲討他！」哀公說：「你去向孟孫、叔孫、季孫三位大夫說吧！」孔子退朝，自言自語：「並非我多事，我現在雖無官守，但仍跟隨在大夫之後，發生這麼嚴重的弒君事件，我不敢不稟告國君啊！而君上竟然要我去告訴三子。」孔子就去告訴三子，但三子不同意發兵聲討陳恆。孔子說：「就因爲我跟隨在大夫之後，所以不敢不告啊！」

第一百八十條　古之學者爲己

古之學者爲己①，今之學者爲人②。

①爲己：爲，音ㄨㄟˋ。爲己，欲實得於己。將自己天生具有的善性，不斷地推擴，乃至能推己及人。

②爲人：爲，音ㄨㄟˋ。爲人，欲能見知於人。不向內求索，而致力於博聞強記，想以華章麗辭來向他人炫耀。

古時的學者，一心向學，乃能明其明德，終至安百姓，平天下。現在的學者，捨本逐末，只能尋章摘句，賣弄文才，卑陋甚矣。這就是「爲己之學」與「爲人之學」的區別，孔子在闡論學者的用心得失之際從沒有如此切要！學者在「爲己」「爲人」之間要辨明，而隨時省察，這樣爲學就不會走上歧途了。

第一百八十一條　思不出其位

子曰：「不在其位，不謀其政①。」曾子曰：「君子思不出其位②。」

①子曰：「不在其位，不謀其政。」：已見於〈泰伯第八〉，在此曾子引述而申論之。

②君子思不出其位：出自《周易》艮（䷳）卦的〈大象〉：「兼山，艮；君子以思不出其位。」兼山，同時有兩山並立的意思。艮卦由上、下兩個艮（☶）卦組成，兩山並立，不相往來，有不動、靜止之象。君子從兩山並立可以學得「思不出其位」，要靜而止於未發之中，動而止於天理之則，皆不出其位，如此就可與天地同流了。其實，孔門最傑出的兩

位弟子，顏子跟曾子都從《周易》得到啓發。顏子得力於復（䷗）卦初九爻的「不遠復」，曾子得力於艮（䷳）卦的「思不出其位」。

孔子說：「不在那個職位上，就不謀畫那個職位所掌管的政事。」曾子接著引申說：「君子所思慮的，不會超出本身職位的事。」

第一百八十二條　君子恥其言而過其行

君子恥其言而過其行。

君子謹言愼行。言不敢盡，常要有餘，而以「言過其行」爲恥。

第一百八十三條　以直報怨，以德報德

以直報怨，以德①報德。

①德：恩惠。

對於我所怨恨的人，到底要如何對他愛憎取捨，如能完全依據義理而排除任何情欲來決定，這樣就是「以直報怨」。對於有恩惠於我的人，必定也要以恩惠回報他，這就是「以德報德」。如果報德時，不幸發生公義與私恩相牴觸的情況，那就要權衡輕重，妥善處理，務必要使公義能行於上，而私恩可伸於下。否則，如果爲了報德，而有害於天下的公義，這是君子所不當爲的。

第一百八十四條　老而不死，是爲賊

原壤①夷俟②。子曰：「幼而不孫弟③，長而無述焉，老而不死，是爲賊！」以杖叩其脛④。

①原壤：原壤，魯人，孔子的老友。母親去世時，他還唱歌，效法老莊，自放於禮法之外。

②夷俟：夷，蹲踞。俟，等待。夷俟，即蹲踞著等待，一副傲慢而不在乎的樣子。

③孫弟：孫，音ㄒㄩㄣˋ，通「遜」，謙遜。弟，音ㄊㄧˋ，通「悌」，敬重兄長。

④叩其脛：叩，輕擊。脛，小腿。

原壤蹲踞著等待孔子，孔子責備他說：「你年輕時不懂得謙遜、敬愛兄長，長大後又沒有什麼値得稱道的，現在老了還不死，簡直是敗常亂俗的賊人啊！」說罷，就拿拐杖輕打他的小腿，要他收斂檢點一點。

〈衛靈公第十五〉

第一百八十五條　君子固窮

君子固窮①，小人窮斯濫②矣。

① 固窮：固然有窮困的時候。

② 斯濫：斯，猶則。濫，氾濫，言不循正道而行。

君子固然有窮困的時候，但能處困而亨，無所怨尤。《周易》困（䷮）卦卦辭說：「困，亨，貞，大人吉，无咎，有言不信。」唯獨有大德的人才能處困而亨，固守正道。至於小人一遇到困境，爲了脫困而無所不用其極，反而困上加困。

第一百八十六條　言忠信，行篤敬

言忠信，行篤敬，雖蠻貊①之邦，行矣；言不忠信，行不篤敬，雖州里②，行乎哉？立，則見其參於前③也；在輿④，則見其倚於衡⑤也。夫然後行。

①蠻貊：蠻，南蠻。貊，音ㄇㄛˋ，北狄。
②州里：自己的鄉里。
③見其參於前：其，指忠信篤敬。參，拜見。
④在輿：坐在大車上。
⑤衡：車前的橫木。

說話，言爲心聲，自能取信於人。行爲，篤實厚重，自會恭敬得宜。以如此的言行，就算在化外之地，也可暢行無礙。如果言不由衷，其誰能信？行不篤厚，其誰能敬？以如此的言行，就算在自己鄉里，也寸步難行啊！這「忠信篤敬」是片刻離不開身的。站立時，就像看見它站在我面前一樣；坐在車上，就像看到它在車前的橫木上一樣。要這樣頃刻不離「忠信篤敬」，然後才到處行得通啊！

第一百八十七條　知者不失人，亦不失言

可與言，而不與之言，失人①；不可與言，而與之言，失言②。知③者不失人，亦不失言。

① 失人：錯待了人。
② 失言：錯說了話。
③ 知：音ㄓˋ，通「智」。

可以同他說話，而沒和他說話，是錯待了人。不可同他說話，卻和他說話，是錯說了話。明智的人既不會錯待人，也不會錯說話。

第一百八十八條　志士仁人，殺身成仁

志士仁人①，無求生以害②仁，有殺身以成③仁。

① 志士仁人：志士，有志節的人。仁人，有仁德的人。在殺身成仁這個問題上，志士與仁人的分別在於：志士是慷慨就義，仁人是從容就義。
② 害：傷害。

③成：成就。

志士仁人不會為了保全生命而傷害仁德，卻會為了成就仁德而犧牲生命。

第一百八十九條　工欲善其事，必先利其器

工欲善其事，必先利其器①。居是邦也，事其大夫之賢者，友其士之仁者。

①工欲善其事，必先利其器：工匠要把器物做得精巧，就先要使他的工具銳利。

工匠要把器物做得精巧，就要先把他的工具磨得銳利。同樣的道理（為仁的具體方法是）居住在這個邦國之內，要就大夫中有賢才的人去事奉他，就讀書人中有仁德的人去與他交朋友。

第一百九十條　顏淵問為邦

顏淵問為邦①，子曰：「行夏之時②，乘殷之輅③，服周之冕④，樂則韶舞⑤。

放鄭聲⑥，遠佞人⑦。鄭聲淫，佞人殆。」

①為邦：治國之道。

②行夏之時：夏，夏代。三代的歲首各不相同。夏代以陰曆一月為正月；商代以十二月為正月；周代以十一月為正月。孔子以為奉行夏曆最好，因為春季適用歲首。如今夏曆又稱為陰曆。

③乘殷之輅：殷，商代的別稱。輅，音ㄌㄨˋ，古時木製的大車。到周代在車上飾以金玉，孔子覺得奢華而易壞，不若殷輅的結實堅固。

④服周之冕：服，穿戴。冕為大夫以上戴的禮帽。此冕始自黃帝，到周代才華而不靡，文飾得體。

⑤樂則韶舞：韶，音ㄕㄠˊ，大舜的樂名。韶舞，指韶樂兼舞。孔子稱讚韶樂盡美又盡善。

⑥放鄭聲：放，禁絕。鄭聲，春秋鄭國的音樂，淫蕩委靡。

⑦遠佞人：遠，音ㄩㄢˋ，遠離。佞人，指善於奉承、心術不正的小人。

顏淵請教治國之道，孔子答說：「採行夏代的曆法，搭乘商代的大車，戴上周代的禮帽，演奏大舜的舞樂。禁絕鄭國的音樂，遠離諂媚的小人。因為鄭國的音樂淫靡，諂媚的小人危險。」三代的制度無不因時損益，用久了不能無弊，所以孔子斟酌先王禮制，而確立萬世常行之道，這裡只答覆顏淵根本原則，其餘可以類推。

第一百九十一條　人無遠慮，必有近憂

人無遠慮，必有近憂。

爲人處世，如果考慮不夠長遠，那就隨時會有近在眼前的憂患。所以《周易》坤（䷁）卦初六爻辭才會說「履霜，堅冰至」。既濟（䷾）的〈大象〉也說：「水在火上，既濟；君子以思患而豫防之。」

第一百九十二條　厚於責己，薄於責人

躬自厚①而薄責於人，則遠怨矣。

① 躬自厚：躬，自身。躬自厚，厚責於自身，責了又責，積而不已的意思。

人之所以會遭別人怨咎，只因不會深自反省，卻責望於別人太多。要眞能厚於責己，而薄於責人，則身益修而人易從，因而遠離怨咎。

第一百九十三條　君子疾沒世而名不稱焉

君子疾①沒世②而名不稱③焉。

① 疾：憂慮、擔心。

② 沒世：沒，同「歿」。沒世即去世。

③ 稱：音ㄔㄥˋ，相稱。

君子深怕生前德業無成，而死後得到的評價卻「名」過於「實」，「名」與「實」不能相稱。因此在有生之年一定要即時進德修業，進進不已，務必要盡己所能，不要虛擲光陰。

第一百九十四條　君子求諸己

君子求諸①己，小人求諸人。

① 求諸：求，干求。諸，連詞，「之於」兩字的連讀。

君子行有不得，則反求諸己；小人不知反求諸己，而是事事求諸人，故違道干譽，無所不至。這就是爲何要愼於言而敏於行的道理。人與人相處，難免會有生活習慣或思想觀念的差異。要求別人改進，只要出一張嘴，十分容易。而要改進自己的生活習慣與思想觀念，談何容易。希望別人改進之前，若能要求自己先改好，這就是儒者最可貴的「接物之要」：「嚴以律己，寬以待人」。林林總總的道德理想並不是拿來要求別人的，而是拿來要求自己的。自己做到了，再來感化身邊的人，終至感化全天下的人。

第一百九十五條　不以言舉人，不以人廢言

君子不以言舉①人，不以人廢言。

① 舉：推舉。

君子不會因爲這個人有一、二善言，便貿然舉用他。也不會因爲這個人素行不良，就將他所講的合於義理的話一併抹煞。

第一百九十六條　其恕乎！己所不欲，勿施於人

子貢問曰：「有一言①而可以終身行之者乎？」子曰：「其恕乎！己所不欲，勿施於人。」

① 一言：一個字。

子貢提問說：「有一個字可以終身奉行不渝的嗎？」孔子說：「那大概就是『恕』字吧？自己所不要的事，不要施加到別人身上。」

第一百九十七條　過而不改，是謂過矣

過而不改，是謂過矣。

有了過錯而不能改正，那就眞的過錯了。過而能改，那就復歸於無過，善莫大焉。

第一百九十八條　君子不可小知，而可大受也

君子不可小知①，而可大受②也；小人不可大受，而可小知也。

① 小知：指處理小事而能見知於人。
② 大受：承擔重任。

對於君子，在枝微末節的小事上未必可觀，但其德才足以承擔重任。小人雖然不能承擔重任，但在小事上卻有可能讓人賞識。

第一百九十九條　當仁不讓

當仁①不讓於師。

① 當仁：當，擔當。當仁，以仁爲己任。

既然以仁爲己任，理應勇往而必爲，就算對老師，也不必謙讓。爲仁是有德君子的份內事，本就沒有向誰謙讓的問題。但如果是涉及外在的美聲令名，那就不可不謙讓。

第二百條　有教無類

有教無類。

人人都可教化，沒有貧富、貴賤、賢不肖的分別。

第二百零一條　道不同，不相爲謀

道不同①，不相爲謀。

①道不同：所依循的根本原則不同。如學聖賢之道的人與學異端的人，或君子與小人，都是「道不同」。

所依循的根本原則不同的人，無法在一起討論謀畫。

〈季氏第十六〉

第二百零二條　不患寡而患不均

有國有家者①，不患寡而患不均，不患貧而患不安②。蓋均無貧，和無寡，

安無傾。夫如是，故遠人不服，則修文德以來之③。既來之，則安之。

①有國有家者：有國者，指諸侯。有家者，指食邑的卿大夫。

②不患寡…患不安：患，擔憂。不均，謂貧富懸殊。言「不均」「不安」，而下面增一「和」字。這是由於「不均」必「不和」，「不和」必「不安」，形勢相因使然。

③修文德以來之：修，整治。文德，指禮樂文教。來，使來歸附。

有國有家的諸侯、卿大夫，不擔心百姓少，而擔心分配不均；不擔心財產不足，而擔心不能使百姓安定。因爲只要分配平均，就不覺得貧乏；那就上下和諧，就不用擔心百姓不多；那就上下相安，不會有國、家傾覆的危險。能做到這樣，而遠方還有不服的人，便修整禮樂文教，使他們來歸附。既然前來歸附，就要好好安撫他們。

第二百零三條　天下有道，則禮樂征伐自天子出

天下有道，則禮樂征伐自天子出①；天下無道，則禮樂征伐自諸侯出。

①禮樂征伐自天子出：先王之制，禮樂征伐莫不自天子出，此乃春秋以前的事。自周幽王爲

犬戎所殺，平王東遷雒邑，周室始微。此時諸侯自作禮樂，專行征伐。戰國以後，三家分晉，田氏篡齊，禮樂征伐竟由家臣出，那就更等而下之了。

天下政治清明的時候，制禮作樂、征伐叛逆的政令，都由天子發出；政治黑暗的時候，這些有關禮樂征伐的政令，就由有影響力的諸侯發出了。

第二百零四條　益者三友，損者三友

益者三友，損者三友。友直①，友諒②，友多聞，益矣。友便辟③，友善柔④，友便佞⑤，損矣。

① 友直：友，結交。直，正直的人。友直，結交正直的人為友。

② 諒：誠信。

③ 便辟：便，音ㄆㄢˊ，熟習。辟，音ㄆㄧˋ，通「僻」。便辟，習於威儀而不直。

④ 善柔：善於諂媚逢迎。

⑤ 便佞：習於巧辯，顛倒是非。

交三種朋友有益，交三種朋友有損。朋友正直，則聞己過；朋友誠信，則進於誠；朋友多聞，則進於明。這三種朋友，難以親近，卻都是有益的。朋友習於威儀而不直；朋友善於逢迎而不諒；朋友習於巧辯而無聞見之實。這三種朋友，易於交往，卻對自己的德業有損。

第二百零五條　益者三樂，損者三樂

益者三樂①，損者三樂。樂節禮樂，樂道人之善，樂多賢友，益矣。樂驕樂②，樂佚遊③，樂宴樂④，損矣。

①樂：音ㄧㄠˋ，心所喜好。下除「禮樂」的「樂」，音ㄩㄝˋ，「驕樂」「宴樂」的「樂」，音ㄌㄜˋ，其他均為ㄧㄠˋ。

②驕樂：驕縱淫樂。

③佚遊：遊蕩無度。

④宴樂：沈溺於安樂。

有三種愛好是有益的，有三種愛好是有害的。愛好用禮樂來調節自己的動靜，愛好稱述別人的長處，愛好多交有賢德的朋友。這三種愛好是有益的。愛好驕縱淫樂，愛好遊蕩無度，愛好溺於安樂。這三種愛好是有害的。

第二百零六條　君子有三戒

君子有三戒①：少之時，血氣②未定，戒之在色；及其壯也，血氣方剛，戒之在鬥；及其老也，血氣既衰，戒之在得③。

① 戒：防備、警戒。

② 血氣：吾人形體所賴以維生的元素，血屬陰而氣屬陽，血要靠氣的推送，才能周佈全身。

③ 得：貪得。

君子有三種警惕：年少時，血氣尚未完足，切忌貪戀女色；到壯年時，血氣正值暢旺，切忌與人爭鬥；到老年時，血氣日漸衰弱，切忌貪多務得。其實，聖人與凡人同樣有血氣的問題，聖人之異於凡人則在於志氣。血氣有時而衰，志氣則不因時而衰。少未定、壯而剛、老而衰，指的是血氣。戒於色、戒於鬥、戒於得，指的是志氣。君子善於長養志氣，因此不爲血氣所動，所以年齡愈大，德行愈加圓融。

第二百零七條　君子有三畏

君子有三畏①：畏天命②，畏大人，畏聖人之言。

①畏：敬畏。

②天命：上天所賦予的正理。

君子敬畏三件事：敬畏上天所賦予的正理；敬畏有大德大位的人；敬畏聖人所說的道理。能畏天命，就不辜負上天。畏大人，其實是敬畏自己，敬畏天命。畏聖人之言，則進德最快。

第二百零八條　困而不學，民斯爲下矣

生而知之者①，上②也；學而知之者，次也；困③而學之，又其次也；困而不學，民斯④爲下矣。

①生而知之者：先知先覺，不待學而能，如聖人。之，指其事，下同。

②上：上等資質，即最聰明的人。

③困：困塞，天資駑鈍，要發憤苦學，才能知曉。

④ 民斯：民，泛指一般人。斯，此。民斯，指這種人。

天生聰穎，不待學習就知道義理，這是上等資質的人；經由學習才能瞭解義理，這是次等資質的人；天資駑鈍，要發憤苦學才能知道義理，這是又次一等資質的人；既已天生駑鈍，卻又懶得學習，這是最下等的人。龜山先生說：「生知、學知，以致困學，雖其質不同，然及其所知，一也。故君子惟學之爲貴，困而不學，然後爲下。」

第二百零九條　見善如不及，見不善如探湯

見善如不及①，見不善如探湯②。

① 不及：趕不上。

② 探湯：探，音ㄊㄢ，嘗試。用手觸碰滾燙的熱水，必急速抽離。

看見好事，就想快點跟上，唯恐自己趕不上。見到不好的事，便急忙躲開，就像用手觸摸滾燙的熱水時要急速抽離。「見善如不及，見不善如探湯。」這句古代成語，旨在勉人即時行善，快速遠離不善。

〈陽貨第十七〉

第二百一十條　性相近，習相遠

性①，相近也；習②，相遠也。

① 性：天生的本性。

② 習：後天養成的習氣。

人剛出生時，性情氣質本來相差不多，後來由於成長環境與所受教養的不同，養成的習氣就會有很大的差別。

第二百一十一條　唯上知與下愚不移

唯上知①與下愚不移②。

① 知：音ㄓˋ，同「智」。

② 不移：不變易。

只有那最為睿智的聖人與最為愚笨的蠢夫改變不了。「上知」是「生而知之」，就只能無不善而已；「下愚」是「困而不學」，就只能為惡而已。「上知」是不必移；「下愚」則是（頑固自是而）不肯移。至於處在「上知」與「下愚」之間的大多數人則是可以改變的。他們不是「學而知之」，便是「困而知之」。學得好，便越來越明睿；學不好，則只能使其畏威寡罪而已。

第二百一十二條　君子學道則愛人

君子①學道則愛人，小人②學道則易使③也。

① 君子：居上位治理百姓的官員。
② 小人：居下位被治理的百姓。
③ 易使：容易使喚。

居上位治理百姓的官員學了大道，就會愛護百姓；處下位被治理的百姓學了大道，就容易使喚。其實，子游擔任武城宰，以禮樂為教，所以邑人都能弦歌，孔子頗為讚賞。而教以弦歌之所以被稱為「學道」的緣由是，使人習於中正和平的樂聲以養其心，而所歌唱的詩詞又都溫柔敦厚，合於禮節。君子因弦歌而愛護百姓，小人因弦歌而順從長上，如此武城安得不治？

第二百一十三條　六言六蔽

好仁不好學，其蔽①也愚②；好知③不好學，其蔽也蕩④；好信不好學，其蔽也賊⑤；好直不好學，其蔽也絞⑥；好勇⑦不好學，其蔽也亂；好剛⑧不好學，其蔽也狂⑨。

①蔽：障礙。
②愚：愚昧，好欺負。
③知：音ㄓˋ，同「智」。
④蕩：窮高極廣而無所止。
⑤賊：傷身害義。
⑥絞：急切貌。
⑦勇：剛之發於外。
⑧剛：堅強，為勇之本體。

⑨狂：暴躁粗率。

喜好仁德而不好學，其蒙蔽爲愚昧；喜好才智而不好學，其蒙蔽爲放蕩；喜好誠信而不好學，其蒙蔽爲傷身害義；喜好正直而不好學，其蒙蔽爲過於急切；喜好勇敢而不好學，其蒙蔽爲作亂惹禍；喜好剛強而不好學，其蒙蔽爲暴躁粗率。這就是「六言六蔽」。六言即六字，指六項美德：仁、知、信、直、勇、剛。如果光喜好這些美德而不能好學以窮究事理，那就會各有蒙蔽了。只有勤學詩、書、禮、樂，回歸於中庸之德，才能去除這些蒙蔽。

第二百一十四條　宜學《詩》

何莫學夫《詩》①？《詩》可以興②，可以觀③，可以群④，可以怨⑤。邇⑥之事父，遠之事君，多識於鳥獸草木之名。

①何莫學夫《詩》：何不學學《詩》。《詩》指《詩經》。夫，音ㄈㄨˊ，語中助發聲的詞。

②興：感發志氣。

③觀：考見得失。

④群：和睦相處。

⑤ 怨：抒發抑鬱，怨而不怒。詩中的諷諫，言者無罪，聞者足戒，故可以怨。

⑥ 邇：近。

何不學學《詩》呢？《詩》可以感發人的志氣，可以考見政教的得失，可以使大家和睦相處，可以抒發個人的抑鬱。近，可以事親盡孝；遠，可以事君盡忠。還可以多認識鳥、獸、草、木的名稱類別。

第二百一十五條　周南、召南

人而不為〈周南〉〈召南〉①，其猶正牆面而立也與！②

① 為周南召南：為，研讀學習。召，音ㄕㄠˋ。〈周南〉〈召南〉為詩經最前兩篇的篇名，所言皆修身、齊家之事。

② 正牆面而立也與：正面對著牆而立，則目無所視，行無可進。與，通「歟」。

一個人如果沒有學過〈周南〉和〈召南〉這兩篇詩，那就像正向著牆站立著一樣，即其至近之地，一物無所見，一步不可行。程子說：「須是未讀《詩》時如面牆，到讀了後，便不面牆，方是有驗。大抵讀書只此便是法。」

第二百一十六條　鄉原，德之賊也

鄉原①，德之賊②也。

①鄉原：原，音ㄩㄢˋ，同「愿」，謹善的意思。鄉原，指一鄉的人都以為他是謹善的好人，其實是不分是非，凡事苟從流俗的人。

②德之賊：賊，敗壞。德之賊，敗壞道德。因為鄉原隨俗浮沈，似德而實非德，有謹善的外表，實為敗壞道德。

外表謹善、不辨是非、苟從流俗的人，是敗壞道德的偽善人。

第二百一十七條　患得患失

其未得之也，患得之；既得之，患失之。苟患失之，無所不至矣。

（庸鄙的人）在沒有得到職位時，想方設法擔憂得不到手；已得到職位了，又擔憂失去職位。如果擔心丟失職位，爲了保住職位，就沒有不敢做的事了。

第二百一十八條　天何言哉

天何言哉？四時行焉，百物生焉，天何言哉？

上天何嘗說過話了？四時運行，寒來暑往，百物滋生，各遂其養，上天何嘗說過話了？「言」固然重要，「行」更爲重要，看人要先「聽其言」，更要「觀其行」。學者求道，不能徒得其言，而不得其所以言。就像浮士德博士（Dr. Faust）在翻譯希伯來文《聖經・創世紀》「上帝說：『有光。』因此就有了光」時，將原譯文「太初有言」（Am Anfang war das Wort.）改譯爲「太初有行」（Am Anfang war die Tat.）上帝固然說了「有光」，更重要的是，說完之後，上帝眞的就把光給創造出來了。這說明，光是有「言」（Wort）還不行，緊跟著要有「行」（Tat）。

第二百一十九條　君子居喪之道

夫君子之居喪①，食旨不甘②，聞樂不樂③，居處不安，故不爲也。

①居喪：喪，音ㄙㄤ，喪事。居喪，守喪。
②食旨不甘：旨，美味。甘，甜美。
③聞樂不樂：上「樂」字，音ㄩㄝˋ，音樂。下「樂」字，音ㄌㄜˋ，快樂。

君子守喪時，就算吃到美味的東西，也不覺得甘美；聽到悅耳的音樂，也不覺得快樂。日常起居總覺得忐忑不安，因此在守喪期間，就不吃美味的東西，也不聽悅耳的音樂。

第二百二十條　唯女子與小人爲難養也

唯女子與小人①爲難養②也，近之則不孫③，遠④之則怨。

①唯女子與小人：唯，唯獨。女子，指妻妾，但不包括秉性賢明的女性，如周武王的媽媽太姒。小人，指僕役下人。
②養：對待。
③孫：音ㄒㄩㄣˋ，通「遜」，謙遜。
④遠：音ㄩㄢˋ，遠離。

唯獨家中的僕妾最難對待了。親近他們一點，就會不謙遜；一遠離他們，就心懷怨懟。這裡的「女子」當然不是指稟性賢明的女性，而是指在家中幫傭的女子或妾婦，他們因爲常處家中，對外面的社會，乃至於天下大事，少有接觸瞭解的機會，因此最在意的莫過於主人的恩寵與信任。而僕役下人也因爲環境使然，少有會去關懷天下大事的。有人誤解本章是對女性的歧視，其實大可不必。孔子父親早逝，培養孔子成材的不是母親，還會有誰?至於孟母三遷的故事，更是膾炙人口。離孔子兩千兩百七十五年後出生的西方近世第一大哲康德也有類似的言論，他稱婦女，不用「Frau」，而是用帶有貶義的「Frauzimmer」，這點可供大家參考。

第二百二十一條　年四十不可見惡於人

年四十而見惡①焉，其終也已②。

① 見惡：惡，音ㄨˋ，厭惡。

② 其終也已：其，此人。已，猶止。言此人終身到此爲止，意思是終無善行可言了。

一個人到了理應不惑的四十歲時，還會見惡於人，這個人一生就止於此而已。這是在勉勵吾人要即時遷善改過。

〈微子第十八〉

第二百二十二條　君子無求備於一人

周公謂魯公①曰：「君子不施②其親，不使大臣怨乎不以③。故舊無大故④，則不棄也。無求備⑤於一人。」

①周公謂魯公：周公，姓姬，名旦，武王之弟，封於魯，相成王，以長子伯禽代受封，故稱其子爲魯公。這是伯禽臨行赴封地時，周公告誡之語。

②施：音ㄕˇ，本作「弛」，遺棄。

③以：用。

④大故：惡逆之事。

⑤求備：求全責備。

周公告誡他兒子魯公說：「君子不遺棄自己的親人；不要使大臣埋怨不重用他；故舊沒犯重大過錯的，不要捨棄他們。不要對別人求全責備。」

〈子張第十九〉

第二百二十三條　知新而溫故

子夏曰：「日知其所亡①，月無忘其所能②，可謂好學也已矣。」

① 日知其所亡：亡，音ㄨˊ，今作「無」。知新也。

② 月無忘其所能：無，猶「不」。溫故也。

子夏說：「每天知道一些以前所不知道的新義理；每月溫習已學過的義理，不使或忘。如此就可稱得上好學了。」這是在勉勵學者要隨時溫故而知新。已經知道的義理要能熟習於己，精益求精。對於還不知曉的義理則要保持高度的好奇心，勤於探索。

第二百二十四條　博學而篤志，切問而近思

子夏曰：「博學①而篤志②，切問③而近思④，仁在其中矣。」

① 博學：廣博地學習，才能守約。

② 篤志：篤厚其心志，才能力行。

③切問：不要泛泛地問，而要先就切己有關的事提問。
④近思：不要漫無目的地思考，要先就自己身邊的事來思考，再以此類推，由近及遠。

子夏說：「要廣博地學習，使心志篤誠，就切己的事提問，從身邊的事開始思考，仁德就在其中了。」其實，「博學」「篤志」「切問」「近思」都是學、問、思、辨的事，還沒有到「篤行」而爲仁的層次。但只要把這四項工夫做好，則心不外馳，所存自熟，而仁就在這四項工夫之中了。

第二百二十五條　君子學以致其道

子夏曰：「百工①居肆②以成其事③，君子學以致④其道。」

①百工：工，工匠。百工，各種工匠。
②肆：作坊或市集。
③事：製成或販賣各種器物。
④致：成就。

子夏說：「各種行業的人，在作坊或市集（工不居肆，則遷於異物而業不精）製成或販售各種器物。君子也要力學（不學，則奪於外誘而志不篤）才能成就其大道。」這是說，要成就任何事功，要採用適當的方法。譬如各種工匠要製作器物，就要「居肆」才能工具完備，專心工作。而君子想要追求大道，怎能不努力學習古聖先賢的懿德嘉言呢？

第二百二十六條　小人之過也必文

子夏曰：「小人之過也必文①。」

① 文：音ㄨㄣˋ，文飾。

子夏說：「小人犯了過錯，非但不改正，而且還要文過飾非。」

第二百二十七條　大德不踰閑

子夏曰：「大德①不踰閑②，小德③出入可也。」

① 大德：指大節、大綱。

② 閑：猶「闌」，用來防止東西的出入。
③ 小德：小節，指日常瑣碎的言行。

子貢說：「只要大節上不要踰越界線，小節上有點出入，那倒無妨。」這句話是在講，用人不可因小失大，不要求備於人。《晏子春秋》中記載，晏子對孔子說：「吾聞之，大者不踰閑，小者出入可也。」可見古來即有此說法，子夏只是轉述而已。

第二百二十八條　哀矜勿喜

曾子曰：「上失其道，民散①久矣。如得其情②，則哀矜③而勿喜。」

① 民散：散，分離。民心背離禮義。
② 情：實，犯罪事實。
③ 哀矜：憐惜。

曾子（答覆即將出任典獄官的弟子陽膚）說：「在上位的人失去治國之道，百姓背離禮義很久了。他們會犯法，不是迫於不得已，便是由於無知。你現在要去擔任典獄官，雖然改善不了整個局面，但對百姓的犯法，如能查得案情實據，應該要哀憐同情他們，而千萬不要自以爲能而沾沾自喜。」

第二百二十九條　君子之過，如日月之食

子貢曰：「君子之過也，如日月之食①焉：過也，人皆見之；更②也，人皆仰之。」

① 食：同「蝕」，虧蝕。

② 更：音ㄍㄥ，更改。

子貢說：「君子的過錯就像日蝕、月蝕一樣：犯了過錯而不隱飾，所以大家都看得見；改正了過錯，大家都仰望他，而不以過爲累。」

第二百三十條　夫子之牆數仞，不得其門而入

子貢曰：「譬之宮牆①，賜②之牆也及肩，窺見室家之好③。夫子④之牆數

仞⑤，不得其門而入，不見宗廟之美、百官之富⑥。得其門者或寡矣！」

① 宮牆：即圍牆。秦漢以前，自天子以至於庶民所住的房子都可以叫「宮」。
② 賜：子貢的名字。
③ 室家之好：室，夫婦所居。家，一門之內。好，美。
④ 夫子：老師，指孔子。
⑤ 仞：音ㄖㄣˋ。古時七尺或八尺爲一仞。
⑥ 宗廟之美、百官之富：喻孔子所居之處，牆高而宮廣，不得其門，則不得見。

子貢說：「（道德學問成就的深淺）譬如住處的圍牆有高低的差別。我的牆高只及肩膀，大家很容易窺見屋內美好的擺設。至於夫子的牆，高達數仞，如果不得其門而入，根本看不到宏偉宗廟的華美與攘攘熙熙百官的富盛。能得到夫子之門而進入的，大概很少吧！」

第二百三十一條　惠而不費

君子惠而不費①，勞②而不怨，欲③而不貪，泰④而不驕，威而不猛。

①惠而不費：使百姓受惠而無所花費。
②勞：使百姓服勞役。
③欲：嗜欲。
④泰：舒逸。

（尊崇五美就可以從政，五美就是：）在位者只要施政得宜，就能使百姓受惠而不必花費太多；役使民力得時，百姓不會埋怨；而自己的嗜欲合理（欲有仁德而已）則貪念不起；心境舒泰，不論人的多寡，事的大小，從不輕忽，那就不會驕慢了；容貌威嚴，百姓望而生畏，並非以官威施加百姓，因而不兇猛。

〈堯曰第二十〉

第二百三十二條　不知命，無以爲君子

不知命①，無以爲君子也；不知禮②，無以立也；不知言③，無以知人也。

①知命：命，指天命，人的禍福、窮通、夭壽，無非是上天的安排，這叫做「命」。所謂「知命」，指知有命而信之不疑。人若不知命，就會見害必避，見利必趨。

②禮：禮乃天理的節文，是人倫日用所不可少的行爲規範，是人立身的根本。

③知言：言爲心聲，聽人言語的得失，可以知那個人的邪正。不知言，就不能知道人的善惡。

不知天命，就不能成爲君子；不知禮數，就不能立身行世；不知分辨人言的是非，就不能分辨人的邪正。

《孟子》（沒有特別的註記，就是孟子講的話）

〈梁惠王上〉

第二百三十三條　何必曰利

王①何必曰利？亦②有仁義而已矣！

①王：指梁惠王，即戰國時期魏侯罃（一ㄥ）。本來魏國都城在安邑，由於接近秦境，後遷於大梁（今河南開封附近），故「魏」又稱「梁」。罃僭稱王，卒諡惠，因此稱梁惠王。當時處戰國初期，齊、梁互相稱「王」。春秋時代只有荊蠻地區的楚國稱王，以及後來東南地區的吳、越稱王。自此以後，戰國七雄相繼稱王，而原本只有周天子才能稱王，其地位自此一落千丈。罃曾大招賢士，故孟子前往，但所見不合，旋即離梁赴齊。其時當在周慎靚王元年（西元前三二零年），次年惠王即薨。

②亦：但。

君王何必談利呢?在我這裡,但有仁義而已矣!這句話是《孟子》一書的開篇之作。周初施行封建,號稱萬國,經過春秋時期三百年的禮崩樂壞,「禮樂征伐自諸侯出」,但至少還有五霸在高唱「尊王攘夷」,主持國際正義。但自春秋轉入戰國的那六、七十年間,經過無數的戰亂與燒殺擄掠,血流成河,互相兼併,結果只剩下聊聊十餘國。而戰國七雄的國君,競相發展軍備,開疆闢土,奴隸百姓。其目的就在於富國強兵,以擴張領土來滿足自己無窮的嗜欲罷了!因此他們念茲在茲的,就是「有以利吾國乎?」孟子有見於此,就給梁惠王來個當頭棒喝:「亦有仁義而已矣!」他以受盡苦難的亂世百姓的代言人自居,要求人君,行仁政,反霸道,視民如傷,愛民如子。這眞不愧是爾虞我詐的亂世中,湧出的一股清泉,是驚天地、動鬼神的一股浩然正氣!

第二百三十四條　養生喪死無憾,王道之始也

不違農時,穀不可勝食①也;數罟不入洿池②,魚鱉不可勝食也;斧斤以時③入山林,材木不可勝用也。穀與魚鼈不可勝食,材木不可勝用,是使民養生喪死④無憾也。養生喪死無憾,王道之始也。

① 不可勝食:勝,音ㄕㄥ,下同。猶吃不完。

②數罟不入洿池：數，音ㄘㄨˋ。洿，音ㄨ，同「污」。數罟，細密的漁網。洿池，低窪的池塘。

③斧斤以時：斧斤，伐木用的刀具。以時，依一定的時令。

④喪死：喪，音ㄙㄤ。葬送死者。

只要不耽誤農民耕種的時節，五穀就吃不完；只要不將太過細密的漁網，撒向低窪的水塘，魚鱉就吃不完；入秋以後，草木凋零，才帶著斧頭、刀鋸進入山林砍伐，材木就用不完。五穀與魚鱉吃不完，材木也用不完，這就讓百姓養生送死了無遺憾了。讓百姓養生送死沒有遺憾，這是施行王道政治的基礎。在這裡我們看出孟子悲天憫人的情懷。處在戰國時代，各國厲行全民皆兵的政策，征戰連年，哪還顧得上「不違農時」的古訓？該當讓百姓從事耕作時，卻徵調來築城或征戰，其結果必然是農作欠收鬧飢荒，而天災總是伴隨著人禍，接踵而至，怎能不「野有惡莩」呢？至於「數罟不入洿池」，揭示反對竭澤而漁的古訓；「斧斤以時入山林」，則體恤「天地生物之心」。這都彰顯了古人對動植物的取用自有其一套自我節制的可持續發展策略，同時也是先儒從大自然「春生、夏長、秋收、冬藏」中，體悟出「天人合一」的道理，仁者要與「天地萬物為一體」，如此人與自然才能和諧，國與國之間，不論強弱、大小，才能和平相處，而這也正是王道政治的基礎。儒家這種仁民愛物的思想在已進入全球化的二十一世紀，毋寧彌足珍貴。

第二百三十五條　七十者衣帛食肉，黎民不飢不寒，即爲王道

五畝之宅，樹之以桑①，五十者可以衣帛②矣；雞豚狗彘之畜③，無失其時④，七十者可以食肉⑤矣；百畝之田，勿奪其時⑥，數口之家可以無飢矣；謹庠序⑦之教，申之以孝悌⑧之義，頒白者不負戴⑨於道路矣。七十者衣帛食肉，黎民⑩不飢不寒，然而不王⑪者，未之有也。

①五畝之宅，樹之以桑：五畝之宅，指一夫所受的田宅，兩畝半在田，兩畝半在村落。田中不得有木，恐礙五穀生長，因此就在牆下種植桑樹，以供蠶事。

②五十者可以衣帛：衣，音一ˋ，穿。帛，絲綢做的衣物。人到五十歲開始衰老，不穿絲綢做的衣服，不能保暖。

③雞豚狗彘之畜：豚，小豬。彘，音ㄓˋ，豬。畜，飼養。總言農家所飼養的牲畜。

④無失其時：不要耽誤家畜孵化生育的時節，如正月時，祭祀用的犧牲不要用母的。

⑤七十者可以食肉：上了七十歲的人，要有肉才能吃得飽。

⑥百畝之田，勿奪其時：百畝之田，指一夫所受的耕地。勿奪其時，在農作期間，勿以徭役

使其無法耕種。

⑦ 謹庠序：謹，謹慎。庠序，農村學校的通稱。夏代稱「校」，商代稱「序」，周代稱「庠」，今稱學校。

⑧ 申之以孝悌：申，重、再，反覆叮嚀的意思。善事父母爲孝，善事兄長爲悌。

⑨ 頒白者不負戴：頒，同「斑」。頒白者，頭髮半白的老人。負，以背載物。戴，用頭頂物。

⑩ 黎民：黎，黑色。黎民，指頭髮烏黑的青壯人。

⑪ 王：音ㄨㄤˋ成爲領袖，指教化大行，天下歸順。

在王道的基礎上，鼓勵百姓在自家宅院種植桑樹，那五十歲以上的人就有絲綢好穿，可以保暖；家中飼養的雞、鴨、狗、豬等牲畜，不要耽誤牠們繁殖的季節，那七十歲以上的人就有肉吃，可以吃飽；每戶農家所受的百畝耕地，不要用不當的傜役搶奪了他們耕作的時間，那麼有數口的家庭就不致挨餓。辦好學校的教育，反覆申明孝悌的義理，那麼頭髮半白的老人就不至於挑重擔在道路上。七十歲的老人有絲綢衣服穿，有肉可吃，而年輕的百姓不挨餓，不受凍。假使做到這樣，而天下萬民還不歸順，誠心擁戴，那是從來沒有的事！這段文字在〈梁惠王上〉就出現了兩次，它詳細地描繪出王道政治的鮮明圖像。使百姓「養生喪死無憾」，只是王道政治的基礎。而王道政治的實現則有賴於一個和平的國際環境，以便讓百姓能不受徭役、征戰的侵擾，安心在家務農，照顧家畜。如此，「五十者可以衣帛」「七十者可以食肉」「數口之家可以無飢」，然後在衣食俱足，「黎民不飢不寒」的前提下，注重教育，敦厚禮俗，人人愛親敬長，教化大行，那就實現王道政治了！

第二百三十六條　率獸而食人

庖①有肥肉，廄②有肥馬，民有飢色，野有餓莩③，此率獸而食人④也。

①庖：廚房。

②廄：馬房。

③莩：音ㄆㄧㄠˇ，餓死的人。

④率獸而食人：率，統帥。以苛捐雜稅，聚斂民財，來畜養禽獸，致使百姓飢餓而死，這與驅趕禽獸來吃人沒有兩樣。

君王的廚房裡有肥肉，馬廄裡有肥馬，而老百姓的臉上卻有飢色，野外到處有餓死的人。這種餵飽禽獸而餓死百姓的作爲，簡直就是率領禽獸來吃人啊！這段文字在〈滕文公下〉又出現一次。「率獸而食人」可說是孟子對暴政提出最沈痛的抗議。周代的肇建者文王是「視民如傷」、「愛民如子」，而戰國時代的統治者卻是「庖有肥肉，廄有肥馬，民有飢色，野有餓莩」，其間反差何其大啊！處在戰亂的年代，最可憐無助的就是小老百姓。他們的生命有如螻蟻一般，沒人關心。而孟子，以「聖人之徒」自居，深體「天地生物之心」，尊重生命，熱愛生命，痛斥統治者陷溺於個人的嗜欲。對外輕啓戰端，塗炭生靈；對內重徭厚賦，踐踏百姓。他高舉「仁政」、「王道」的大纛，批判「暴政」、「霸道」的罪惡，為混亂的世局，保住了一線生機。

第二百三十七條　仁者無敵

仁者無敵。

仁者無敵於天下。孟子引述這句古語，旨在說明，有仁德的人，就算只是一個「方百里」小國的君主，也可以無敵於天下。他施行仁政，「省刑罰，薄稅斂」，讓百姓可以「深耕易耨」；在農閒時，教育百姓懂得「孝悌忠信」，「入以事其父兄，出以事其長上」。這樣就可使他們即使只提者木棍，也可以對抗秦、楚等強國的「堅甲利兵」了。反之，秦、楚等強國的君主，擅奪民時，百姓不能耕耨，以奉養父母，致「父母凍餓，兄弟妻子離散」，好似把百姓推入陷坑、淹進深水一樣。這些國家的百姓怨恨他們的君主，要是有仁德的君主在此時為解救深陷水火之中的百姓於苦難之中，而出兵征討，誰能與他抗衡？

第二百三十八條　君子遠庖廚

君子之於禽獸也，見其生，不忍見其死；聞其聲①，不忍食其肉。是以君子遠庖廚②也。

① 聲：指禽獸被宰殺時的哀鳴聲。
② 遠庖廚：遠，音ㄩㄢˋ，遠離。庖廚，廚房。

君子對於被拿來食用的飛禽走獸，見過牠活著，就不忍見牠死去；聽到他被宰殺時的哀號，就不忍再吃牠的肉。因此，君子總是遠離那宰殺烹煮的廚房。孟子在此點出，人人都有「不忍」的仁心。就算再殘暴的人也會有此仁心，只是不會將此仁心不斷推擴出去而已。而君子之所以要「遠庖廚」，正所以要預養此仁心，俾能不斷推擴，以及天下萬物啊！

第二百三十九條　老吾老，以及人之老

老吾老，以及人之老；幼吾幼，以及人之幼①。

① 老吾……之幼：第一個「老」與「幼」爲動詞。老，尊敬的意思。幼，慈愛的意思。謂以敬愛自己父兄之道去敬愛別人的父兄，以慈愛自己子弟之道去慈愛別人的子弟。吾老，指自己的父兄。人之老，別人的父兄。吾幼，自己的子弟。人之幼，別人的子弟。

先敬愛自己的父兄，再推擴出去，也敬愛別人的父兄；先慈愛自己的子弟，再推擴出去，也慈愛別人的子弟。這種推己及人的思想，其實，就是「恕」道的發揮。子貢曾經請教孔子：「有一言可以終身行之者乎？」孔子答說：「其恕乎！己所不欲，勿施於人。」儒家的基本觀念，就是先「修己」，而後才能「治人」。換言之，自己先修好仁德，才能再將此仁德不斷推擴出去。因此要先把自家裡的年長者照顧好，才能去照顧孤苦無依的老人；要先把自家裡的小孩照顧好，才能去照顧被遺棄的小孩。但現在卻出現一種怪現象，有人放著家中的父母、小孩不管，跟著慈善團體奔波世界各地，去救苦救難。這就本末倒置了，只滿足了掠取行善的虛名，卻沒有善盡其應盡的倫理義務。

第二百四十條　發政施仁乃王天下之本

今王發政施仁，使天下仕者皆欲立於王之朝，耕者皆欲耕於王之野，商賈①皆欲藏於王之市，行旅皆欲出於王之塗②，天下之欲疾③其君者皆欲赴愬④於王。其若是，孰能禦之？

① 商賈：賈，音ㄍㄨˇ。古時坐賈行商：固定地點做買賣爲賈；不在固定地點做買賣爲商。商賈，泛指做買賣的人。
② 塗：通「途」，道路。
③ 疾：怨恨。
④ 愬：同「訴」，控告。

現在君王您如果下定決心施行仁政，使天下當官的都想站在您的朝廷上；耕種的都想耕種在您的田野上；做買賣的都想把貨品貯藏在您的市集上；遠行的都想行走在您的道路上；天下痛恨其君王的都想到您這裡來控訴。像這樣，天下各色各樣的人都前來歸附，誰還能阻擋得住呢？孟子講這段話，是在闡述「得民心者，得天下」的道理。在戰國時代，每個強權無不想稱霸天下，齊宣王①豈能例外？所以當齊宣王向孟子請教「齊桓、晉文之事」時，遭到孟子婉拒，告以「仲尼之徒，無道桓、文之事者」，而曉以「保民而王」的道理，告訴他

「發政施仁」正是「王天下之本」。因此，孟子勸齊宣王，只要能夠施行仁政，就能使近者悅，遠者來，如此國家的大小與強弱就無足輕重了。否則，如果齊宣王一意想要滿足他「辟土地，朝秦楚，莅中國」的「大欲」，那他所欲反不可得。反之，齊宣王若能返本溯源，「發政施仁」，自能「保民而王」，那他所欲求的「大欲」，自可不求而至。

①齊宣王：姓田，名辟疆，威王之子，在位十九年。梁惠王後元十五年（西元前三二零年），威王薨，子宣王立。明年（西元前三一九年）梁惠王薨，子宣王立。是年孟子去梁赴齊，爲齊宣王元年。

第二百四十一條　制民之產，必使仰足以事父母，俯足以畜妻子

是故明君制民之產，必使仰足以事父母，俯足以畜妻子，樂歲①終身飽，凶年免於死亡。然後驅而之②善，故民之從之也輕③。今也制民之產，仰不足以事父母，俯不足以畜妻子，樂歲終身苦，凶年不免於死亡。此惟救死而恐不贍④，奚暇⑤治禮義哉？

①樂歲：豐年。

②之：向，往。
③輕：易。
④贍：足夠。
⑤奚暇：哪有餘閒。

所以賢明的君主要規劃讓百姓有自己的產業，使他們上足以事奉父兄，下足以養育妻兒；收成好時，終身得飽；碰到收成不好，也不至於餓死；然後督促他們向善，所以百姓就易於順從了。而現在賦予百姓的產業，上不足以事奉父母，下不足以養育妻兒；收成好，尚且終身困苦；收成不好，就不免要餓死。這樣連保全生命都唯恐不及，哪還有餘暇修習禮義呢?!孟子這段講話揭示了統治者的根本責任：要讓百姓能養家活口，安居樂業。百姓如果沒有足以養家活口的「恆產」，那就沒有可以爲善的「恆心」了。只要一沒「恆心」，那就「放辟邪侈」，無所不爲了。社會治安的良窳與基本生活的需求能否滿足，兩者密不可分。也只有基本生活需求得到滿足，社會治安才會好轉，從而才能進一步推行道德教化，所謂「衣食足而後知榮辱，倉廩實而後知禮義」。這套儒家的政治經濟學在現代社會仍有借鑒的價值。二次大戰後，聯邦德國推行的「社會市場經濟體制」（Soziale Marktwirtschaft）就是最好的寫照。按照資本主義經濟學的理論，國家經濟政策的主要目標，集中在維護「經濟成長」與

「物價穩定」兩點而已。而「社會市場經濟體制」則在這兩點之外，更補充了兩點，即「充分就業」與「社會保障」。「充分就業」要求政府要創造足夠的就業機會，讓人人有工作：以前是小農社會，所以要「制民之產」；如今是工業社會，沒工作就沒收入，所以創造充分的就業機會，就是「制民之產」。「社會保障」要求政府建立完善的社會保障體系，使百姓「老有所終，壯有所用，幼有所長，鰥寡孤獨廢疾者皆有所養」。易言之，就是要保障百姓免於「死亡」「困苦」的威脅。「社會市場經濟體制」要求國家制定經濟政策務必要兼顧「經濟成長」「物價穩定」「充分就業」「社會保障」四項因素的平衡，就像平行四邊形一樣，這就是現代版的「發政施仁」！

〈梁惠王下〉

第二百四十二條　與民同樂

與民同樂。

君王當與百姓同享快樂。孟子此言眞是一針見血。戰國時代，百姓顚沛流離，苦不堪言。君王則高高在上，大權在握，獨享宮室園囿之美、酒池肉林之樂、聲色犬馬之欲。孟子切於拯救斯民於水火，因此就齊王的好樂，而開導其善心，懇切勸他要與百姓同享快樂，才會說出「今之樂，由（猶）古之樂」的言論。其實，「今之樂」乃世俗之音樂，而「古之樂」則是先王之音樂，怎麼可能相同？但站在與百姓同享快樂的角度來看，那就沒什麼古今音樂的差別了。若眞要以禮樂治天下，那就該向孔子那樣，提倡既盡美又盡善的「韶樂」，而禁絕那淫蕩委靡的「鄭聲」。孔子講的，乃是治國的正途；而孟子講的，則是權宜的應急之計。總之，孟子在此勸勉人主要能推擴自己喜好音樂的心，來施行仁政，使百姓各得其所。如此不僅自己快樂，百姓也同享快樂，這種快樂才可大可久。

第二百四十三條　惟仁者爲能以大事小，惟智者爲能以小事大

惟仁者爲能以大事小，是故湯事葛①，文王事昆夷②；惟智者爲能以小事大，故大王事獯鬻③，句踐事吳④。以大事小者，樂天⑤者也；以小事大者，畏天⑥者也。樂天者保天下，畏天者保其國。

①湯事葛：葛，夏代的諸侯，姓嬴，伯爵，在今河南省境內。湯事葛見〈滕文公下〉第五章。

②昆夷：亦作混夷，即犬戎。文王受命才四年，昆夷伐周，到東門城下，文王閉門修德，而不出戰。事後，文王仍遣使聘問，不廢交鄰的禮節。

③大王事獯鬻：大，音ㄊㄞˋ。大王，即文王的祖父，古公亶父。獯，音ㄒㄩㄣ。鬻，音ㄩˋ。

獯鬻，北狄的強邦。堯時稱「葷粥」，周稱「玁狁」，秦稱「匈奴」。其事見本篇第十五章。

④句踐事吳：句，ㄍㄡ。句踐，越王名。

⑤樂天：樂承天命。

⑥畏天：敬畏天命。

唯獨有仁德的人能以大國去事奉小國，所以商湯事奉葛國，文王事奉昆夷。唯獨有睿智的人，能以小國去事奉大國，所以古公亶父事奉獯鬻，句踐事奉吳王夫差。以大國去事奉小國，是樂承天命；以小國去事奉大國，是敬畏天命。樂承天命的人能保有天下，敬畏天命的人能保全國家。孟子在此闡述鄰國相處之道。有仁德的人，心地向來寬大惻怛，不會計較國家的大小、強弱，因此小國如若跋扈囂張，也不致影響他原本照顧小國的心意。有睿智的人，通曉義理，明察時勢，因此就算遭到大國的侵陵，該當事奉大國的禮節尤不敢輕廢。不論以大事小，或以小事大，這都是天命，樂承天命就是「樂天」，不敢違逆就是「畏天」。樂承天命，則包含覆蓋，無不周遍，是保有天下的氣象；敬畏天命，則制節謹度，不敢縱逸，是保有國家的規模。

第二百四十四條　與民同憂樂

樂民之樂者，民亦樂其樂；憂民之憂者，民亦憂其憂。樂以天下①，憂以天下，然而不王②者，未之有也。

① 樂以天下：以，由。謂人主的快樂，乃是由於天下百姓都快樂。

② 王：音ㄨㄤˋ。

人主能以百姓的快樂爲快樂，百姓也會以人主的快樂爲快樂；人主能以百姓的憂愁爲憂愁，百姓也會以人主的憂愁爲憂愁。樂與天下同，憂也與天下同，這樣還不能稱王天下，是從來沒有的事啊！孟子除了闡述「與民同樂」外，在此更進一步主張人君也要「與民同憂」，這就是《大學》所說：「民之所好好之，民之所惡惡之，此之謂民之父母。」如果人君能把百姓當成自己的子女，與百姓同好惡，上下就不致乖離，自然政通人和，近悅遠來。其實，這也只不過是「恕」道的推擴罷了。百姓討厭的，你就擱置；百姓喜愛的，你就力推。你要的，如果百姓不能同享，那就寧可不要；你不要的，千萬不要教百姓去承受。這就是「己所不欲，勿施於人」的「恕」道。人君最怕的就是縱慾與濫權。縱慾就會罔顧正義公理，開支無度；濫權就會嚴刑峻罰，草菅人命。如此，就會把臣民推向自己的對立面。

第二百四十五條　優先照顧鰥、寡、孤、獨

老而無妻曰鰥，老而無夫曰寡，老而無子曰獨，幼而無父曰孤。此四者，天下之窮民而無告①者。文王發政施仁，必先斯四者。

① 無告：無處訴說痛苦。

老而沒妻的叫「鰥」，老而沒夫的叫「寡」，老而沒子的叫「獨」，幼而沒父的叫「孤」。這四種人，是天下最窮困而無處訴苦的人。文王施行仁政一定先照顧這四種人。社會保障的功能，在傳統社會中，大多由家庭來承載，譬如夫妻彼此互相扶持。要是老年喪偶，那眞是情何以堪！老而無子，誰來孝敬，眞是無處訴苦。至於孤兒那就更不必說了。文王發政施仁，就是從這四種最窮困的人們照顧起，再漸漸推擴到沒這麼窮困的人。這也符合現代「社會國」（sozialer Staat）的原則。一整套的社會安全體系由救死扶傷的社會救濟開始，漸及於社會保險，乃至規劃完善的社會保障體系。而社會救濟則是重中之重。

第二百四十六條　王如好貨，與百姓同之

王如好貨①，與百姓同之，於王②何有？

①貨：財貨，金玉布帛等財貨的總稱。
②王：音ㄨㄤˋ。

君上如果愛好財貨，而能像古聖王公劉（后稷的曾孫，遷於豳，周室之興自此始）那樣推及於百姓，讓留居家中的有積穀的倉，出行在外的有足夠的糧，如此要稱王天下，又有何難？在此，孟子更進一步指出，君上如果愛好財貨，也要讓百姓同樣的富足，這樣就能稱王天下。否則自己喜好財貨，卻是盤剝自百姓而得，損人利己，就把自己推到百姓的對立面了。

第二百四十七條　王如好色，與百姓同之

王如好色①，與百姓同之，於王何有？

①好色：女色。

君上如果愛好女色，能像古公亶父（即太王）那樣推及於百姓，使閨房內沒有未嫁的怨女，而外面也無未娶的曠夫，如此要稱王天下，又有何難？孟子不厭其詳，很有耐心地開導齊宣王，擴充他的善心，矯正他的非心，而非就事論事而已。其實，好貨、好色之心，皆天理之所有，而人情所不能無。只是天理、人欲同行而異情。聖人能遵循天理而公於天下，所以能全盡人的天性；凡人則縱肆人欲而私於一己，所以會泯滅人的天性。兩者的區別在一開始就極其渺小，而結果的是非得失卻有天壤之別。孟子因宣王之問而剖析於幾微之際，無不是要遏人欲而存天理。其法似疏而實密，其事似易而實難！

第二百四十八條　國君進賢，如不得已

國君進賢，如不得已①，將使卑踰尊，疏踰戚，可不慎與②？

①如不得已：要十分慎重，像是出於萬不得已。
②與：通「歟」。

國君進用賢才要十分慎重，像萬不得已一般，因爲進賢可能會使卑賤的超越尊貴的，疏遠的超越親近的，這怎可不慎重呢？務必要做到：左右近臣都稱讚他賢明，不可輕信；諸位大夫都稱讚他賢明，還是不可輕信；就算全國百姓都稱讚他賢明，仍然要去考察他，發現他的確賢明後，才能任用他。這是因為有些人取悅於俗，而為眾人所悅；但也有人特立獨行，而為世俗所憎。因此，務必親自查證，而確認其確實賢明，然後才敢舉用。如此，對賢明的人深有了解而委以重任，而虛有其名的不肖之徒則斷了倖進之途，這才是「進賢如不得已」啊！

第二百四十九條　請玉人治玉，卻不請賢人治國

今有璞玉①於此，雖萬鎰②，必使玉人③彫④琢之。至於治國家，則曰：「姑舍女所學⑤而從我。」則何以異於教玉人彫琢玉哉？

① 璞玉：尚未雕琢的玉石。
② 萬鎰：黃金三十兩為鎰。萬鎰，三十萬兩黃金，喻其貴重。
③ 玉人：雕琢玉石的工匠。
④ 彫：同「雕」。
⑤ 姑舍女所學：姑，且。舍，通「捨」。女，音ㄖㄨˇ，同「汝」。

現在這兒有塊未經雕琢的玉石，雖價值萬鎰，也需要治玉的工匠去雕琢。至於治理國家，其價值豈只萬鎰而已，卻說：「姑且捨棄你所學的道理，照我的意思去作！」這和自己不懂得治玉，卻還要教導玉人如何去治玉，有何不同?!在此，孟子很形象地揭露戰國時代統治者的醜惡面目。價值萬鎰的璞玉，自己不敢隨性雕琢，而是交給玉工去處理，因爲愛惜璞玉啊！至於治理國家則只顧攬權，放縱私欲，而不願將國事交給賢明的人來治理，明明珍愛國家遠不如珍愛璞玉！自古以來，賢明君子擔憂人主不能依其所學來治國，而一般的庸君也擔憂賢明君子不能投其所好。這就是自古君臣難以相遇的緣故吧！

第二百五十條　出爾反爾

曾子曰：「戒之戒之！出乎爾①者，反②乎爾者也。」

①爾：你。

②反：同「返」。

曾子說：「謹愼啊！謹愼啊！從你身上出來的，還是會回到你身上的。」孟子在此引述曾子的話，來說明「恕」道。孟子在此，控訴鄒國（亦稱邾國，今山東鄒縣）君臣不懂得體恤百姓。在欠收的荒年，鄒國百姓「老弱轉乎溝壑，壯者散而之四方」，而國家則「倉廩實、府庫充」，官員居然未將災情上報，以便開倉賑濟災民，這是「上慢而殘下」。難怪，鄒國與魯國交戰時，鄒國百姓坐視三十三位官員被殺，也沒有一人願意爲國赴難。「出乎爾者，反乎爾者也」，乃是百姓對鄒國君臣一種無言的抗議。所以《大學》要「君子先愼乎德」，主張「德者本也，財者末也」，人君要重德輕財，否則「言悖而出者，亦悖而入；貨悖而入者，亦悖而出」。

第二百五十一條　彊爲善而已矣

君子創業垂統①，爲可繼②也。若夫成功，則天③也。君如彼何④哉？彊⑤爲善而已矣。

① 創業垂統：創立基業，延續統緒，傳諸後代。
② 爲可繼：爲，音ㄨㄟˋ。可繼，可以延續。
③ 天：天命。
④ 如彼何：彼，指齊國。言滕國既然實力不如齊國，則奈它如何。
⑤ 彊：同「強」，勉強。

君子創立基業，垂留統緒，是爲了讓後代子孫可以繼續努力修德行仁。至於能否成功而有天下，這就要看天命了。現在滕國既然實力遠不如齊國，齊人有意侵滕，你又能拿它怎樣？只有勉力爲善，讓子孫能夠繼續努力積德致福罷了。這是孟子答覆滕文公，有關齊人有意侵滕的提問。君子創造基業於前，垂留統緒於後，要能守正不失，使後代能承繼其業而持續修德行仁。這是在勸人君應當盡力於其所當爲，但千萬不可徼幸於其所不可必。天命是不可求而得的，只能「修身以俟之」而已。

〈公孫丑上〉

第二百五十二條　行仁政即可王天下

夏后、殷、周之盛，地未有過千里者也，而齊有其地矣；雞鳴狗吠相聞，而達乎四境，而齊有其民矣。地不改辟①矣，民不改聚②矣，行仁政而王，莫之能禦也。且王者之不作，未有疏於此時者也；民之憔悴於虐政，未有甚於此時者也。飢者易爲食，渴者易爲飲。

① 辟：同「闢」，開闢。

② 聚：招聚集合。

夏后與殷、周最興盛的時候，土地也沒超過千里，而齊國已有千里之地了；人口稠密，雞鳴狗叫的聲音，彼此聽得到，從都城到四境無不如此，可見齊國百姓眾多。土地不必再開闢，百姓也不必再招聚，只要施行仁政，就可以稱王天下，沒有人抵擋得住。況且沒看見王者的興起，從沒比這個時期更久的了；百姓困於虐政而憔悴不堪，也從沒有像現在這麼嚴重。飢餓的人，只要有得吃，就容易吃得飽；口渴的人，只要有得喝，就容易喝得夠。孟子在此向弟子公孫丑闡述，何以現在的齊王如果眞想稱王天下，其實要比當年的文王容易得多。因爲文王所面對的商朝，由成湯到武丁，就出現了六、七位賢明的君主，天下歸附商朝很久了，要改變這種現狀談何容易？武丁時，天下諸侯無不歸附。而商紂離武丁並不久遠，商朝的「故家遺俗，流風善政」仍然存在，又有像微子、微仲、比干、箕子、膠鬲等一大票賢人在朝輔政，因此商紂雖然暴虐，但也要拖了一段好長的時間才失掉天下。當時，普天之下莫非紂土，率土之濱莫非紂臣，而文王只用方百里的小國推行王道，所以很困難。孟子引用齊地的諺語：「雖有智慧，不如乘勢；雖有鎡基，不如待時。」現在齊國的土地與夏后與殷、周最盛的時期相當，百姓也從都城佈滿到四境，只要施行仁政，馬上就可以稱王天下了。至於百姓久爲暴政所苦，只要齊王此時施行仁政，馬上就可以解百姓倒懸之苦，而爲萬民所擁戴。其實，組成國家的三大要素是土地、人民與主權。現在土地夠大了，人民也夠多了。只要能施行仁政，上下和諧，主權就鞏固了。

第二百五十三條　我四十不動心

我四十不動心。

我四十歲就不動心了。這是孟子針對公孫丑設問的回答。公孫丑問孟子，假使眞能得到齊國卿相的權位，推行大道而霸諸侯、王天下，如此肩負重責大任，是否會因而有所恐懼疑惑，致使心志動搖。孟子很篤定地向公孫丑表明，他志道懇切，絕不會因此而動搖其「行一不義，殺一不辜，而得天下，不爲也」之心。這就像孔子的「四十而不惑」，對義理的確信與執著，豈會因外在權位的得失，而受絲毫的影響?!

第二百五十四條　自反而縮，雖千萬人，吾往矣

曾子曰：「自反①而縮②，雖千萬人，吾往③矣。」

① 反：反省。
② 縮：音ㄙㄨˋ，直。
③ 往：前往與之對抗。

曾子說：「反躬自問而理直，就算有千萬人橫擺在眼前，我也要拼到底！」「自反而縮」，理直則氣壯，對方縱有千萬人，總不能不講理吧？「吾往矣」並不是血氣之勇，而是因為有理，底氣十足，對方勢力再大，只要我們能有耐心、有智慧、有策略，終可以伸張正理。在這裡，我們看到道德理想主義者的鮮明形象。

第二百五十五條　持其志，無暴其氣

夫志，氣之帥也；氣，體之充也①。夫志至焉，氣次焉②。故曰：「持其志，無暴其氣。③」

① 夫志…之充也：夫，音ㄈㄨˊ，助詞。志為心之所向，乃氣的將帥。氣則充滿於人身，乃志的卒徒。

② 志至焉，氣次焉：至，到。次，止。志之所向，氣即隨之而止。

③ 持其…暴其氣：持，堅持。暴，音ㄅㄠˋ，亂。應當要持守其志，不要暴亂其氣。

「志」是「氣」的主帥，氣則充滿於身體各處。志所到之處，氣就跟隨而到，所以說：「持守其志，不要亂了氣。」只要志專一了，就能帶動氣。反之，要是氣專一了，也會撼動心志。像我們突然跌倒或快跑，這是氣的作用，反而撼動了我們的心志。所以要持守其志，又不能亂了氣。

第二百五十六條　我知言，我善養吾浩然之氣

我知言①，我善養吾浩然之氣②。

① 知言：指已經盡心知性，對天下任何言說，都能窮究其理，而知道其是非得失之所以然。

② 浩然之氣：浩然，浩蕩偉大的樣子。氣，在此專指配合道與義的正氣。

我了知言說，我善於長養我浩蕩盛大的氣。孟子之所以說「知言」，是因爲他已經盡心知性，對天下任何言說，都能窮究其理，而知道其所以是非得失之故。至於「養氣」一事，天地萬物只要有生命就有形體，形體就充滿了氣，所謂「氣，體之充也」。這股氣本自浩然，只因沒有善加培養，才會消退而氣餒。只有孟子懂得善加長養這股氣，使它回復到本初的浩然盛大。惟有知言才能通曉道義，而對天下之事無所疑惑。要長養這股氣，就有賴於道義的支撐，才能對天下的事無所畏懼。這就是孟子承擔重責大任而能「不動心」的原因。

第二百五十七條　浩然之氣，至大至剛，配義與道

其爲氣也，至大至剛①，以直養而無害②，則塞③於天地之閒④。其爲氣也，配⑤義與道；無是⑥，餒⑦也。是集義所生⑧者，非義襲⑨而取之也。行有不慊⑩於心，則餒矣。

①至大至剛：至，極。至大，初無限量。至剛，不可屈撓。
②直養而無害：直，正道。無害，不妄加危害。
③塞：音ㄙㄜˋ，充滿。
④閒：同「間」。
⑤配：合而有助的意思。
⑥是：指道、義，「道」乃天理的自然，「義」爲人心的裁制。
⑦餒：飢乏致氣無法充滿形體。
⑧集義所生：集，合。事事合於義理。
⑨襲：掩取。
⑩慊：音ㄑㄧㄢˋ，滿足。

這股浩然之氣，極爲弘大而不可限量，極爲剛直而不可屈撓，以正道來培養而不妄加傷害，就能充塞於天地之間。這股浩然之氣是與義理、大道相配合的，要是沒有與義理、大道相配合，那這股浩然之氣就消頹了。這股氣是積集道、義而形成的，並不是靠著外在行爲的偶然合於道、義的要求而取得的。行爲只要有稍微不快意於心，那這股浩然之氣就消頹了。孟子這段有關浩然之氣的主張，影響深遠。其實，人是稟受天地的正氣而生，只要隨時能「自反而縮」，那這股浩然之氣就能得其所養；只要不聽任私意傷害它，這股氣的本體就無所虧欠，自然充實於天地之間。這股氣與道、義相表裡，則吾人的行事就會勇決而無所疑懼。要是這股氣沒有道、義的支撐，吾人的所作所爲只要不是出於道、義，氣就不充盈，而不免有所疑懼，而不足以有爲了。這股氣是由事事皆出於義，自反常直，所以無所愧怍，此氣乃能油然而生。並不是由只行一事，偶然合於義，便可掩襲於外而取得它。吾人所作所爲一有不合於義，則自反不直，則不足於心，而氣就消餒了。

第二百五十八條　心勿忘，勿助長也

必有事焉①，而勿正②，心勿忘，勿助長也。

① 必有事焉：事，爲。謂必有所爲，指養浩然之氣。

②正：預期。

必以長養浩然之氣爲事，務求事事合於道、義，而不要預期成效。心中要以此爲念，不得片刻或忘，但也不可急於求成，而揠苗助長。這是在講集義以養氣的節度。一方面要以集義爲事，只問事當不當爲，而不問對我利害如何。此事不可片刻忘記。另一方面，不可刻意作爲以助此氣之長，否則不但不足以養氣，反而還會傷害了它。養氣要有毅力，也要有恆心，切忌一曝十寒。

第二百五十九條　詖、淫、邪、遁之辭皆生於其心

詖①辭知其所蔽②，淫③辭知其所陷④，邪⑤辭知其所離⑥，遁⑦辭知其所窮⑧。生於其心，害於其政；發於其政，害於其事。聖人復起，必從吾言矣。

①詖：音ㄅㄧˋ，偏陂，不公正。
②蔽：遮隔。
③淫：放蕩。
④陷：沈溺。

⑤邪：邪僻。
⑥離：叛離。
⑦遁：逃避。
⑧窮：困屈。

聽到偏陂不公的言辭，就知道他的心遮隔不明；聽到放蕩不羈的言辭，就知道他的心沈溺不拔；聽到邪僻不正的言辭，就知道他的心叛離正道；聽到支吾閃爍的言詞，就知道他的心窮於應付。這四種詖、淫、邪、遁的言辭無不來自言說者的內心，如果治國者有發出這四種言辭的邪心，一定會影響傷害到政治施爲；顯現在政治施爲，就會上行下效，三綱由是而淪，百行由是而壞。如果聖人再出現，也必定贊成我這話。孟子這段有關「知言」的話，寓意深刻。所謂「言爲心聲」，人的言辭就是其內心的反映。其心通曉正理而無遮蔽，然後其言辭才會平正通達而無弊病。否則一定會有蔽、陷、離、窮的毛病。就其言辭的毛病，即可推知其心的缺失。如果有詖、淫、邪、遁的言辭，施之政事，肯定禍害無窮。這就是孟子所堅持的：「惟大人爲能格君心之非。君仁莫不仁，君義莫不義，君正莫不正。一正君而國定矣。」

第二百六十條　自有生民以來，未有孔子也

自有生民以來，未有孔子也。

自從有人類以來，沒有比孔子更偉大的人了。這句話是孟子答覆弟子公孫丑的提問。他想知道伯夷、伊尹與孔子同樣是古代的聖人，到底有什麼不同。孟子認爲，伯夷是「非其君不事，非其民不使。治則進，亂則退」。伊尹是「何事非君？何使非民？治亦進，亂亦進」。孔子則是「可以仕則仕，可以止則止。可以久則久，可以速則速」。孟子認爲孔子是順時而定行止、久速，才是眞正値得他學習效法的對象。

第二百六十一條　禍福無不自己求之者

禍福無不自己求之者。詩①云：「永言配命②。自求多福。」太甲③曰：「天作孽④，猶可違⑤；自作孽，不可活。」此之謂也。

① 詩：見《詩・大雅・文王篇》。

② 永言配命：永，長。言，念。配，合。命，天命。謂長永在意自己的行爲，使之與天命配合，則福祿自來。

③ 太甲：見《尚書》的〈商書〉。

④ 孽：禍。

⑤ 違：逃避。

災禍與幸福都是自己招致來的，《詩經》說：「老是在意自己的所作所爲要能配合天命，如此才能求得更多的福報。」《書經・太甲》篇說：「上天造成的孽禍，還可以逃避；自己造成的孽禍，那就活不了了。」講的就是這個道理。禍福的到來並不是隨意、偶然的，它與人自己的意念、言行有深刻而密切的關係。平素積累善念、善言、善行，久而久之，自己的修養更加圓潤，人際關係就會更加和諧；這就是《周易・文言・坤》所說的：「積善之家必有餘慶，積不善之家必有餘殃」的道理。

第二百六十二條　以不忍人之心，行不忍人之政

以不忍人之心①，行不忍人之政，治天下可運之掌上②。

① 不忍人之心：安於不仁爲忍，反之就是不忍。不忍人之心，就是不忍害人的仁心。

② 運之掌上：運，轉動。運之掌上，謂轉動於掌上，喻極爲容易。

本著不忍害人的仁心，施行不忍害人的仁政，那麼治理天下就像在手掌上運轉東西一樣的容易。孟子在此點出了爲政者最需要的人格特質。人性的缺點是欲壑難塡，一有權力就會爲所欲爲，其結果是，胡作非爲。就像艾克頓爵士的名言：「權力使人腐化，絕對的權力使人絕對的腐化。」而能擁有絕對、不受限制的權力的人，在一國之內非國君莫屬。因此，賢明的國君，非但能節制自己的欲望，更能以「愛民如子」的心來治國，這就是「以不忍人之心，行不忍人之政」，如此自然「治天下可運之掌上」。然而，政治乃眾人之事，想要長治久安，豈可只寄望於國君的自覺?因此，中國自古以來，儒家就提倡「限制王權」，反對「絕對王權」的思想。自秦朝開始就設有丞相制度，天子代表正統，而丞相代表讀書人，這是結合「權力王國」與「智慧王國」的設計，因此，中國傳統政治的表現遠高於其他各民族。只可惜這套丞相（或宰相）制度，到明太祖朱元璋時，被廢除了。然而，明、清兩代雖然沒有宰相之名，卻有宰相之實，仍是「權力王國」與「智慧王國」的結合。反觀，歐洲較先進的國家，到十八世紀仍盛行「絕對王權」（Absolutism）。「朕即國家，國家即朕」的思想深入人心，君王視臣民如無物，後來乃於一七八九年爆發了法國大革命。這就是受壓迫的先進力量率領深陷水火的臣民對統治階級致命的打擊，隨後就以「國民主權」（Volkssouveränität）取代「君主主權」（Königssouveränität）思想。早在一七四八年孟德斯鳩在其名著《法律精神》中就已提出分權思想，他認爲權力是由三部份組成，即制定法律的權力（立法權）、施行法律的權力（行政權）與裁判法律的權力（司法權）。如果有任何兩種權力集中在某一個人或某一群人的手中，那這個人或這群人就可以爲所欲爲，人民的權利就毫無保障了。因此他主張，既然「絕對的權力造成絕對的腐化」，那只有將權力分開，使權力之間互相節制，如此人民的權利就能經由制度的設計而獲得有效保障。法國大革命以後，這種權力分立與相互制衡的思想就被新興的資產階級政權普遍採用，也就是先將立法權與司法權自王權抽離出來，王權只保留行政權而已。立法權歸由有資產的選民經由選舉產生的代表所組成的國會所掌握。司法權則表現爲：有法學專業素養的法官，不受行政權與立法權的干涉，依據法律獨立審判。有些國家甚至更進一步將行政權也抽離出來，交由國會中的多數黨來行使，這就成爲內閣制，讓國王成爲徹底的「虛位元首」，這就是「虛君制」。或是乾脆將王室給廢了，行政權改由人民直接選出的總統來行使。舉凡這些無非都在預防統治者爲所欲爲罷了。但是如何讓掌權的人更進一步能「以不忍人之心，行不忍人之政」，甚至能「視民如傷」，這就是有賴於設計一套制度，能培養品德更爲良好的人來出任國家領導人。這將是一道嚴肅的課題，引人深思。

第二百六十三條　心有四端，猶人有四體

人乍①見孺子②將入於井，皆有怵惕惻隱③之心。非所以內交④於孺子之父母也，非所以要譽於鄉黨⑤朋友也，非惡其聲⑥而然也。由是觀之，無惻隱之心，非人也；無羞惡⑦之心，非人也；無辭讓⑧之心，非人也；無是非⑨之心，非人也。惻隱之心，仁之端⑩也；羞惡之心，義之端也；辭讓之心，禮之端也；是非之心，智之端也。人之有是四端也，猶其有四體⑪也。

①乍：突然。
②孺子：孺，音ㄖㄨˊ。幼童的通稱。
③怵惕惻隱：怵，音ㄔㄨˋ。怵惕，驚駭恐懼。惻隱，憐憫傷痛。
④內交：內，音ㄋㄚˋ，通「納」。內交，結交。
⑤要譽於鄉黨：要，音ㄧㄠ。要譽，求美名。鄉黨，鄉里。依周制一萬兩千五百家為鄉，五百家為黨。
⑥惡其聲：惡，音ㄨˋ，厭惡。聲，指小孩哭喊的聲音。
⑦羞惡：羞，恥，恥己之不善。惡，厭惡，惡人之不善。
⑧辭讓：謙辭退讓。
⑨是非：辨別是非，知善之為是，惡之為非。

⑩ 端：頭緒。

⑪ 四體：四肢。

現在有人突然看到一個小孩即將跌入井中，都會產生驚駭憐憫的心情。並不是爲了結交他的父母，也不是爲了在鄉里朋友間求取好的名聲，更不是厭惡小孩的哭鬧聲而有如此的反應。這麼看來，沒有憐憫同情之心的，就不是人；沒有羞恥惡惡之心的，就不是人；沒有謙辭退讓之心的，就不是人；沒有辨別是非之心的，就不是人。憐憫同情之心，是仁的發端；羞恥惡惡之心，是義的發端；謙辭退讓之心，是禮的發端；辨別是非之心，是智的發端。人有仁、義、禮、智這四種善端，就像人有四肢一樣。孟子在此藉著「今人乍見孺子將入於井，皆有怵惕惻隱之心」這個例子，來說明「人皆有不忍人之心」。乍見之時，便有「怵惕惻隱之心」，是隨見而發的眞心，是「不勉而中，不思而得」，自然而然，不假思索而發的。至於因「內交」「要譽」「惡其聲」才發出這個惻隱之心，那是有所爲而爲，已經滲雜人欲之私，而非自然天成了。

第二百六十四條　充擴四端，足以保四海

凡有四端於我者，知皆擴而充之矣，若火之始然①，泉之始達②。苟能充之，足以保四海③；苟不充之，不足以事父母。

①然：通「燃」。
②達：通，謂泉水湧出。
③四海：猶天下。

凡是明白有仁、義、禮、智這四種善端在我身上的人，而知道將這四端都不斷加以推擴而充實，那這四端就會像火開始燃燒，或像泉水開始湧出一樣，愈來愈盛。如果能將這四端充分推擴，就足以保全天下；如果不能將它們充分推擴，就連事奉父母都做不好。其實，四端在我們人身上隨時隨處都可發現，以此四端作爲行善之端，推擴而使其本然之量能得到充滿，如此自會日新又新，就像「火之始然」「泉之始達」，將有所不能自已了。依此而充實吾人本有的仁、義、禮、智等善性，離我們再遠的地方也沒有保不住的；反之，就算事奉與我們至爲親近的父母也做不好啊！

第二百六十五條　君子莫大乎與人爲善

大舜有大①焉，善與人同②。舍己從人③，樂取於人以爲善④。自耕稼陶漁⑤以至爲帝，無非取於人者。取諸人以爲善，是與人⑥爲善者也。故君子莫大乎與人爲善。

① 有大：有，音ㄧㄡˋ，通「又」。有大，更偉大。
② 善與人同：同，通。以人之善猶己之善，因上下相交而其志相通。
③ 舍己從人：舍，同「捨」。舍己，如子路聞過則喜。從人，如大禹聞善言則拜。
④ 樂取於人以爲善：不能舍己的人，要天下人都順從自己；能舍己的人，惟善是從，所以樂取於人以爲善。
⑤ 耕稼陶漁：耕稼，耕種。陶，製作瓦器。漁，捕魚。
⑥ 與人：幫助別人。

大舜（比起子路、大禹）更加偉大啊！他行善從不區別人我，捨棄自己的成見，順從別人，喜歡採取別人的所長來行善。從他耕種、燒窯、捕魚，以至於尊爲天子，無不是採取別人的所長。採取別人的所長來行善，也就等於幫助別人行善。所以君子最偉大的，莫過於幫助別人來行善。孟子在此闡述聖賢樂善之誠，本就不分彼此、人我，因此別人的善可以有益於己，而自身的善也可以有益於別人。只要能「善與人同」，那就是公天下之善，而不爲私己。只要自己還沒有達到至善的境界，見到別人有比我更爲美善的，不假思索即「舍己從人」。能學習別人的善行，則別人會更加努力行善，這不就等於我們在幫助別人行善嗎？要是能夠讓通天下的人都更加努力行善，哪有比這樣的君子更加偉大的呢？

〈公孫丑下〉

第二百六十六條　天時不如地利，地利不如人和

天時不如地利①，地利不如人和②。

① 天時不如地利：天時，指作戰時要選擇對己方最有利或對敵方最不利的時機。地利，指山川城池的險阻堅固。

② 人和：指君臣同心，君民一體，將士用命。

影響戰爭勝負的因素，天時不如地利重要，地利則不如人和重要。孫子兵法將影響戰爭勝負的主要因素，歸納爲五項：道、天、地、將、法。「將」「法」涉及統帥的素質與軍中紀律、法制的貫徹能力。而「道」「天」「地」三項則與孟子的「人和」「天時」「地利」

相對應。換句話說，孟子與孫子認爲影響戰爭勝負最關鍵的因素是政治，也就是能愛護百姓、執法公正、政治清明的一方，總的來說，就是獲勝的一方；反之，荼毒百姓、賞罰不公、政治昏暗的一方，就是敗北的一方。因爲政治清明自然人和，就能眾志成城，天下沒有戰不勝的敵人；反之，政治昏暗自然人心離散，就算能逞強一時，終究還是要兵敗如山倒。這就是孟子所說「得道者多助，失道者寡助」的道理。

第二百六十七條　得道多助，失道寡助

得道①者多助，失道者寡助。寡助之至②，親戚③畔④之；多助之至，天下順之。以天下之所順，攻親戚之所畔；故君子有不戰，戰必勝矣。

①得道：得人和之道。

②至：極致。

③親戚：親戚，謂內外親屬，親指族內，戚指族外。

④畔：通「叛」。

依愛民之道而治國的君主，會得到更多民眾的幫助；違反愛民之道的君主，願意幫助他的百姓就少了。願意幫忙的百姓少到極致，就連親戚都會叛離他；願意幫忙的百姓多到極致，通天下的人都會順從他。以通天下的人都歸順的一方，去攻打連親戚都會叛離的一方，當然戰無不勝。所以君子不願輕啓戰端，一旦開戰必定勝利。孟子在此重申「得民心者，得天下」的主張，唯有愛護百姓，與民同樂，才能得到百姓眞誠的愛戴。

第二百六十八條　以堯舜之道期勉齊王

我非堯舜之道，不敢以陳於王前，故齊人莫如我敬王也。

若不是像堯舜這種聖王之道，我不敢在君王面前陳述，所以齊國的人沒有比我更敬重君王的了。一般人面對有權力的人，老是要講些討好他的話，原因無他，就是想爲個人謀取利益或是免除不利罷了。孟子則不然，以悲天憫人的胸懷，爲天下蒼生請命，以堯舜這般前古聖王來期許齊王，絲毫不考慮自己的利害得失，這才是眞心地敬重齊王啊！

第二百六十九條　將大有爲之君，必有所不召之臣

故將大有爲之君①，必有所不召之臣。欲有謀焉，則就之。其尊德樂道，

不如是，不足與有爲也。故湯之於伊尹，學焉而後臣之②，故不勞而王；桓公之於管仲，學焉而後臣之，故不勞而霸。

① 大有爲之君：大有作爲的君主。
② 學焉而後臣之：先跟隨他學習，而後才以他爲臣。

所以將大有作爲的君主，必然有他所尊敬而不敢隨意召喚的臣子。如果想要有所謀畫，就要屈尊就教於臣子。他如果尊重賢德、喜歡大道，沒有達到這種程度，就不能大有作爲。所以商湯對伊尹，是以師禮先向他學習，然後再任命他爲臣子，因此不費力就稱王於天下；齊桓公對管仲，也是以師禮先向他學習，然後再任命他爲臣子，因此不費力就稱霸於諸侯。孟子在此指出「將大有爲之君」不敢以手中的權力傲慢自是，而是會禮賢下士，「尊德樂道」，這樣才會得到像伊尹、管仲這樣的賢臣來悉心輔佐，而成就王霸之業。自古以來，能成大功、立大業的明君，莫不是能聚集一大批的人才爲他出謀畫策，南征北討；反之，自以爲是，不善於用人的霸主，就算基業再大，也很難守得長久。劉邦與項羽就是最爲明顯的對比，韓信本是項羽手下，結果卻爲劉邦取得天下，立下汗馬功勞。項羽本是自封爲西楚霸王，號令天下，結果卻眾叛親離，落得烏江自刎的下場。

第二百七十條　君子不以天下儉其親

君子不以天下儉其親。

君子不以天下人所得用的物品，儉吝於其親長。父母去世時，送終的禮儀應該做的未能盡力而爲，這樣就是爲天下吝惜這些物品，而儉吝於自己的父母親。這是孟子答覆弟子充虞的提問。孟子母親過世時，孟子指派充虞督造棺木，而充虞覺得棺木似乎用得太好了。孟子指出「君子不以天下儉其親」，只要不違背禮制的規定，能做的都該盡力而爲，這樣才是孝子。

第二百七十一條　古君子之過，如日月之食

古之君子①，其過也，如日月之食②，民皆見之；及其更③也，民皆仰之。今之君子，豈徒順之④，又從爲之辭⑤。

① 古之君子：在此指周公。

② 食：通「蝕」。

③ 更：音ㄍㄥ，更改。

④ 順之：順，猶「遂」，遂其過而不知改。

⑤ 從爲之辭：從，順從。爲，音ㄨㄟˋ。辭，修飾，辯白。意指不但不能改過，反爲錯誤行爲文過飾非。

古時候的君子，像周公，犯了過錯，就如同日蝕、月蝕，百姓都見得到；等到他改過後，百姓都仰慕他。現代的君子則不然，豈只順遂他的過錯而已，而且還爲自己的過錯找藉口呢！「過而不改，是謂過矣」，如此進德已難。更何況還要文過飾非，強辭奪理，這樣非但不能進德，而是敗德了。

第二百七十二條　賤丈夫

古之爲市①也，以其所有易其所無者，有司者治之②耳。有賤丈夫③焉，必求龍斷④而登之，以左右望而罔市利⑤。人皆以爲賤，故從而征之⑥。征商，自此賤丈夫始矣。

① 爲市：做生意。

② 有司者治之：有司，分管其事的官吏。治之，謂治其爭訟。

③賤丈夫：下賤的男人，稱只知壟斷財利、不知義理的商人。
④龍斷：又作壟斷，指岡壟之斷而高的地方。岡爲山脊，斷爲高而四面斷絕之意。
⑤左右望而罔市利：左右望，想要得此而又取彼之意。罔，通「網」，網羅而取。罔市利，獨占市利。
⑥從而征之：謂厭惡其專利，故從而徵其稅。

古時候的市場，是讓大家以其所有來換其所無的地方，分管市場的官吏只是處理交易糾紛的問題而已。後來就有個貪鄙的賤丈夫，老是要找個岡壟較高的地方登上去，左顧右盼，想網羅市場上的貨利而盡取之。大家都認爲他這種壟斷的行爲十分卑賤，因此官吏就徵收他的稅。向商人徵稅，就是從這個賤丈夫開始的。孟子在此以賤丈夫爲例，要人有所爲，也要有所不爲，既然在齊國不能行其道，那就沒有再留在齊國的理由。齊王既不能尊崇孟子，重用他，卻又以小利來誘留孟子，孟子當然拒不接受。豈可像賤丈夫那樣，只要有利可圖，就不顧市場道義，而「必求龍斷而登之」？要是人人都「必求龍斷而登之」，市場豈不大亂？「賤丈夫」的對立面就是「大丈夫」，大丈夫是「居天下之廣居，立天下之正位，行天下之大道。得志，與民由之；不得志，獨行其道。富貴不能淫，貧賤不能移，威武不能屈」，正氣凜然，浩氣長存。而賤大夫則猥猥瑣瑣，唯利是圖，錙銖必較，器量狹隘，何其可悲！

第二百七十三條　舍我其誰

夫①天未欲平治天下也；如欲平治天下，當今之世，舍②我其誰也？吾何為不豫哉③？

① 夫：音ㄈㄨˊ，語助詞。
② 舍：通「捨」。
③ 吾何為不豫哉：豫，悅。我何為不豫悅呢！

唉！上天還不想讓天下平治吧？如果上天想讓天下平治，在當今之世，除了我，還有誰能擔當得起這個重任呢？這明明是上天還不想讓天下平治嘛，又不是我的過錯，我固然不會埋怨上天，但我何必為此而不愉悅呢！孟子在此慨嘆，此時既未能得遇於齊王，是上天尚未想讓天下平治。天意固然不可知，而平治天下的德與才又完全具備在我的身上，我當然不必為此而不高興！

〈滕文公上〉

第二百七十四條　孟子道性善，言必稱堯舜

孟子道性善，言必稱堯舜。

（這句不是孟子的話，而是）孟子向滕文公（滕國在今山東省滕縣西南。當時滕文公尚未即位，仍為世子。世子為諸侯的嫡長子。）講述人性本善的道理，每每要稱頌堯舜的懿德善行以為佐證。其實，人稟賦於天而有此生，原來是渾然至善，未嘗有惡，與堯舜這樣的前古聖王沒有一點差別。只是眾人後來汨沒在私欲之中而亡失其原有的善性，而堯舜則始終毫無私欲之蔽，而能使其善性不斷充擴罷了。所以孟子向滕文公講述性善的道理時，必定舉堯舜的典型讓他知道：仁義原本不假外求，而聖人是可學而至的。藉此勉勵滕文公努力不懈於明善成聖。

第二百七十五條　有為者亦若是

顏淵曰：「舜何人也？予何人也？有為者亦若是。」公明儀①曰：「『文王，我師也。』周公豈欺我哉②！」

① 公明儀：公明，姓。儀，名。魯國的賢人，為曾子的弟子。

② 文王，我師也，周公豈欺我哉：「文王，我師也。」這句話是周公講的。意味周公以文王

爲師，而成爲聖人；只要我好好學文王，也可以成爲聖人。周公怎會欺騙我呢？

顏淵說：「舜不是人嗎？我不同樣也是人嗎？只要有所作爲，我同樣也可以成爲像舜一樣的聖人。」公明儀說：「『文王是我的老師。』周公這句話難道會欺騙我嗎？」孟子在此引顏淵跟公明儀的話，勉勵我們，只要對古聖先賢的所言所行，篤信力行，總有一日也可以成聖成賢。

第二百七十六條　恭儉禮下，取於民有制

賢君必恭儉禮下，取於民有制。

賢明的君主奉己恭儉：恭，則能禮敬大臣；儉，則賦取於民，不會超過什一之制。反之，昏暗的君王，任性而奢侈無度，對臣下傲慢無禮，對百姓予取予求，終至天怒人怨，亡喪天下國家。

第二百七十七條　仁政，必自經界始

夫仁政，必自經界①始。經界不正，井地不鈞②，穀祿③不平。是故暴君汙吏必慢④其經界。經界既正，分田制祿可坐而定也。

①經界：指治地分田，經畫其溝塗封植的界線。
②鈞：同「均」。
③穀祿：指薪俸，因古時官員的薪俸以穀計算。
④慢：輕忽，廢弛。

要施行仁政，一定要從劃清田界作起。畫界不公正，井田的大小不平均，那官員所得的俸祿也不能公平。所以暴虐的君王和貪汙的官吏必然荒弛畫清田界這件事，以便從中取利。如果田界畫得清楚公正，那麼要分田地給百姓，制定官吏的俸祿，就可以輕而易舉地辦妥。我國自古以來一直是個小農社會，百分之九十以上的百姓都是農民，因此想要建立一個公平的社會，當然要從農地畫分的公平公正做起。而官吏的俸祿也是由所食田邑的大小決定，因此把田地畫分得公平就很重要。歷史一再告訴我們，當經界不正時，地方豪強得以肆意兼併，所得既多，但只繳交原定的稅負；而大多數的農民，所得大幅縮水，卻仍須繳交原定的稅負，最終被迫賣地爲奴，流離失所，直到改朝換代而後已。在當代社會，從農人口已下降到百分之五以下，公平社會已不能再只靠正經界來維護，而是要靠建立公平的稅制與相應的社會保障體系。

第二百七十八條　勞心者治人，勞力者治於人

勞心者治人，勞力者治於人①。治於人者食人②，治人者食於人③。

① 勞心者治人，勞力者治於人：自古以來，君子勞心，小人勞力。勞心的君子管理百姓，勞力的小人被人管理。

② 食人：食，音ㄙˋ。謂出稅賦以給養在上的領導者。

③ 食於人：食用被治者所供給的糧食。

勞心的管治別人，勞力的則被人管治。受人管治的要供養人，管治別人的則受人供養。勞心與勞力是最簡單的分工，自古以來，君子勞心，小人勞力。君子無小人則飢，小人沒君子則亂，兩者之間的關係是互相補強，而不是互相妨害。這就像農夫以其種植的穀粟與陶冶所製作的器械相交換一樣。孟子就是舉這個例子來說明，治理天下的不必親自耕種以自養，從而反駁了農家許行所主張的，賢君當「與民並耕而食」。

第二百七十九條　聖人有憂之，使契爲司徒，教以人倫

人之有道也①，飽食、煖衣、逸居而無教，則近於禽獸。聖人有憂之②，使契爲司徒③，教以人倫：父子有親，君臣有義，夫婦有別，長幼有序，朋友有信。

① 人之有道也：有，在此解爲「爲」，人之有道，即人之爲道，亦即人之道。
② 有憂之：有，音ㄧㄡˋ，通「又」。上面爲洪水所擾，這裡又擔憂「無教，則近於禽獸」。
③ 契爲司徒：契，音ㄒㄧㄝˋ，人名，高辛氏之子，舜時爲司徒，掌教育，封於商，是商代的始祖。

爲人之道，當基本生活需求得到滿足後，就吃得飽、穿得暖、住得安逸，要是沒有即時給予教化，那與禽獸又有何差別？聖人又爲此而擔憂，於是指派契掌管教化，教導百姓要做到：父子間有親情，君臣間有道義，夫婦間內外有別，兄弟間長幼有序，朋友間言而有信。其實，這五種人倫固然是人天生的稟性，但如果缺乏教導，則將因放逸怠惰而漸失漸遠，所以聖人要設官而教以人倫。人與人的關係，最重要的莫過於父子、君臣、夫婦、兄弟、朋友。只要將這五種關係理順，依此類推，由親及疏，由近而遠，就可以暢行於天下了。「學者，

所以學爲人也。」因此，朱子在〈白鹿洞書院揭示〉中，將實踐這五種人倫定爲求學讀書的目的。

第二百八十條　以天下與人易，爲天下得人難

堯以不得舜爲己憂，舜以不得禹、皋陶①爲己憂。夫以百畝之不易②爲己憂者，農夫也。分人以財謂之惠，教人以善謂之忠，爲天下得人③者謂之仁。是故以天下與人易，爲天下得人難。

① 皋陶：音ㄍㄠ　ㄧㄠˊ，舜的賢臣，制定法律，設立監獄。
② 夫以百畝之不易：夫，音ㄈㄨˊ，助詞。易，治理。謂以百畝之田沒耕種好。
③ 爲天下得人：爲，音ㄨㄟˋ。替天下求得優秀的人才。

堯以得不到舜這樣的人才來幫忙治理天下，當作自己的憂愁；舜以得不到禹、皋陶這樣的人才來幫忙治理天下，當作自己的憂愁。那些將分配到的一百畝田地沒耕作好視爲自己憂慮的人，是一般的農夫。給人財貨叫做「惠」，教人行善叫做「忠」，爲天下求得優秀的人才叫做「仁」。因此將天下給人是容易的，爲天下求得好人才則是困難的。可見堯舜之爲百

姓擔憂，並非無所選擇，不會連雞毛蒜皮的小事也擔憂，而是抓大放小，把最急切須要解決的先處理妥當。那還有哪件事比爲天下選擇優秀人才更重要的呢？給人財貨只是小恩小惠而已，教人行善固然很好，但其所及畢竟有限而且難以持久。只有像堯得到舜，舜得到禹、皋陶這樣的賢臣，才是所謂的「爲天下得人」，其恩惠廣大，教益無窮，如此才足以稱爲「仁」。

第二百八十一條　用夏變夷

吾聞用夏變夷①者，未聞變於夷者也。

① 用夏變夷：用，以。夏，即諸夏，指中國。以諸夏的禮義來教化蠻夷。

我聽說過用華夏的文化去改變蠻夷的習俗，從沒聽說反倒過來被蠻夷改變的。孟子在此講「用夏變夷」，並非諸夏直接去改造蠻夷的習俗，而是蠻夷各族自覺華夏文明水平較高，自覺引進華夏的禮教而改變自己原有的習俗。就像唐朝時，日本仰慕大唐文明，主動力行大化革新。歷史上，中國也未曾將自己的禮俗、典章、文物、制度主動推銷給周邊國家，而是應周邊國家的請求，提供必要的協助而已。反觀，近五百年來，西方殖民帝國主義從不尊重非西方國家的傳統文化，強勢主導非西方國家的現代化，走向歐化、西化、美化或蘇聯化的道路。尤其是人權帝國主義更是赤裸裸公然介入非西方國家的內政，令人扼腕。尤其是二戰後，美國拼命向亞、非、拉美地區輸出總統制，造成這些地區國家的災難。這是吾人在讀到「用夏變夷」時，不可不辨明的。其實，「用夏變夷」就意味著人往高處爬，人類社會只有愈來愈文明，而不是愈來愈野蠻；就像個人的品德只想愈來愈好，而不想愈來愈不好一樣。「夏」與「夷」本來就是相對的，而不是絕對的，「夏」指一種值得嚮往的努力方向，「夷」指一種應該力求改善、提升的狀態。當然在人類歷史上也曾出現「變於夷」的情況，如羅馬帝國亡於日耳曼蠻人，或是西晉王朝亡於匈奴，這都造成了歷史的大倒退。

第二百八十二條　天之生物也，使之一本

且天之生物也，使之一本①，而夷子二本②故也。

① 本：根本，猶樹之根，只有一本。

② 夷子二本：夷子，信奉墨家的人。謂夷子以他人的父母，猶自己的父母，要同等孝敬，這就是二本。

且天地創生萬物，必定使萬物有個根本，就像父母是子女唯一的根本。現在夷子信奉墨家的兼愛思想，對待自己的父母與對待別人的父母沒有兩樣，這就變成兩個根本了。其實，人倫始自「父子有親」，此乃自然之理，像上天所規定一般。因此人與人之間的關愛，當然由親子之間開始，然後再逐漸推擴開來，由近及遠，由親及疏，本來就有個先後次序。而今夷子崇信墨家之道，將自己的父母視同別人的父母，主張「愛無差等，施由親始」。夷子主張「愛無差等」就是「二本」，至於「施由親始」只是自圓其說的藉口罷了。

〈滕文公下〉

第二百八十三條　非其招不往

昔齊景公田①，招虞人以旌②，不至③，將殺之。「志士不忘在溝壑，勇士不忘喪其元④。」孔子奚取焉⑤？取非其招⑥不往也。

① 田：打獵。

② 招虞人以旌：以旌往招虞人。虞人，管山澤苑囿的小官。旌，析羽注旄於杆頂的旗幟。

③ 不至：依古禮，招大夫以旌，招虞人以皮冠。景公以旌招虞人爲失禮，故虞人不來。

④ 志士不忘在溝壑，勇士不忘喪其元：喪，失去。元，頭。志士固守窮困，常想死無棺槨，

棄溝壑而不恨。勇士輕生赴義，常念戰死沙場，喪其首而不顧。

⑤ 奚取焉：為何稱讚他。

⑥ 非其招：不合於禮的招請。

以前齊景公打獵時，派人拿著招請大夫的旌旗去召喚管理獵場的虞人過來，那虞人以這樣不合於禮而不肯去。景公認為他抗命，便要殺他。孔子稱讚那虞人說：「有志氣的士人，不怕死於溝壑；有勇氣的士人，不怕犧牲自己的頭顱。」孔子取他哪一點呢？取他遵守禮法的精神，不合禮法的召喚就不去。這是因為孟子的弟子陳代認為，老師只要稍為委屈自己，見一下諸侯，大則可以稱王天下，小則可以稱霸諸侯，似乎沒有什麼大不了的。孟子因此反覆申述堅持原則的重要性，而不能只以一時的利害來考量。孟子指出，陳代主張為了利，既然可以「枉尺直尋」；同樣的道理，那為了利，必要時，當然也可以「枉尋直尺」囉！事實上，「枉己者，未有能直人者也」。孟子在此舉虞人「非其招不往」的例子來說明，有德君子焉可不待君王致敬盡禮而自己去求見君王呢？

第二百八十四條　大丈夫

居天下之廣居①，立天下之正位②，行天下之大道③。得志，與民由之④；不得志，獨行其道。富貴不能淫，貧賤不能移，威武不能屈⑤，此之謂大丈夫⑥。

①居天下之廣居：居處在天下如此廣大的所在，喻大丈夫心胸開闊，以仁存心。

②立天下之正位：女爲陰，男爲陽，而大丈夫乃男子中的男子，故大丈夫相當於八卦中純陽的乾（☰）卦。在先天八卦方位圖中，乾卦居上，正南，配火與禮，喻大丈夫立身剛正，以禮持身。

③行天下之大道：大道，指仁義之道，喻大丈夫之「於天下也，無適也，無莫也，義之與比」，光明磊落，以義行事。

④得志與民由之：得志，謂得伸其志。由，循。之，指大道。

⑤富貴…不能屈：淫，蕩其心。移，變其節。屈，挫其志。

⑥大丈夫：有大志而能擔重任的男子漢。

心胸開闊，能以整個天下當自己的居處；守正不阿，能立於天下不偏不倚的正位；守死善道，總是踐行通天下認可的仁義之道。得伸其志時，與百姓一起發揚大道；不得其志時，就獨自踐行大道。再多的財富、再高的爵位也不能動搖他的心念；無論如何的貧賤，也不能改變他的節操；再大的權勢也不能屈撓他的志氣。像這樣的人，才是眞正的大丈夫！這是孟子回應縱橫家景春的講話。景春推崇張儀「一怒而諸侯懼，安居而天下熄」，似乎可稱爲大丈夫。孟子則譏諷這些縱橫家，其實，與「妾婦」無異，因爲「以順爲正者，妾婦之道也」。所謂「妾婦」是指出嫁的女子，要順承丈夫，不得違背丈夫的心意，而將順從當作正道，這就是做人妻妾的道理。而像張儀這些縱橫家，只知投諸侯之所好，不問是非善惡，縱使他們得志橫行，氣燄可畏，但這與「妾婦」哪有不同，怎可稱爲「大丈夫」?!

第二百八十五條　不由其道而仕，不爲也

丈夫生而願爲之有室①，女子生而願爲之有家。父母之心，人皆有之。不待父母之命、媒妁②之言，鑽穴隙相窺③，踰牆相從④，則父母國人皆賤之。古之人未嘗不欲仕也，又惡⑤不由其道。不由其道而往者，與⑥鑽穴隙之類也。

①室：古稱男有室，女有家。室家，指夫婦的意思。

②媒妁：妁，音ㄕㄨㄛˋ。即媒人。

③鑽穴隙相窺：鑽，音ㄗㄨㄢˇ，挖洞。言挖窟窿、壁縫互相偷看。

④ 踰牆相從：翻牆私奔。

⑤ 惡：音ㄨˋ，討厭。

⑥ 與：通「舉」，即「皆」。

男子一出生，父母就希望爲他找個好媳婦；女子一出生，父母就希望爲他找個好婆家。這樣的父母心思，每個人都有的啊！假如沒等待父母的同意、媒人的撮合，就鑽挖牆縫互相窺視，踰越牆頭與人私奔，這樣父母和國人都要賤視他們了。古時候的人未嘗不想當官，只是雖想當官又厭惡不依循正道。不依循正道而去當官的人，和鑽挖窟窿牆縫互相偷看的人，都是同一類的啊！孟子在此指出讀書人學有所成之後，當然要出來做官，俾能淑世濟民，但應該依循正道，不能爲了當官罔顧原則。這就像男大當婚，女大當嫁，但也應依循禮制，奉父母之命，媒妁之言，不可「鑽穴隙相窺，踰牆相從」。

第二百八十六條　非其道，則一簞食不可受於人

非其道，則一簞食①不可受於人；如其道，則舜受堯之天下，不以爲泰②。

① 一簞食：簞，音ㄉㄢ，盛飯的竹器。食，音ㄙˋ，飯。即一筐米飯。

②泰：太多。

不合於正道，就算是一小筐米飯也不可受之於人；要是合於正道，那麼舜接受堯所禪讓的天下，也不算太多。

第二百八十七條　守先王之道

入則孝，出則悌，守先王之道，以待後之學者。

在家孝順父母，出外尊敬長上，恪守前古聖王的大道，等待後起之秀來學習。這段話是孟子總結儒者的使命。所謂「守先王之道」，要言之，「堯舜之道，孝弟而已矣」。只要能夠「入則孝，出則悌」，在家就可事父兄，出外就可事長上。很多人雖能身體力行孝悌之道，卻只知其然而不知其所以然。這就有賴於儒者闡發其中的義理，使大家能更進一步明善誠身，發自內心，心悅誠服來篤行孝悌之道，這就是「守先王之道」。此外，如何將此「先王之道」發揚光大，則有「待後之學者」，這就是儒者傳道的職責所在。

第二百八十八條　予豈好辯哉

予豈好辯哉？予不得已也。

我豈是喜愛與人辯論啊？我實在是不得已啊！這是孟子對其弟子公都子問及「外人皆稱夫子好辯」的答覆。孟子處在戰國時代，當時邪說橫流，壞人心術，其災禍更甚於洪水猛獸或夷狄、篡弒。譬如縱橫家倡導合縱連橫，只想投君主之所好，以謀求個人的榮華富貴，而罔顧是非善惡，置百姓死生於度外。又如農家倡導君王當與民並耕而食，看似與民同甘共苦，實則捨棄爲民擇才、平治天下的責任。至於兵家、法家，則一意追求富國強兵，而不懂得與民休養生息、與民同樂的道理。乃至於楊朱爲我，疑於義，然而卻目中無君；墨翟兼愛，疑於仁，然而卻目中無父…，不一而足，無不偏離二帝三王等前古聖王的大道。孟子以「仲尼之徒」自居，以弘揚正道爲己任，對於異端邪說深爲憂懼而極力辨明是非，正本清源，豈是好辯，實不得已啊！

第二百八十九條　知我、罪我者其惟《春秋》乎

孔子曰：「知我者其惟《春秋》乎！罪我者其惟《春秋》乎！」

孔子說：「眞正能知道我的，只有經由《春秋》吧？而會怪罪我的，大概也是由於《春

秋》這部書吧？」孔子身處春秋時代末期，其時禮崩樂壞，征伐早就不自天子出。更有甚者，臣弒其君，子弒其父，邪說橫行，因此孔子依魯史春秋刪述成《春秋》一書，闡明王綱，辨正是非，而使亂臣賊子懼。眞想了解孔子的理想抱負，透過《春秋》一書最爲直接。但因《春秋》所談論的無不是天子之事，因爲只有天子才能褒善貶惡、撥亂反正，聲討亂臣賊子。但當時王綱不振，孔子只得藉著《春秋》一書，寓賞罰於褒貶，而使後世之亂臣賊子不得肆無忌憚。因此怪罪孔子的人，就以孔子無天子之位而行二百四十二年南面之權爲由，指責孔子僭越。

第二百九十條　能言距楊、墨者，聖人之徒也

公明儀曰：「庖有肥肉，廄有肥馬，民有飢色，野有餓莩，此率獸而食人也。」楊、墨之道不息，孔子之道不著，是邪說誣民，充塞仁義也。仁義充塞，則率獸食人，人將相食，吾爲此懼。閑①先聖之道，距②楊、墨，放淫辭③，邪說者不得作。作於其心，害於其事；作於其事，害於其政。聖人復起，不易吾言矣。昔者禹抑④洪水而天下平，周公兼⑤夷狄驅猛獸而百姓寧，孔子成春秋而亂臣賊子懼：我亦欲正人心，息邪說，距詖行⑥，放淫辭，以承三聖者；

豈好辯哉？予不得已也。能言距楊、墨者，聖人之徒也。

①閑：防衛。

②距：同「拒」，抗拒。

③放淫辭：放，放逐，驅除。淫辭，淫僻的言論。

④抑：阻遏。

⑤兼：摒絕。

⑥詖行：音ㄅㄧˋ ㄒㄧㄥˋ，偏邪不正的行爲。

公明儀說：「廚房有肥肉，馬廄裡有肥馬，百姓卻面有飢色，野外有餓死的屍體，這簡直就是帶領著野獸在吃人啊！」楊朱、墨翟這種無君無父的邪道沒有止息，那孔子的正道就不能昌盛。這是邪說欺惑百姓，蔽塞了仁義的大道啊！仁義的大道蔽塞不通，就會帶領野獸吃人，甚至人與人都將互相吞食啊！我爲此深感憂懼，因此起而捍衛先王的聖道，拒斥楊墨的邪說，驅除淫僻的言論，使那些妄造邪說的人不能興風作浪。當邪說對人心起了作用，就會危害人的行事；當邪說對人的行事起了作用，就會危害到政策施爲。就算聖人再世，也不會改變我這些話的。以前大禹治好了洪水而天下太平；周公摒絕了夷狄，驅除了猛獸，百姓才得以安寧；孔子刪述了《春秋》，以後的亂臣賊子才有所顧忌……我也想端正人心，止息邪說，拒斥偏邪的行爲，去除淫僻的言論，以便繼承大禹、周公、孔子三位聖人罷了。豈是喜愛與人辯論啊！我實在是不得已啊！凡能以言論拒斥楊、墨邪說的人，都是聖人的門徒。

孟子這段闢邪說的閎論，高舉道德理想主義的大旗，正氣凜然，劇力萬鈞。想當年，筆者剛在德國完成學業，回到台灣，不到半年就投入民主運動的洪流，對國民黨軍事戒嚴當局發起一波波的挑戰。當時台灣學界幾乎都是國民黨御用的工具，昧著良心，爲國民黨違憲的戒嚴統治保駕護航。筆者鼓起無比的勇氣，一方面揮筆疾書，先後出版《容忍暴政就是罪惡》與《組黨是人民的權利》兩書，闡明戒嚴統治的違憲性；另一方面走入群眾，舉行數百場的演講，啓迪民智。終於迫使國民黨取消長達三十八年的軍事戒嚴統治，承諾實行民主憲政，解除黨禁、報禁，並開放台灣民眾前往大陸探親。這就是筆者所倡導的「和平革命」，不必流血，並在不影響經濟成長與社會穩定的前提下，完成台灣的民主化。後來筆者由於不能苟同台獨的主張，因此忍痛退出自己參與創建的民主進步黨，奔波於海峽兩岸，繼續爲中國全方位的現代化與兩岸的和平統一而奮鬥。筆者這種「我亦欲正人心，息邪說，距詖行，放淫辭，以承三聖者」的信念，正是得益於孟子這段言論的啓發。

〈離婁上〉

第二百九十一條　不以仁政，不能平治天下

離婁①之明、公輸子②之巧，不以規矩③，不能成方員④；師曠⑤之聰，不以六律⑥，不能正五音⑦；堯、舜之道，不以仁政，不能平治天下。

①離婁：人名，即離朱，黃帝時人，眼力最好，據說能在百步之外，明見秋毫之末。

②公輸子：即公輸班，戰國時著名的巧匠。

③規矩：規，又稱圓規，是畫圓的工具。矩，又稱曲尺，是畫方的工具。

④員：通「圓」。

⑤師曠：春秋晉平公的太師（即樂官之長），名曠，故稱師曠。深懂音律，能辨別音調，判知吉凶。

⑥六律：指十二律中陽聲的律，即黃鐘、太簇、姑洗、蕤賓、夷則、無射。而與林鐘、南呂、應鐘、大呂、夾鐘、仲呂六陰律，合稱十二律。陽六稱「律」，陰六稱「呂」。律呂乃是古時正樂律的器具。這種器具相傳爲黃帝時伶倫所作，乃截竹爲筒，以筒管的長短，分別聲音的清濁高下，樂器的音就依此爲準。這裡提六律，實包含六呂。

⑦五音：即宮、商、角、徵、羽。

有離婁那麼好的眼力，有公輸子那麼靈巧的手藝，要是沒有圓規與曲尺，也不能作出方形和圓形的器物。有師曠那麼敏銳的聽覺，要是沒有六律、六呂，也不能校正五音。光有堯舜那樣的善心仁道，要是不採行仁政，也不能平治天下。這是在講，平治天下不能沒有法度。所謂法度是指客觀上可資依循的規範、制度，這些規範、制度是不隨著個人主觀的願望或意志而改變的。孟子在此指出，仁政就是平治天下的法度。仁政，其實就是指古聖先王的不忍人之政。

第二百九十二條　徒善不足以爲政

徒善不足以爲政，徒法不能以自行①。

① 徒善…自行：徒，猶「空」。光有其心而無其政，是爲徒善。光有其政而無其心，是爲徒法。自行，自己發生作用。

空有仁心的善意而不施行仁政，就不足以治理好國家。空有仁政的措施，而沒有相應的仁心，仁政也不能自行發揮作用。伊川先生就說：「爲政須要有綱紀文章，謹權、審量、讀法、平價…皆不可闕。」又說：「必有〈關雎〉〈麟趾〉之意，然後可以行周官之法度。」

第二百九十三條　聖人，人倫之至也

規矩，方員之至①也；聖人，人倫之至也。欲爲君，盡君道；欲爲臣，盡臣道。二者皆法②堯、舜而已矣。不以舜之所以事堯事君，不敬其君者也；不以堯之所以治民治民，賊其民者也③。

① 至：極，盡，引申爲標準之意。

② 法：仿效。

③ 不以舜……其民者也：這是在說，舜之事堯，乃敬之至；堯之治民，乃愛之盡。

圓規與曲尺，是製作方形與圓形的標準；聖人則是人倫的標準。想當君上的，就得盡君上之道；想當臣下的，就得盡臣下之道。當君上或臣下的人，都效法堯、舜兩位聖王就是了！倘使不用舜之所以事奉堯的道理去事奉君上，就是對君上不敬；不用堯治理百姓的方法去治理百姓，那就是殘害百姓。孟子在此以規矩盡所以爲方圓之理，來譬喻聖人盡所以爲人之道。師法堯舜，可以盡君臣之道，就像用規矩，可以盡方圓之極。這就是孟子之所以「道性善，言必稱堯舜」的原因。

第二百九十四條　得天下也以仁，失天下也以不仁

三代之得天下也以仁，其失天下也以不仁①。國②之所以廢興存亡者亦然。

①三代：以不仁：三代，指夏、商、周。禹、湯、文武，以仁得天下；桀、紂、幽厲，以不仁失去天下。

②國：諸侯國。

夏、商、周之所以能得到天下，是由於施行仁政；後來之所以失去天下，是由於不施行仁政。諸侯國之所以興盛和衰敗，存在或滅亡，也取決於是否施行仁政。由此可見仁德的重要性。孟子在下面接著說：「天子不仁，不保四海；諸侯不仁，不保社稷；卿大夫不仁，不保宗廟；士庶人不仁，不保四體。」可見人不可離開仁德，只有不斷推擴仁德的人才能成爲聖賢。

第二百九十五條　行有不得者，皆反求諸己

愛人不親，反其仁；治人不治，反其智；禮人不答，反其敬。行有不得

者，皆反求諸己，其身正而天下歸之。詩①云：「永言配命②，自求多福。」

① 詩：見《詩經‧大雅‧文王篇》。
② 永言配命：永，長。言，念。配，合。命，天命。

我關愛別人，而別人卻不親近我，那我就要回過頭來，責求自己的仁德有無缺失。我管治別人，卻管治不好，那我就要回過頭來責求自己的智能有無缺失。我以禮待人，而別人卻不以禮回敬，那我就要回過頭來責求自己的禮敬有何不周。凡所做的事，有不能如願的，都要回過頭來責求自己。自身行得正，天下自然歸服。《詩經》上說：「老是念念不忘配合著天命，凡事都要求自己，自能多得福報。」這段話朱熹總結爲「行有不得，反求諸己」，放在孔子所說的「己所不欲，勿施於人」之後，而成爲〈白鹿洞書院揭示〉的壓軸。孟子在這裡指出「行有不得者，皆反求諸己」，正顯示出儒者「嚴以律己，寬以待人」的行事準則。一般人的毛病是，「行有不得」就怨天尤人，反正都是別人不對，從不「反求諸己」，就像大部份鬧離婚的怨偶，大多把婚姻不美滿的責任推給對方一樣。其實，要別人改變其行爲習慣，談何容易？出言要求別人改變，卻很容易！與其要求別人改變，不如要求自己改變來得實際，而且也對個人的進德更有助益。這就是《大學》所說的，「是故君子有諸己，而后求諸人；無諸己，而后非諸人。所藏乎身不恕，而能喻諸人者，未之有也。」

第二百九十六條　天下國家之本在身

人有恆言①，皆曰：「天下國家②。」天下之本在國，國之本在家，家之本在身。

① 恆言：人常講的話，雖常講，但未必眞能了解其本意。

② 天下國家：天下，指所有諸侯國合起來歸周天子管治的天下。國，指諸侯之國。家，指公卿大夫之家。

一般人常會籠統地說：「天下國家。」他們說這些話，卻未必知道「天下國家」的實在意義。天下是由諸侯國所組合而成的，所以天下的根本，是在諸侯之國。而諸侯之國是由食祿的公卿大夫之家所組成的，所以諸侯之國的根本，是在公卿大夫之家。而公卿大夫之家是由所有家中的成員組成的，所以公卿大夫之家的根本，是在每一個成員的自身。這裡孟子闡述的道理與《大學》所說的「自天子以至於庶人，壹是皆以脩身爲本」是一脈相通的。只有「身脩而后家齊，家齊而后國治，國治而后天下平」，這才是「天下國家」的本意。

第二百九十七條　不得罪於巨室

爲政不難，不得罪①於巨室②。

① 得罪：指行己不正而取怨怒於人的意思。

② 巨室：指賢明的卿大夫之家，一般百姓所羨慕、仿效的對象。

處理國政並不困難，重要的是，自己的行事要端正，不要得罪國內有聲望的公卿大夫之家。這是由於有聲望的公卿大夫之家素爲國人所推崇，而難以力服。只要巨室心悅誠服，則一國之人莫不悅服。因此君子從不擔憂人心之不服，而只擔憂吾身之不修。吾身若能先修好，而人心之難服者（巨室）先服，那就無人不服了。其實，戰國時代，諸侯失德，權力下移，巨室擅權，爲患不可謂不深。如果有人不先修其身，而妄圖以實力制伏巨室，常常反而適以取禍。因此孟子推本溯源，只有努力修德，才能臣服巨室之心。

第二百九十八條　順天者存，逆天者亡

天下有道，小德役大德，小賢役大賢①；天下無道，小役大，弱役強。斯

二者，天②也。順天者存，逆天者亡。

① 天下有道…役大賢：有道，指國政修明而君主有德。德，德行。賢，賢能。役，事奉。

② 天：理勢所當然。

天下有道的時候，積德小的諸侯聽命於積德大的諸侯，才能小的諸侯聽命於才能大的諸侯。天下無道的時候，國土小的諸侯聽命於國土大的諸侯，兵力弱的諸侯聽命於兵力強的諸侯。這兩種情勢，都是自然的理勢啊！順從天道的就生存，違逆天道的就消亡。這在說明，有道之世，人皆努力修德，而職位的高低必與德行成就的大小相稱。無道之世，人們不再重視修德，而只能訴諸實力的大小、強弱而已，就像在叢林中的野獸一樣。

第二百九十九條　人必自侮，然後人侮之

夫①人必自侮②，然後人侮之；家必自毀，而後人毀之；國必自伐③，而後人伐之。

① 夫：音ㄈㄨˊ，助詞。

② 侮：輕慢。
③ 伐：攻擊。

唉！人必先侮慢自己，然後別人才敢侮慢他。家必自己先毀敗，而後別人才敢毀敗它。國必內部的派閥自相攻殺，而後別國才敢侵伐它。孟子在此強調「物必自腐，而後蟲生」的道理，由此可見修德的重要性。只要自己做得正，仰無愧於天，俯無怍於地，就能「正己而不求於人，則無怨」，「行有不得者，皆反求諸己，其身正而天下歸之」。

第三百條　民之歸仁，猶水之就下

得天下有道①：得其民，斯得天下矣；得其民有道：得其心，斯得民矣；得其心有道：所欲與之聚之②，所惡勿施爾也③。民之歸仁④也，猶水之就下、獸之走壙⑤也。故為淵敺魚⑥者，獺⑦也；為叢敺爵⑧者，鸇⑨也；為湯、武敺民者，桀與紂也。今天下之君有好⑩仁者，則諸侯皆為之敺矣。雖欲無王⑪，不可得已⑫。

① 道：在此指方法而言。

②所欲與之聚之：與，猶「爲」，讀ㄨㄟˋ。百姓所要的，就爲他們積聚起來。
③所惡勿施爾也：惡，音ㄨˋ，厭惡。爾，助詞，猶而已、罷了。
④歸仁：歸順有仁德的君主。
⑤壙：音ㄎㄨㄤˋ，原野。
⑥爲淵敺魚：爲，音ㄨㄟˋ，替。淵，水深的地方。敺，同「驅」，趕逐。
⑦獺：音ㄊㄚˋ，獸名，如小狗，水居，食魚而生。
⑧爲叢敺爵：叢，茂密的樹林。爵，雀，鳥類。
⑨鸇：音ㄓㄢ，鳥名，形如鷂，體大不能入叢，常捕食鳩、鴿、燕、雀等。
⑩好：音ㄏㄠˋ，喜好。
⑪無王：無，通「毋」，不。王，音ㄨㄤˋ，稱王以統治天下。
⑫已：助詞。同「矣」。

要得到天下是有方法的：得到天下百姓的擁戴，就得到天下了。要得到天下百姓的擁戴也是有方法的：得到百姓的心，就能得到他們的擁戴。要得到百姓的心也是有方法的：百姓所想要的，就爲他們積聚起來；百姓所厭惡的，不施行到他們身上就可以了。百姓歸順仁君，就像水往低處流，野獸往曠野走一樣啊！所以驅趕魚游向深水的，就是在岸邊吃魚的水獺；

驅趕雀鳥飛往密林的，就是在空中捕食小雀的鸇鳥；驅趕百姓投向湯、武的，就是那殘害百姓的桀與紂啊！現在天下的國君，如果有好行仁政的，那麼各諸侯國不愛護百姓等於在替他驅趕百姓來歸順。他縱使不想稱王天下，也不可能的。孟子在此闡述「得民心者，得天下」的道理，就如《大學》所說：「民之所好好之，民之所惡惡之，此之謂民之父母。」只有將百姓視同自己的子女般來疼愛，將百姓視同傷患般給予呵護的君王，才有資格得到天下！

第三百零一條　自暴自棄

自暴者①，不可與有言也；自棄②者，不可與有為也。言非③禮義，謂之自暴也；吾身不能居仁由義，謂之自棄也。

①自暴：音ㄅㄠˋ，猶害。自暴，謂自己害自己。

②自棄：謂自己拋棄自己。

③非：毀謗。

傷害自己的人，不可和他講論道理；放棄自己的人，不可以與他有所作為。凡是出口毀謗禮節義理的，就是傷害自己；自以為不能處仁行義的，就是放棄自己。會傷害自己的人，不知禮義的重要性而毀謗它，這種人就算跟他解釋，他也不會相信。會放棄自己的人，雖然知道仁義是好東西，但沈溺於怠惰中，自認爲必不能居仁由義，這種人就算嚐試跟他有所作爲，也是勉強不來的。

第三百零二條　至誠而不動者，未之有也

居下位而不獲於上①，民不可得而治也。獲於上有道：不信於友，弗獲於上矣。信於友有道：事親弗悅，弗信於友矣。悅親有道：反身不誠②，不悅於親矣。誠身③有道：不明乎善④，不誠其身矣。是故誠者，天之道⑤也；思誠者，人之道⑥也。至誠而不動⑦者，未之有也；不誠，未有能動者也。

①獲於上：得到上級領導的信任。
②反身不誠：反，自省。誠，眞實無妄。
③誠身：誠，在此爲動詞，使自己變得眞誠之意。
④明乎善：明，清楚。清清楚楚了知善之所在。
⑤天之道：眞誠無妄乃天所授，所以說是「天之道」。
⑥人之道：想親自踐行眞誠，用人自覺的努力以奉天，所以說是「人之道」。

⑦ 動：感動。

在下位的人，如果得不到上級領導的信任，那百姓就無從管治了。要得到上級領導的信任是有方法的：如果得不到朋友的信任，就得不到上級領導的信任。要得到朋友的信任是有方法的：如果事奉父母不能使他們喜悅，就得不到朋友的信任。要使父母喜悅是有方法的：如果反省自身爲善之心不眞誠就不能使父母喜悅。要使自己心地眞誠是有方法的：如果不清楚了知善之所在，就不能使自己爲善之心眞誠。所以眞誠無妄，是上天本有的道理；想要親自踐行眞誠，是人該當履行的道理。眞誠無妄到極致，而還不能感動人的，是從來沒有的事；要是不眞誠，則從未有能感動人的啊！要使自己心地眞誠無妄，就得先致其知；因此「不明乎善，不誠乎身矣」。要是致力於學習，而能做到使自己淨盡私欲，此心眞誠無妄，則無往而不順暢：對內能悅於親，對外能信於友，對上可獲於君，對下可得於民。其實，孟子講的這段話是重複孔子在《中庸》所說的：「在下位，不獲乎上，民不可得而治矣；獲乎上有道，不信乎朋友，不獲乎上矣；信乎朋友有道，不順乎親，不信乎朋友矣；順乎親有道，反諸身不誠，不順乎親矣；誠身有道，不明乎善，不誠乎身矣。」可見「思誠」爲修身之本，而「明善」又爲思誠之本。這是子思學自曾子，而孟子得自子思的思想。這段文字也與《大學》相表裡，值得潛心玩味。

第三百零三條　眸子不能掩其惡

眸子①不能掩其惡。胸中正，則眸子瞭②焉；胸中不正，則眸子眊③焉。聽其言也，觀其眸子，人焉廋哉？

①眸子：眸，音ㄇㄡˊ。即黑眼珠，也叫瞳仁。
②瞭：明亮。
③眊：音ㄇㄠˋ，不清楚。

一個人的眼珠子不能掩藏他心中的惡念。心中正直的，眼珠就明亮；心中不正直的，眼珠就昏蒙不明。聽他說的話，再觀看他的眼珠子，人的邪正善惡怎能藏匿得起來？《大戴禮記》的〈曾子立事〉篇云：「目者，心之浮也。言者，事之指也。作於中，則播於外矣。故曰：以其見者，占其隱者。」這大概就是孟子此章立論的根據。其實，人與外物接觸，以視覺爲先，且心神常寄託在眼神之中。因此胸中正直，則眼神既精且明；不正直，則眼神既散且昏。此外，言語也是由心所發，將言語與眼神合併觀察，其心之邪正立即可判。只是言語可以作假，而眼神則假不了。

第三百零四條　父子之間不責善

古者易子而教①之，父子之間不責善②，責善則離③，離則不祥莫大焉。

① 易子而教：易，交換。古人不親自教育兒子，而是與人交換兒子來施教。
② 責善：以善道責求對方，這本是交友之道。
③ 離：疏離。

古時候的人，兒子長到十五、六歲的時候，就會彼此交換兒子來施教。因為父子之間不宜以善道互相責求，一互相責求就會隔絕親情。隔絕親情，父子反目成仇，世間沒有比這更不祥的事了。易子而教，正所以顧全父母之恩，而也不失教養的目的。交朋友是為了輔德，故朋友之間有責善之道。由於朋友可以選擇，所以才要親近益友，遠離損友，這都是為了輔德。父子是命定的，不能選擇。兒子品德不好，只能怪自己在他年幼時沒教導好，兒子長大了再來責善，那親情就難以維繫了。要是父親的品德不好，當兒子的只能微諫，不從則止，然後再以孝心、耐心來感動父親而已，豈宜動氣諍諫？

第三百零五條　一正君而國定矣

人不足與適①也，政不足（與）閒②也。惟大人爲能格君心之非③。君仁莫不仁，君義莫不義，君正莫不正。一正君④而國定矣。

① 人不足與適：適，音ㄓㄜˊ，通「謫」，咎責的意思。人，國君所任用的人。謂國君用人不當，不必認眞咎責。

② 政不足（與）閒：閒，音ㄐㄧㄢˋ，同「間」，間隙，非毀。謂國君採行的措施不妥，不必一一非議。朱子認爲「閒」字上也當有「與」字。

③ 惟大人爲能格君心之非：惟，只有。大人，有大德、大才的人。格，匡正。非，錯誤。

④ 一正君：一，只要。正，動詞。只要能匡正國君的心。

國君用人不當，不必一一責備；施政不妥，也不必一一批評。唯獨有大德、大才的人，才能匡正國君心中的邪非。國君充滿不忍人之心，誰敢不仁？國君眞誠篤守信義，誰敢不義？國君所思，無不合於正道，誰敢不正？只要能匡正國君的心，使重歸於正，那整個國家就可歸於平治了。其實，天下的治亂繫乎一、二人心之所向而已，尤其是取決於當權者心術的正不正，與有無仁心而已。人君心術不正，一定會對國政有害，不必等待到他採取政策施爲後，才表現於外。這就是爲何孟子一開始三次會見齊王不談國事，以致門生弟子疑惑。孟子說：

「我先攻其邪心。」只有國君的心思復歸於正道，國政才可理順。否則，施政不妥，用人不當，縱使再睿智的臣子能改正，再耿直的臣子能進諫，而國君的邪非之心卻一直還在那裡作祟。那麼不妥的施政，一一更正之後，仍會有不妥的施政，永遠更正不完；不當的人事，一一除去之後，還是會得到再起用，永遠也去除不了。所以輔助國君，貴在能匡正國君心中的邪非，而後才能無所不正。而想格君心之非的人，本身就須要正氣凜然，思無邪念，行無不正，這唯獨有大人之德的人才能承擔得起啊！

第三百零六條　有不虞之譽，有求全之毀

有不虞①之譽，有求全之毀②。

① 不虞：虞，揣度。不虞，謂出乎意料。

② 求全之毀：求免於毀，而反致毀。

有無所求卻意外得到的贊譽，有想求全名節而反招來的毀謗。這是在說，毀譽之言，未必皆合於事實。致力於修身的人，切勿因一時的毀譽而憂喜。對加諸於別人身上的毀譽，也不應輕信。一個眞正成德的君子，內心充滿誠信，謙沖爲懷，能做到「舉天下而毀之，而不加沮；舉天下而譽之，而不加勸」。

第三百零七條　人之患，在好為人師

人之患，在好①為人師。

①好：音ㄏㄠˋ，喜好。

人的大患，在於自以為是，喜歡當別人的老師。如果自己學有所成，有人前來請益，不得已給他提供一些意見並無不可。如果好為人師，那就易於自滿而不再有進長的空間，這就是人的大患了。其實，聞道有先後，術業有專攻，自己就算眞的學有所成，那也只在某一方面而已，絕不是全方位的學有所成。因此，切勿以己之長去度他人之短，這是進德修業的大忌。人永遠需要老師，這樣才會深刻懂得「不學，便老而衰」的道理。不此之圖，而好為人師，那才眞正的可悲。

第三百零八條　仁、義之實，孝、弟是也

仁之實①，事親是也；義之實，從②兄是也。智之實，知斯二者③，弗去④是也；禮之實，節文⑤斯二者是也。樂之實，樂斯二者，樂則生矣⑥；生則惡可已也⑦？惡可已，則不知足之蹈之、手之舞之⑧。

①實：實在，指具體表現。
②從：順從。
③斯二者：指事親、從兄，即孝弟二事。
④弗去：不使離去。
⑤節文：節，節制。文，文飾，指種種儀式。事親、從兄，太過則失其節，所以要節制；太質則缺少禮敬的容貌，所以要文飾。
⑥樂之實…則生矣：「樂之實」之「樂」，音ㄩㄝˋ。其餘讀ㄌㄜˋ。
⑦惡可已也：惡，音ㄨ，何。已，止。也，疑問助詞。而下句的「惡可已」則作「不可已」解。
⑧足之蹈…舞之：之，助詞，無義。謂手舞足蹈。

仁德的具體表現，是事奉父母。義德的具體表現，是順從兄長。智慧的具體表現，是了知孝、弟這兩件事而謹守不離。禮節的具體表現，是節制跟文飾這兩件事，使不太過或不及。音樂的具體表現，是樂意去做這兩件事，因此喜悅由此而生。喜悅只要一油然而生，那怎能阻擋得住？既然阻擋不住喜悅，那就自然會手舞足蹈起來而不自知了。其實，仁德體現為愛，而愛莫切於事奉雙親；義德體現為敬，而敬莫先於順從兄長。因此仁義之道，其用至為廣大，而其根本則立足於事親、從兄之間，因此人的良心表現最為切近而精實的莫過於孝弟，這就是有子說「孝弟也者，其為仁之本與」的緣由啊！

第三百零九條　舜盡事親之道而瞽瞍底豫

不得乎①親，不可以為人；不順乎親，不可以為子。舜盡事親之道而瞽瞍底豫②，瞽瞍底豫而天下化③，瞽瞍底豫而天下之為父子者定④，此之謂大孝。

①得乎：為人子女當曲為承順，以得父母的歡心。

②瞽瞍底豫：瞽瞍，音ㄍㄨˇ ㄙㄡˇ，舜父名。無目為瞽，舜父有目，但不能分辨善惡，所以時人稱其為「瞽」，配上「瞍」也是無目的意思。底，音ㄓˇ，到達。豫，豫樂，喜悅。底豫，由不樂而至於樂。

③化：感化。

④ 定：安於其位。

舜以不能博得父母的歡心，就不配做人；不能順承父母的意思，就不配做人子。舜極盡全力事奉父母，終於使他父親瞽瞍由不樂而至於快樂。舜能使瞽瞍快樂，天下百姓無不受到感化。能使瞽瞍快樂，天下做父親的知道爲父之道，做兒子的知道爲子之道，父子各安其位，這才叫「大孝」。其實，瞽瞍本來至爲頑固，甚至曾想殺掉舜，但舜盡其孝親之道，終使頑冥不化的父親也由不樂而至於樂。這就使得天下爲人子的知道，天下無不可事之親，只擔心我所以事親還不及舜罷了。因此爲人子者無不勉力爲孝，至於其親也能厎豫，那麼天下爲人父的，也無不慈祥了。這麼一來，子孝父慈，各止其所，而無不安於其位。舜的孝行，並非止於一身一家的孝而已，而是貴在不見父母之非，惟盡爲人子者應盡的孝道而已，故能大孝感動天地，化育萬民，足以爲法於天下，可以傳諸於後世。

〈離婁下〉

第三百一十條　君之視臣如土芥，則臣視君如寇讎

君之視臣如手足，則臣視君如腹心；君之視臣如犬馬，則臣視君如國人①；

君之視臣如土芥②，則臣視君如寇讎。

①國人：猶路人，既無怨亦無恩德。
②土芥：泥土與草芥，喻極賤之物。

假使國君把臣子看作自己的手足，臣子就會把國君看成自己的腹心；假使國君把臣子看成犬馬，臣子就會把國君看成路人；假使國君把臣子看成土芥，可以任意踐踏，臣子就會把國君看成盜賊仇敵，深予痛恨。其實，人與人之間「出乎爾者，反乎爾者也」，想要別人對自己好，自己就得對別人好，這也是一種恕道。豈止君臣之間如此，父子、夫婦、兄弟、朋友之間莫不如此。只是考慮到對於國政的影響，營造良好的君臣關係尤為重要。手足、腹心，相待一體，可謂恩義之至。君待臣如犬馬，已屬輕賤，但猶有奉養之恩，所以臣報以無怨無德的國人。至如視臣如土芥則只是視之如無物而已，臣以寇讎報之，誰曰不宜。

第三百一十一條　非禮之禮，非義之義，大人弗爲

非禮之禮①，非義之義②，大人弗爲。

①非禮之禮：不合禮的禮節，如夫婦之間，婦的年紀較大而夫拜之，似敬長而實不合禮。

②非義之義：不合義的義行，如助友報仇，似合交友之義而實不合義。

舉凡那些——看似禮，實不合禮；看似義，實不合義——的行爲，有德的大人是不肯做的。人之所以會有「非禮之禮，非義之義」，乃是由於察理不精。大人則隨事而順理，因時而處宜，無事不合於禮，無時不合於義。

第三百一十二條　人樂有賢父兄也

中也養不中①，才②也養不才，故人樂有賢父兄也。

①中也養不中：中，中行之道，做事無過與不及。養，涵育薰陶，使其自化。言做事合於中道的父兄教導做事尚未合於中道的子弟。

②才：才幹。

爲人處事合於中道的人要教養尚未合於中道的人，有才幹的人要教養沒有才幹的人。所以人們都喜歡有合於中道、又有才幹的賢父兄。

第三百一十三條　人有不爲，方有可爲

人有不爲①也，而後可以有爲②。

① 有不爲：有所不爲，狷介自持，不做不合義理的事。

② 有爲：有所作爲。

人要能有所堅持，決不做不合義理的事，而後才可以大有作爲。否則，要是無所不爲，焉能有所作爲？

第三百一十四條　仲尼不爲已甚者

仲尼不爲已甚①者。

① 已甚：太過頭。

孔子乃是「不勉而中，不思而得，從容中道」的聖人，從不做太過分的事。

第三百一十五條　大人者，惟義所在

大人者，言不必信，行不必果，惟義所在①。

① 言不……所在：必，猶期。信，信實。果，決斷。謂言行不必先期於信、果，只要合於義理即可。

有大德的人，言說不一定要信實，行事不一定要果決，只要合於義理即可。這就像孔子所說的「言必信，行必果，硜硜然小人哉！」（見《論語．子路》第二十章）這是說，大人行事，一以義理爲斷，器量宏大，不能以一般倫理規範所要求的「言必信，行必果」來衡量。因爲一以義理爲斷，則信與果自在其中矣；如果一以信、果爲念，則未必能合於義理。假使不合於義理，而又高唱「不必信」「不必果」，那就是狂妄之徒。這就像大陸法系的民法典就有所謂的「情事變更原則」，譬如甲向乙借錢，半年後幣值貶爲原來的十分之一，甲是否可以只還借貸時所定契約的本息？如果依「言必信，行必果」，那當然可以，但這樣顯然不合義理。又在英國普通法上同樣有「衡平法」來處理這類問題。不論是「情事變更原則」還是「衡平法」，都是用來修正法律硬性規定所帶來的「非義之義」。

第三百一十六條　不失赤子之心

大人者，不失其赤子之心①者也。

①赤子之心：赤子，嬰兒。嬰兒初生色赤，故稱赤子。赤子之心，謂嬰兒純潔無邪之心。

有大德的人，就是能保有像初生嬰兒那顆純眞無邪之心的人啊！大人之心是通達萬變的，而赤子之心則純一無僞。大人之所以能成爲大人，正以他不爲外物所誘，而有以保存其純一無僞的赤子之心，並不斷推擴它，以至於無所不知、無所不能，而與天地並參而立。

第三百一十七條　惟送死可以當大事

養生者不足以當大事①，惟送死②可以當大事。

①養生者不足以當大事：養生，指奉養父母。當大事，當作大事。

②送死：辦理喪事。

爲人子者奉養父母，乃人道之常情，不可視之爲了不起的大事。惟有給父母送終，是竭盡孝思的最後機會，那才可以算是大事。

第三百一十八條　深造之以道

君子深造之以道①，欲其自得②之也。

①深造之以道：造，詣。深造，高深的造詣，而非略觀大意，不求深解。之，指所學。深造之，指爲學進進不已。道，指進學的方法。

②自得：指默識心通，自然而得之於己的意思。

君子爲學，務求造詣精深，依一定的方法循序漸進，要做到默識心通，自然而實得於己的程度。因爲博學而不深造，就不能精審；深造而不以道，就不能全盡。惟有既精審又全盡，這樣才能默識心通而實得於己。

第三百一十九條　學有所本，原泉混混

原泉混混①，不舍晝夜②。盈科③而後進，放乎四海④，有本者如是，是之

取爾⑤。

①原泉混混：原，今做「源」。原泉，指有源頭的水。混混，與「滾滾」音義同，水湧出貌。
②不舍晝夜：舍，通「捨」。指水常出不竭的意思。
③盈科：盈，滿。科，低凹處。言水流漸進，必充滿低凹處而後向前流。
④放乎四海：放，音ㄈㄤˇ，到達。四海，四面的海。
⑤爾：同「耳」，助詞。

那有源頭的泉水滾滾地湧出，不分晝夜地流，流滿了低窪的坑坑洞洞，再往前流，一直流到四面的大海。有本源的才能如此，這點就是孔子喜歡取譬於水的原因啊！這是在說，水只要有源頭，就能盈科而後進，以至於入海；人只要學有所本，願意身體力行，努力不懈，也能德業漸進，至於極致，而成聖成賢。

第三百二十條　人之所以異於禽獸者幾希

人之所以異於禽獸者幾希①，庶民去之②，君子存之。舜明於庶物③，察④

於人倫，由仁義行⑤，非行仁義也。

①幾希：幾，音ㄐㄧ。希，通「稀」，少。

②庶民去之：庶民，眾民。去，離去。之，指人之所以異於禽獸者。

③庶物：猶言萬物。

④察：知曉。

⑤由仁義行：謂仁義已根源於心，則所行皆從此出，並非以仁義為美善，而後勉強行之。

人與禽獸同為動物，不同的地方極其微小。一般人不懂得珍惜這個人與禽獸不同的地方，只有君子知道它的可貴而保存著。舜能明白萬物的道理，知曉為人的倫常，他的心充滿仁義，因而所作所為無不出於仁義，並不是以仁義為美善，而後勉力為之。其實，人與萬物同樣得到天地之理以為性，得到天地之氣以為形。其所不同的是，唯獨人得到形氣之正，而能有以全盡其性，就僅只這一點與萬物稍有不同。雖說稍有不同，但人與物的分別實在於此。一般人不知珍惜這稍有不同的地方，而輕易捨棄它，這就使自己與禽獸沒什麼分別了。君子知道這個不同處的可貴，而保存它，因此戰兢惕勵，而終能全盡其所受於天的正而不偏的性理。舜是聖人，「生而知之」，因此對事物之理，固非度外，而對於人倫則尤切於身。舜是聖人，

「安而行之」，仁義大道與聖人早就融渾爲一體，因此「由仁義行，非行仁義也」。至於君子則仍須有「存之」的工夫，君子所存的就是天理，只能「學知利行」而已。

第三百二十一條　周公思兼三王，以施四事

禹惡旨酒①而好善言②；湯執中③，立賢無方④；文王視民如傷⑤，望道而未之見⑥；武王不泄邇，不忘遠⑦。周公思兼三王，以施四事⑧：其有不合⑨者，仰而思之，夜以繼日；幸而得之，坐以待旦⑩。

① 惡旨酒：惡，音ㄨˋ，厭惡。旨酒，即美酒。

② 好善言：好，音ㄏㄠˋ，喜好。善言，有益德行的話。

③ 執中：執守中道。

④ 立賢無方：立，舉用。方，常。賢則立之，並無常法。

⑤ 視民如傷：人民雖已安居樂業，但視之猶若有傷，不敢輕易擾動。

⑥ 望道而未之見：大道已望而猶若未見，言其不敢自滿，自強不息。

⑦ 不泄邇，不忘遠：泄，狎，輕侮。邇，近。不輕侮身旁的人，不遺忘遠方的人，形容武王的盛德至善。

⑧周公…四事：周公想兼夏、商、周三代聖王的美德，施行禹、湯、文、武四位聖王所行的仁政。

⑨不合：有所不合。

⑩坐以待旦：旦，天明。坐著等待天亮，喻迫不及待，急著要施行。

夏禹厭惡美酒，喜好善言。商湯執守中道，任用賢才，沒有常法。文王將百姓當作傷患一樣，小心呵護；將在望的大道猶若未見，不敢自滿，仍奮力追求不息。武王不輕侮身旁的近臣，也不遺忘遠方的諸侯。周公想兼三代聖王的美德，以施四位聖王的事業：如有與他們不合的地方，便抬頭細思，白天沒想通，晚上繼續想；幸而獲得答案，就坐著等待天亮，好趕快去施行。

第三百二十二條　《詩》亡，然後《春秋》作

王者之蹟熄而《詩》亡①；《詩》亡，然後《春秋》作②。

①王者之蹟熄而詩亡：王，古代聖王。蹟，即車轍馬蹟的蹟。《詩》，〈風〉、〈雅〉、〈頌〉的總名。按照周制，天子每十二年巡狩一次，到方岳之下，朝諸侯於明堂，命太史

呈上詩歌，以觀民風。當時，天下都有王者的車轍馬蹟。後來周室東遷，禮樂征伐不自天子出，巡狩之禮一廢，而王者之蹟亦熄，太史也不再呈上詩歌，故《詩》從此而亡。

②《詩》亡然後《春秋》作：春秋，春秋時期各諸侯國《史記》的通稱。天子巡狩采詩的制度一廢，則各國的政治風俗不得而見，於是孔子作《春秋》，記各國史事，寓褒貶於其中。

周自平王東遷雒邑後，天子巡狩觀《詩》的制度廢除了。《詩》不再能藉由天子的巡狩來褒善貶惡，各種撥亂反正的史書《春秋》才相繼而起，如晉國的《乘》、楚國的《檮杌》、魯國的《春秋》。

第三百二十三條　予私淑諸人也

予①未得爲孔子徒也，予私淑②諸人也。

①予：同「余」，我的意思。

②私淑：淑，善。間接的私下受到好處。

我雖未能親自成爲孔子的門徒，但孔子的流風餘韻尚未斷絕，我還能私下從孔聖人的門生弟子那裡學到一些有益的東西。其實，孟子是跟從子思的門生學習孔子的學問。自孔子去世（公元前四百七十九年）到孟子遊說梁惠王時（公元前三二〇年），已經事隔一百五十九年，而那時孟子才五十三歲，可見孟子與孔子相差不到一百八十歲。自孔子而曾子，而子思、子思的門人，傳到孟子，剛好是五世，孔子的流風餘韻猶在，故謂雖「未得爲孔子徒」，卻還可以「私淑諸人」。

第三百二十四條　取，傷廉；與，傷惠；死，傷勇

可以取，可以無取①，取，傷廉；可以與，可以無與，與，傷惠；可以死，可以無死，死，傷勇。

① 可以取，可以無取：取，收受，取得。無，通「毋」。

看看似可以取得的好處，深思之後，覺得可以不取更好，要是取了，那就有傷廉德。看似可以給人的好處，深思之後，覺得可以不給更好，要是給了，那就有傷恩惠。看似可以爲此事而死，深思之後，覺得可以不死更好，要是死了，那就有傷勇德。取之太過固然有害於廉，同樣，與之太過反害其惠，死之太過反害其勇。行貴合乎中道，過猶不及。

第三百二十五條　所惡於智者，爲其鑿也

天下之言性①也，則故②而已矣，故者，以利③爲本。所惡於智者，爲其鑿④也。如智者若禹之行水⑤也，則無惡於智矣。禹之行水也，行其所無事⑥也。如智者亦行其所無事，則智亦大矣。

①性：人、物所得於天的本性。

②則故：則，效法或根據。故，已經發生的事蹟。

③利：猶「順」，指其自然之勢。

④鑿：音ㄗㄨㄛˋ，穿鑿附會，牽強求合。

⑤行水：治水。

⑥行其所無事：指順水的自然之勢，行之於空曠之處，若無其事一般。

天下在探討人、物所得於天的本性，只要依據人、物已然發生的事蹟上去推求就可以了。這已經發生的事蹟是以順其自然之勢爲基礎的。聰明才智之所以會讓人厭惡，乃是無視於本性的自然之勢，而強加穿鑿附會。假使有智慧的人，能像大禹治水那樣，則聰明才智就沒有什麼可厭惡的了。大禹治水乃是順著水性的自然之勢，讓水在空曠處若無其事般地自行流動。

假使有智慧的人也能順著事物本性的自然之勢，不自作聰明、自私用智，那麼這種智慧也就宏大多了。其實，人、物的本性雖似無形而難以掌握，但它表現在外則有形蹟而易見。所以探討天下事物本性的，只要弄清已經發生的事蹟，事物之理就清楚可見了。這個已經發生的事蹟，當然是以該事物的自然之勢爲根本的。就像人性本善、水往下流，這都不是矯揉造作而來的；至於有人爲惡、水漫高山則不是自然之勢了。天下的道理本就利於順暢，偏就有人好用小智，務爲穿鑿，反而離道越遠。大禹治水就是因勢利導，何嘗以私智穿鑿而有所事，因此水才能充分發揮其潤下的本性而不致爲害。

第三百二十六條　君子以仁、禮存心

君子所以異於人者，以其存心①也。君子以仁存心，以禮存心。仁者愛人，有禮者敬人②。愛人者，人恒愛之；敬人者，人恒敬之③。

① 存心：存，在。在心，即省察自己內心的意思。

② 仁者…敬人：這是在說仁、禮的施爲。

③ 愛人…敬之：這是在說仁、禮的效驗。

君子與一般人所以不同，就在他能省察自己的本心。君子隨時以仁德省察本心，以禮節省察本心。有仁德的會愛護別人；有禮節的會敬重別人。愛護別人，別人也會愛護他；敬重別人，別人也會敬重他。孟子在此指出，君子處世之道，始終離不開恕道。人無不希望別人能對自己好，那你就得先對別人好。你希望別人愛敬你，你就得先愛敬別人。反之，你對別人不愛敬，而希望別人能愛敬你，這就與緣木求魚無異！儒學的可貴正在於此，切忌「舍其田而芸人之田，所求於人者重，而所以自任者輕」，而是要凡事「行有不得，反求諸己」。一切的問題，千萬不要像一般人那樣老是怨天尤人，而是要從自己身上找到問題的根源，這就是「自天子以至於庶人，壹是皆以脩身爲本」的道理。

第三百二十七條　君子有終身之憂

君子有終身之憂①，無一朝之患②也。乃若所憂則有之：舜，人也；我，亦人也。舜爲法於天下，可傳於後世；我由③未免爲鄉人也，是則可憂也。憂之如何？如舜而已矣。

① 終身之憂：憂心不如堯、舜，故無時不以爲憂，自強不息，不敢稍怠。

② 一朝之患：朝，音ㄓㄠ，朝夕的朝。喻突如其來的災禍。

③ 由：通「猶」。

君子有一輩子的憂慮，卻不會在乎一時的禍患。他所憂慮的是：舜是人，我也同樣是人，可是舜能成爲天下的楷模，他的德行可以流傳到後世，而我卻仍不免是一個庸庸碌碌的人，這才是大可憂慮的。光憂慮又能怎樣？努力使自己成爲像舜一樣的人就是了。一個有德君子所擔憂的絕不是買不起豪宅，穿不起名牌，而是自己的品德修得如何。同樣都是五行之秀、萬物之靈，爲何舜能「爲法於天下，可傳於後世」，而我們卻「未免爲鄉人」？只因爲我們沒有用心去推擴得之於天的善良稟性，也就是仁、義、禮、智這四端，沒有將這些善性推擴到極致，因此沒辦法成爲堯、舜般的聖人。一定要終日乾乾努力於推擴天生的善性，唯恐沒有盡力做好，這就是君子的「終身之憂」。至於「一朝之患」，並非由於自己的過錯與疏忽造成的，那只能委諸天命，無須憂慮。

第三百二十八條　禹、稷、顏回同道

禹、稷①、顏回同道②。禹思天下有溺者，由③己溺之也；稷思天下有飢者，由己飢之也；是以如是其急也。禹、稷、顏子易地則皆然。

①稷：即后稷，周朝的始祖。據說堯時，其母姜嫄踩踏到巨人的足跡而有身孕，生子以為不祥，棄於隘巷而牛馬不踐，取置冰上而飛鳥翼之，乃取歸復養，名為「棄」。及長，堯使居稷官，封於邰，號稱后稷。子孫世居其官，十五傳而至周武王，遂有天下。

②同道：抱持相同的大道。聖人之道，進則安民，退而自修，如此而已。

③由：同「猶」。下同。

大禹、后稷與顏回都秉持同樣的聖人之道。大禹認為天下有被水淹溺的人，就像自己淹溺他們一樣；后稷認為天下有挨餓的人，就像自己使他們挨餓一樣。所以他們即使在太平盛世，也是三過其門而不入，就是因為有人溺己溺、人飢己飢的精神，才能如此急百姓之所急啊！顏子則「當亂世，居陋巷，一簞食、一瓢飲，人不堪其憂，顏子不改其樂」。大禹、后稷、顏子等人如果易地而處，也都會去做同樣的事。其實，聖賢之心，擴然大公，中正不偏，隨感而應，各盡其道。因此，假使大禹、后稷處在顏子的情況，也能樂顏子之樂；假使顏子處在大禹、后稷的情況，也能憂禹、稷之所憂。

第三百二十九條　朋友有責善之道

責善，朋友之道也；父子責善，賊恩①之大者。

①賊恩：賊，傷害。恩，父子天生的恩情。

彼此責求爲善，是朋友交往之道。父子彼此責求爲善，是最爲傷害親恩的。與朋友交往，主要是爲了能夠輔仁進德，相觀爲善，因此責善爲朋友相處之道。否則，群居終日，言不及義，那就不是「益友」，而是「損友」了。父子之間的恩情是天生的，而父親也有教導子女的責任。但如果子女幼小時，父親未能善盡教養的責任，從而幫子女建立正確的人生觀與忠信待人的處世態度，當子女已進入青壯年，甚至成家立業了，這時才要來教導，才要來責善，那就會大大地傷害父子間的親恩。

第三百三十條　勿違道而求富貴利達

由君子觀之，則人之所以求富貴利達者，其妻妾①不羞也，而不相泣者，幾希②矣。

①妾：俗稱小老婆。

②幾希：希，通「稀」。幾乎很少。

在君子看來，芸芸眾生爲了追求富貴利達而不經意顯現出來的種種醜態，他們的妻妾知道而不以爲可恥，不相擁而泣的，是很少的。事實上，事隔兩千多年，現今追求富貴利達的人，哪有幾個能不用枉曲之道的？由於一心追求榮華富貴，不擇手段，哪能顧得上禮義廉恥。在別人看不見的時候，無所不用其極，甚至乞憐哀求。一稍得意，則趾高氣揚，在媒體上驕以示人。多少藝人面對娛樂圈的潛規則，乖乖就範；多少政治人物面對民粹的訴求，自動繳械。昧著良知，罔顧是非，只爲求個富貴利達而已！這種人，與孟子所描述的那個齊人，常常到墳地乞食，飽醉之後，回到家則驕其妻妾，謂其平素往來的盡是富貴之人，又有何不同呢？

〈萬章上〉

第三百三十一條　大孝終身慕父母

大孝終身慕①父母。五十而慕者，予於大舜見之矣。

①慕：依戀，思慕。

只有大孝的人才能終身思慕父母。到了五十歲還思慕著父母的，我在大舜的身上看到了。一般人在年少時，生活給養全靠父母供應，當然愛慕父母；當懂得喜好女色時，情竇初開，就會愛戀少女；有了妻室以後，就愛戀妻子；當官時，想得到重用，就思慕君上，要是得不到君上的器重，就會急躁不安，這些都是人之常情。唯獨大孝的人才能終身思慕父母。大舜早已得到帝堯的倚重，不僅要他九個兒子拜大舜爲師，還將兩個女兒許配給大舜，甚至將天下都禪讓給大舜了。然而由於得不到父母的歡心，大舜就像無家可歸的窮人一樣對著蒼天呼號悲泣。天下的士人歸順他、堯將兩位女兒許配給他，「富有天下」、「貴爲天子」，這些都是人所想要的，但卻不足以緩解大舜的憂愁，只有得到父母的歡心，才能解除他的憂愁。可見大舜的孝早已超越一般的孝，任何其他再誘人的名利，諸如「富有天下」、「貴爲天子」，都不能取代得到父母的歡心，這是眞孝、大孝。大舜五十而慕父母，則其終身慕父母可知矣！

第三百三十二條　君子可欺以其方

君子可欺以其方①，難罔以非其道②。

① 欺以其方：方，道、理。欺之以理之所有。

② 罔以非其道：罔，欺蒙。昧之以理之所無。

對君子，可以用常理所會有的事，來欺騙他；難以用常理所不應有的事，來蒙蔽他。以前有人送了一條活魚給鄭國的子產，子產就要管池沼的人將它養在水池裡。但管池沼的人把魚偷偷給煮熟吃了，然後向子產說：「把魚放到水池裡，起初昏昏微動，過了一會兒就慢慢游向深處了。」子產說：「得其所哉！得其所哉！」管池沼的人出來後說：「誰說子產聰明，我把魚煮熟吃了，他竟然說：『得其所哉！得其所哉！』」孟子藉這個典故，來說明大舜的弟弟象背著大舜幹了很多對不起大舜的事，但是他今天既然以敬愛兄長的態度前來，大舜也就眞誠地接待他。這是大舜「善與人同」的一貫作風，所以寧「可欺以其方」，而「難罔以非其道」。

第三百三十三條　說《詩》要以意逆志

故說《詩》者，不以文害辭①，不以辭害志②。以意逆志③，是爲得之。

① 說詩者…害辭…說詩，解說詩句。文，字。辭，句。指不可以一字而害一句之意。

② 不以辭害志…志，作者的本意。指不可以一句而誤解作者寫詩的本意。

③ 以意逆志：逆，迎。以己意迎合作者寫詩的本意。

所以解《詩》不可拘泥於個別的文字而誤解辭句的意思。也不可拘泥於辭句的意思而誤解了作者的本意。要能夠以自己的意思去迎合作者的本意，這才算了解《詩》。

第三百三十四條　尊親之至，莫大乎以天下養

孝子之至，莫大乎尊親；尊親之至，莫大乎以天下養。爲天子父，尊之至也；以天下養，養之至也。

孝子的極致，沒有比尊敬父母更宏大的了；尊敬父母的極致，沒有比以天下來奉養父母更宏大的了。瞽瞍身爲天子的父親，可說尊貴到極致了；大舜以整個天下來奉養他，可說奉養到極致了。

第三百三十五條　天子不能以天下與人

天子能薦人於天，不能使天與之天下；諸侯能薦人於天子，不能使天子與

之諸侯；大夫能薦人於諸侯，不能使諸侯與之大夫。昔者堯薦舜於天而天受之，暴①之於民而民受之，故曰：天不言，以行與事②示之而已矣。……天與之，人與之，故曰：天子不能以天下與人。

①暴：暴，音ㄆㄨˋ，通「曝」，顯露。

②行與事：行，音ㄒㄧㄥˋ，行之於身，指自身的修養。事，所爲之事，指社會的實踐。

天子能向上天推薦賢人，但不能使上天一定將天下給他；諸侯能向天子推薦賢人，但不能使天子一定封他爲諸侯；大夫能向諸侯推薦賢人，但不能使諸侯一定封他爲大夫。以前帝堯推薦大舜給上天，而上天接受了大舜；向百姓公佈由大舜來繼位，而百姓也接受了。所以說：上天不會說話，是從大舜的品德修養和處事表現，而顯現出上天接受了大舜繼承帝堯的天下而已。……是上天將天下送給他，是百姓將天下送給他。所以說：天子個人不能將天下送給人。在此孟子申論「天子不能以天下與人」，天下乃天下人所共有的天下，絕不是天子或統治集團可以私相授受的。只有能得到百姓擁戴的人，上天才會將天下賜給他。而上天是不會講話的。上天是看這個人的品德修養與處事表現是否能得到百姓的擁戴，才決定要不要將天下給他。這就是「天視自我民視，天聽自我民聽」的道理。

第三百三十六條　唐、虞禪，夏后、殷、周繼，其義一也

天與賢，則與賢；天與子，則與子。……舜之相①堯、禹之相舜也，歷年多，施澤於民久。……啓賢，能敬承繼禹之道。益之相禹也，歷年少，施澤於民未久。……匹夫而有天下者，德必若舜、禹，而又有天子薦之者，故仲尼不有天下。繼世②以有天下，天之所廢，必若桀、紂者也，故益、伊尹、周公不有天下。……孔子曰：「唐、虞禪，夏后、殷、周繼，其義一也。」

①相：音ㄒㄧㄤˋ，輔助。

②繼世：繼承先世的基業。

上天要將天下由賢人來管治，就將天下交給賢人；上天要將天下由原任天子的兒子來管治，就將天下交給原任天子的兒子。這是孟子對弟子萬章有關傳賢或傳子提問的回答。（當年大舜向上天舉薦大禹，十七年後，大舜駕崩，三年的喪期一結束，大禹就避開大舜的兒子，遷居陽城。天下的百姓跟從大禹，就像帝堯去世後，百姓不追隨帝堯的兒子而去追隨大舜。而大禹向上天舉薦益，七年後，大禹去世，服完三年的喪期，益也避開大禹的兒子，遷居到箕山之陰。百姓有事不會去找益，而來找大禹的兒子啓，說：「這是我們國君的哲嗣啊！」

歌頌功德的人不會歌頌益，而是歌頌啓，說：「這是我們國君的哲嗣啊！」帝堯與大舜的兒子都不夠賢明，而）大舜輔助帝堯二十八年之久，大禹輔助大舜也長達十七年，施給百姓的恩澤足夠久遠。……此外，啓非常賢明，能夠敬謹地繼承大禹的政策施爲；而益輔助大禹才七年而已，恩澤施加於百姓並不夠久遠。

（總之，舜、禹與益輔佐天子的時日有長短之別，堯、舜、禹的兒子也有賢不肖之分，這些都是天意，不是人力所能改變的。不是人力所能做的，卻做到了，這是「天」啊！不是人力求得來的，卻自然來了，這是「命」啊！）一介平民百姓而能有天下，必定要有舜、禹那樣的德行，同時還得要有天子的舉薦，因此孔子雖然有高尚的德行，卻不能擁有天下。繼承先世的基業而有天下的，上天要廢掉他，那他一定是像桀、紂那樣的暴虐無道，所以益、伊尹（輔湯）、周公（輔成王）也不能擁有天下。

（伊尹輔佐成湯稱王天下，成湯駕崩後，其子太丁來不及繼位就死了，其弟外丙登位兩年，仲壬登位四年，後來太丁的兒子太甲登位後，敗壞成湯所立下的典章制度，伊尹就把他流放到成湯陵墓所在的桐地，要他在那裡好好反省。過了三年，太甲深自懺悔，改過自新，在桐地確實修仁行義又三年，完全聽從伊尹的教導，於是伊尹才將他迎接回到都城亳地。周公不能有天下，就像益在夏代、伊尹在商代一樣。）孔子才會說：「唐堯、虞舜把天下禪讓給賢人，而夏、商、周三代則由子孫來繼承天下，這都是因時制宜，同樣是天命啊！」

這是孟子有關二帝三王禪繼天下最爲精闢的論述。不論是傳賢，還是傳子，重要的是要能得到百姓的認可。唯有「人與之」，才會「天與之」。一介平民百姓想要成爲天子，要具備兩個條件：首先，要有像舜或禹那樣崇高的德行；其次，要能得到當朝天子的舉薦。有了這兩個條件之後，還要能得到百姓的擁戴，才能成爲天子。如果由於繼承先世的基業而有天下，除非他暴虐得與夏桀、商紂一樣，否則他不會丟失天下。換句話說，只有在他的惡德惡行如桀、紂一樣，爲臣民所唾棄，他才會丟失天下。不論是傳賢的禪讓，或是傳子的繼承，最終取決於自己的德行與百姓的認可，這就是孔子說：「唐、虞禪，夏后、殷、周繼，其義一也」的道理。孟子這些言論在兩千四百年後的今天看來，仍然綻放出智慧的幽光。從一七八九年法國大革命爆發以來，憲政民主主義（constitutional democracy）儼然已成爲新時代的潮流，各種推舉國家領導人的制度五花八門，但卻沒有一種制度被公認爲最好、最值得仿效推廣的！美國人原本最自豪的總統選制，在二零零零年底小布希與高爾的競選中，差點癱瘓掉，成爲世界的笑柄。有人聲稱，國家領導人要不是由百姓直選產生，就不是民主國家。殊不知英國女王與日本天皇雖非經選舉產生，但沒人可否認英國是最老牌的民主國家，而戰後的日本也被公認爲民主國家。孟子這篇「傳子猶傳賢」的言論，不就是最好的說明嗎？

第三百三十七條　伊尹將以斯道覺斯民也

湯三使往聘之，既而幡然改①曰：「與我處畎畝②之中，由是以樂堯、舜之道，吾豈若使是君爲堯、舜之君哉？吾豈若使是民爲堯、舜之民哉？吾豈若於吾身親見之③哉？天之生此民也，使先知覺④後知，使先覺覺後覺也。予，天民之先覺者也。予將以斯道覺斯民也，非予覺之，而誰也？」思天下之民，匹夫匹婦⑤，有不被堯、舜之澤者，若己推而內⑥之溝中。其自任以天下之重如此，故就湯而說⑦之以伐夏救民。

①幡然改：幡然，猶「翻然」，很快，突然。改，更改。
②畎畝：田畝。
③於吾身親見之：在我身上親自見到堯、舜之道施行於天下。
④覺：喚醒，啓發。
⑤匹夫匹婦：一般的百姓。
⑥內：音ㄋㄚˋ，通「納」。
⑦說：音ㄕㄨㄟˋ，說服。

（伊尹本來在田野耕作，雅好堯、舜之道。要是不合義理；即使給他全天下的俸祿，他也不會回看一眼；要是不合正道，四千匹良馬繫在那裡，他也不會多看一眼。只要不合義理、不合正道，他一絲一毫也不給別人，也不向別人索取一絲一毫。成湯曾派人用厚禮聘請他，他不以為意，仍是安於田野，以服膺堯、舜之道為樂。）成湯多次派人禮聘他，伊尹突然改口說：「我與其安於田野耕作，以堯、舜之道為樂趣，倒不如使這個君主眞的成為堯、舜一般的君主，使這些百姓眞的成為堯、舜那時的百姓，倒不如在我身上親自見到堯、舜之道眞的施行於天下啊！上天生育這些百姓，就是要讓先知的人喚醒後知的人，讓先覺的人喚醒後覺的人。我就是百姓中的先知先覺啊！我將用堯、舜之道來啓發這些百姓，我要不去啓發他們，還有誰去呢？」伊尹認為天下的百姓，普通的男男女女，只要有人沒有被堯、舜之道的恩澤照顧到，就好像是自己將他們推到深溝一樣。他就是這般地自我期許，一肩挑起平治天下的重任，因此就委屈自己到成湯身邊，說服成湯討伐夏桀，拯救百姓。

第三百三十八條　孔子進以禮，退以義

孔子進①以禮，退②以義，得之不得，曰：「有命。」

① 進：任官或升官。

② 退：隱退或辭官。

孔子依禮而進，依義而退，無論能不能得到官職，都說：「聽從上天的安排吧！」禮以辭遜爲主，所以要出而有爲，當依於禮。義則以斷制爲主，所以要退而有所不爲，當依於義。一般來說，在官場上，要陞遷難，要辭退易，吾人能做的，就是謹守禮、義而已。至於能不能得志，那只能歸於天命。

〈萬章下〉

第三百三十九條　孔子，聖之時者也

伯夷①，聖之清②者也；伊尹，聖之任③者也；柳下惠④，聖之和⑤者也；孔子，聖之時⑥者也。孔子之謂集大成⑦。集大成也者，金聲而玉振之⑧也。金聲也者，始條理⑨也；玉振之也者，終條理也。始條理者，智⑩之事也；終條理者，聖⑪之事也。

①伯夷：商朝末年孤竹君的長子。孤竹君原本想冊立幼子叔齊爲嗣君。父卒，叔齊退讓給伯夷，伯夷不肯違背父命而逃，叔齊不受父命也跟著出逃。後來兄弟倆一起歸附文王。至武王伐紂時，他倆以武王父死不葬，且以臣伐君，認爲武王不孝、不忠，乃義不食周粟，而餓死於首陽山。

②清：清高純潔無所雜。

③任：以天下爲己責。

④柳下惠：春秋魯人，曾任士師，三次免職而不離開魯國。人問其故，他說：「直道而事人，焉往而不三黜？枉道而事人，何必去父母之邦？」

⑤和：隨和平易無所異。

⑥時：恰到好處。

⑦集大成：謂集合眾人之長於一身。

⑧金聲而玉振之：金，鐘類。聲，宣。玉，磬。振，收。演奏樂曲，以編鐘宣發其聲，以編磬收結其聲。指伯夷、伊尹、柳下惠三人，或金聲、或玉振，都各有所長，只有孔子，始則合於金聲的條理，終則合於玉振的條理，所以是集大成。金聲玉振，始終條理，可能是來自古《樂經》的記載。

⑨條理：猶脈絡，指各種樂器合奏的節奏。

⑩智：知之所及。

⑪聖：德之所就。

伯夷是聖人中清高純潔的一類；伊尹是聖人中自任頗重的一類；柳下惠是聖人中隨和平

易的一類；孔子是聖人中隨時合宜的一類。孔子稱得起是集大成。所謂集大成，就像奏樂時，先要宣發出金鐘之聲，最後以玉磬之聲收結。金聲是節奏條理的開始；玉振是節奏條理的終結。條理開始是屬於智的事，終究條理是屬於聖的事。古樂有八音：金、石、絲、竹、匏、土、革、木。如果獨奏一音，則此一音自爲始終，而爲一小成，就像伯夷、伊尹、柳下惠三人，他們所知偏於一方，而其所就也自然偏於一方。八音之中，以金、石爲重，所以金、石就成爲八音的綱紀，也就是以金始宣，而石收尾，兩者之間，八音並奏，脈絡貫通，無所不備，合眾小成而爲一大成。就像孔子的知無不盡、德無不全一樣。

第三百四十條　朋友相交，不可有挾

不挾①長，不挾貴，不挾兄弟而友。友也者，友其德也，不可以有挾也。

①挾：音ㄒㄧㄝˊ，倚仗。

交友之道，不可以倚仗歲數較大，不可以倚仗地位尊貴，不可以倚仗兄弟的權勢去交朋友。交朋友是要結交他的德行，不可以有所自恃的。朋友是五倫之一，與父子、君臣、夫婦、兄弟最大的不同是，與人交友是站在平等的基礎上，沒有上下、貴賤、內外、長幼之分。所以交友之道，不得「挾長」、「挾貴」、「挾兄弟」而友。朋友是用來輔助我們進德的，可能年齡相若，經歷相似，也可能年齡懸隔，經歷迥異，但卻有緣能相識而惺惺相惜。朋友可能分享共同的人生閱歷，也可能互相交換不同的人生感受，總之，對於擴大我們的人生經驗很有助益。能結交愈多的「益友」，進德愈快，這就是「朋友相觀而善」的道理，而這跟年齡的大小（挾長），社會地位的高低（挾貴），又有什麼關係呢？

第三百四十一條　孔子出仕之道

孔子有見行可①之仕，有際可②之仕，有公養③之仕。於季桓子④，見行可之仕也；於衛靈公⑤，際可之仕也；於衛孝公⑥，公養之仕也。

①見行可：自見其道可行。
②際可：國君接遇以禮。
③公養：國君養賢之禮。
④季桓子：即春秋魯卿季孫斯。桓子爲其諡號。孔子在魯國爲司寇時，正値季桓子秉政。
⑤衛靈公：春秋衛國國君，名元，曾郊迎孔子。
⑥衛孝公：疑出公輒之誤，爲靈公嫡孫，繼靈公爲衛君，曾致粟於孔子。

孔子當官有時是自見其道可行，有時是因諸侯以禮相待，有時是因諸侯誠意養賢。像在季桓子執秉魯國國政時，是因自見其道可行而出仕；在衛靈公時，是因靈公以禮相待而出仕；在衛出公時，是因出公誠意養賢而出仕。其實，孔子是爲了行道而當官的，但因爲處在春秋晚期，禮崩樂壞，大道難以施行，因此，孔子從來沒有在一個諸侯國停留滿三年的。這就是聖人有所爲，也有所不爲，一切就以能否施行大道爲判準。出而任官，就是爲了行道；退而辭官，則是爲了事實證明不能行道。

第三百四十二條　悅賢之道

悅①賢不能舉②，又不能養也，可謂悅賢乎？

①悅：喜愛。

②舉：任用。

喜愛賢人而不能重用他，又不能供養他，這樣可以叫做喜愛賢人嗎？自古以來，很多統治者雅好「悅賢」的美名，但大多停留在口頭階段，很少有眞能劍及履及，重用賢人的。眞正「悅賢」的明君，就算一下子沒有適當的職位安排賢人，也會先將賢人留在身邊，好生照顧，讓他生活無虞。哪有嘴巴光會說著「悅賢」，連「養賢」都不盡力，怎會讓人相信他眞的「悅賢」呢？

第三百四十三條　天子不召師

爲其多聞也，則天子不召師，而況諸侯乎？爲其賢也，則吾未聞欲見賢而召之也。

要是爲了他見多識廣，想得到他的教益，那就是天子也不能召見老師啊！何況是諸侯呢？要是爲了他有賢德，那我從來不曾聽說過想見有賢德的人，卻用命令去召喚他前來的。孟子在此申論了「權力王國」（Reich der Macht）面對「知識王國」（Reich der Wissenschaft）與「道德王國」（Reich der Moral）要懂得謙卑，不得傲慢。古時候天子、諸侯，猶當今的總統（總理）、州長（省委書記），乃世俗社會擁有最大權力的人，他們固然在他們的權限範圍內可以爲所欲爲，但面對「知識」與「道德」時，卻要保持禮遇與尊重，唯其如此，他們才能把手中的權力運用得更爲可長可久，這就像《周易》大壯（䷡）卦所強調的，唯有不擅用剛強，才能長保剛強。培根說過：「知識就是力量」（Knowledge is power），但我們卻常看到「官大，學問就大」（Power is knowledge），這就是權力的傲慢。其實，權力如果沒有知識與道德的支撐，它就缺乏正當性。沒有正當性的權力，怎能持久呢？

第三百四十四條　尚有古人

以友天下之善士爲未足，又尚①論古之人，頌②其詩，讀其書，不知其人，可乎？是以論其世③也，是尚友也。

① 尚：同「上」，指再向上。

② 頌：同「誦」。

③ 論其世：論古人當世的事蹟。

如果認爲與當今天下最優秀的士人交友還不夠，那就只能往上，論究古代的賢人雅士了，吟誦他們的詩歌，展讀他們的著作，而不知他們的爲人，行嗎？因此又要進一步探討他們所處的時代，這就是跟古賢人交朋友了。孟子在此申論交友之道，非但要盡交當代最優秀的人爲友，甚至還要向上與古代最優秀的人爲友，不僅要「頌其詩，讀其書」，還要知道他們的爲人與所處的時代，這就是孔子所說的「尚友古人」。

〈告子上〉

第三百四十五條　人性之善也，猶水之就下

人性之善也，猶水之就下也。人無有不善，水無有不下。

人性的善良就像水往低處流一樣。人沒有不善良的，水沒有不往低處流的。孟子講這句話是要反駁告子的主張。告子認爲，人性沒有善不善，就像流水一樣可東、可西，缺口在東就往東流，缺口在西就往西流。流水固然可東、可西，難道也可高、可低不成？用人爲的方法，譬如用力拍打，水可以濺得很高，甚至還可以將水引上高山，但這怎麼會是水的本性呢？這是情勢使然。人也會作壞事，這是由於受到外在環境的影響或是內心欲望的蠱惑，並不是人的本性啊！人初生時，無有不善。人安靜時，尚未動念，無有不善。動念不正，才有不善，所以才須要以「思無邪」、「無不敬」來修持自己。

第三百四十六條　仁義禮智，我固有之也

仁義禮智①，非由外鑠②我也，我固有之也，弗思耳矣。故曰：「求則得之，舍則失之。」或相倍蓰③而無算④者，不能盡其才者也。

①仁義禮智：仁，指人人都有惻隱之心。義，指人人都有羞惡之心。禮，指人人都有恭敬之心。智，指人人都有是非之心。

②外鑠：鑠，音ㄕㄨㄛˋ，以火銷金，自外以至於內。由外面所賦與。

③蓰：蓰，音ㄒㄧˇ，五倍。

④無算：算，猶「數」。無數倍的意思。

人天生的善德，就是仁、義、禮、智，並不是從外面賦與我的，而是我自己所固有的，只是沒有認眞去思索罷了，所以說：「有心求取這些善德，便可得到；不經意捨棄，就會丟失。」人與人之間擁有這些善德的水平有相差一倍、五倍，乃至於無數倍，就是有人沒能將上天賦與的才分充分發揮的緣故。

第三百四十七條　理義之悅我心，猶芻豢之悅我口

故凡同類者，舉①相似也，何獨至於人而疑之？聖人，與我同類者。故龍子②曰：「不知足而爲屨③，我知其不爲蕢④也。」屨之相似，天下之足同也。口之於味，有同耆⑤也。易牙⑥先得我口之所耆者也。如使口之於味也，其性

與人殊，若犬馬之與我不同類也，則天下何耆皆從易牙之於味也？至於味，天下期於易牙，是天下之口相似也。惟耳亦然。至於聲，天下期於師曠⑦，是天下之耳相似也。惟目亦然。至於子都⑧，天下莫不知其姣⑨也。不知子都之姣者，無目者也。故曰：口之於味也，有同耆焉；耳之於聲也，有同聽焉；目之於色也，有同美焉。至於心，獨無所同然乎？心之所同然者何也？謂理⑩也，義⑪也。聖人先得我心之所同然耳。故理義之悅我心，猶芻豢⑫之悅我口。

①舉：皆，全。

②龍子：古賢人，或以爲是《列子·仲尼》中的龍叔。

③屨：音ㄐㄩˋ，草鞋。

④蕢：音ㄎㄨㄟˋ，貯物或盛土的草器。

⑤耆：同「嗜」。

⑥易牙：齊桓公的寵臣，雍人，名巫，稱雍巫，字易牙。以知味聞名，謂易牙所調之味，天下皆以爲美。

⑦師曠：以審音聞名，謂師曠所知之音，天下皆以爲美。

⑧子都：古時候的美男子。

⑨姣：音ㄐㄧㄠˇ，好。

⑩理：條理、規律，不隨個人意志而轉移的道理。

⑪義：合宜、適中。

⑫芻豢：芻，音ㄔㄨˊ，草食的家畜，如牛、羊。豢，音ㄏㄨㄢˋ，雜食的家畜，如豬、狗。

因此，所有同類的東西全都有相似的情形，爲何只要談到人，就要懷疑呢？聖人，與我們也是同類。所以龍子說：「不先量好腳的大小就去編草鞋，我知道也不致編成草籃子。」鞋之所以都會相似，是因爲普天之下的腳大致一樣。口對於味道有相同的嗜好，易牙比我們先弄清口的嗜好。假使我們口對於味道的嗜好與別人的不同，就像犬馬與我們人不同類一樣，那麼天下的人爲何都喜歡跟從易牙的口味呢？一提到口味，天下的人都以易牙爲準，亦即全天下人的口味大體相似。耳朵也是這樣。一提到聲音，天下的人都以師曠爲準，亦即全天下人的聽覺大體相似。眼睛也是這樣。一提到子都，天下人沒有不知道他是美男子。不知道子都爲美男子的人，就是沒長眼睛。因此說：嘴巴對於味道有相同的嗜好，耳朵對於聲音有相同的聽覺，眼睛對於顏色有相同的審美。談到心，難道就沒有相同的嗎？人心所相同的是什麼？就是「理」，就是「義」。聖人只是比我們先得到人心所相同的理、義罷了。所以理、義可以使我們心靈愉悅，就像家畜能使我們的嘴巴大快朵頤一樣。

第三百四十八條　人之有仁義之心，猶昔日牛山之木嘗美矣

牛山①之木嘗美矣，以其郊於大國也，斧斤②伐之，可以爲美乎？是其日夜之所息③，雨露之所潤，非無萌櫱④之生焉，牛羊又從而牧之，是以若彼濯濯⑤也。人見其濯濯也，以爲未嘗有材⑥焉，此豈山之性也哉？雖存乎人者，豈無仁義之心哉？其所以放⑦其良心⑧者，亦猶斧斤之於木也，旦旦而伐之，可以爲美乎？其日夜之所息，平旦之氣⑨，其好惡與人相近⑩也者幾希⑪，則其旦晝⑫之所爲，有梏亡⑬之矣。梏之反覆⑭，則其夜氣不足以存⑮；夜氣不足以存，則其違⑯禽獸不遠矣。人見其禽獸也，而以爲未嘗有才焉者，是豈人之情也哉？故苟得其養，無物不長；苟失其養，無物不消。

① 牛山：在齊國的都城臨淄南部。
② 斧斤：斧，斧頭。斤，砍柴刀。
③ 日夜之所息：息，生息，生長。謂氣化流行未曾間斷，白日、夜間任何生物都會有所增長。
④ 萌櫱：萌，音ㄇㄥˊ，芽。櫱，音ㄋㄧㄝˋ，旁出的芽。

⑤濯濯：濯，音ㄓㄨㄛˊ。光潔無草木的樣子。

⑥材：材木。

⑦放：放失。

⑧良心：本然的善心，即仁義之心。

⑨平旦之氣：平旦，天剛亮時。指未與外物相接時的、本應是清明之氣。

⑩好惡與人相近：喜好、厭惡與常人相近，指得人心之所同然。

⑪幾希：希，同「稀」。不多。

⑫旦晝：白天。

⑬梏亡：梏，拘禁，束縛。梏亡，因束縛而消亡。

⑭反覆：輾轉。

⑮夜氣不足以存：這是說旦晝所爲既然有以害其夜晚的生息，而夜晚的生息又不能勝其旦晝之所爲，因此輾轉相害，以致於夜氣的生成日漸寖薄，而不足以存其仁義之心。

⑯違：離。

牛山上的樹林曾經十分茂美，由於處在齊國都城臨淄的郊外，常常遭到斧斤的砍伐，怎能保持茂美的植被呢？那些樹木日夜都在生長，承受雨露的滋潤，並非不長新枝嫩芽，只是遭到砍伐之後，接著又是放牧牛馬，因此就顯露出光禿禿的樣子。人們見到那光禿禿的樣子，就以爲牛山不曾長過成材的樹木，難道這是山的本性嗎？同樣在一些不仁不義的人身上，難道自始就沒有仁義之心嗎？他們所以會放失其良善之心，也是像斧斤對待樹林那樣，天天砍伐它，怎能茂美呢？他們旦晝、夜晚所自然發出的，還有清晨的那股清明之氣，本與一般人並無不同；然而他們的喜好與厭惡卻很少與一般人相同，這是因爲白天的所作所爲束縛了仁義之心而使它消亡了。一而再，再而三地以人欲、私意束縛這個天生的仁義良心，使得夜晚所生的氣日漸浸薄，而不足以存此仁義之心。夜氣不足以存此仁義之心，便與禽獸相差不遠了。人們只見到他們近似禽獸，就以爲他們自始未嘗有良好的素質，這難道是人的眞實情況嗎？所以如果能得到培養，任何生物都能成長得好；如果失去培養，任何生物都會逐漸消亡。

第三百四十九條　一暴十寒，未有能生者也

雖有天下易生之物①也，一日暴之②，十日寒之③，未有能生者也。

① 易生之物：指草木、五穀之類。
② 一日暴之：暴，同「曝」，日曬使溫暖。比喻人君接近賢人，就像讓太陽曝曬一天。
③ 十日寒之：比喻人君接近小人，就像使它寒冷十天。

雖有天下最容易生長的植物，如果讓太陽曝曬它一天，卻又讓它遠離太陽而陰寒十天，它也生長不起來啊。孟子用這個例子來譬喻齊王親近賢人太少，接近小人太多。他難得見上齊王一面，將古聖先賢的大道面陳於齊王，才一告退，陰柔的小人就蜂擁而上，將齊王團團圍住，如此這般，齊王怎能變得賢明呢？自古以來，忠臣都會奉勸君主要親賢臣、遠小人。但君主也是人，難免治己不嚴，而為物欲所誘，這時如果再有逢迎君惡的小人穿梭其間，那就不堪設想了。孟子在這裡極為形象地指出，再容易生長的植物也經不起「一暴十寒」，有志於聖學的人豈可不深加戒惕？

第三百五十條　專心致志，學乃有得

今夫弈之為數①，小數也；不專心致志②，則不得也。

① 弈之為數：弈，音 一丶，下圍棋。數，技術。

② 致志：盡意。

今且拿下圍棋的技巧來說，只是雕蟲小技而已。但如果不專一心思，集中意念，那也不能學好。孟子藉下圍棋的例子闡述，他雖能啓發齊王的向善之心，但那又有何用呢？學下圍棋的技巧並不難，但務必要「專心致志」，才能學得到位。同樣，要將「不忍人之心」落實為「不忍人之政」，也是要「專心致志」，才能有所成就啊！要政治清明，首先是最高領導人的心術要正派。如何長養最高領導人的正心，就看由誰來幫忙培養了。君子養之以善德則明智，小人養之以惡念則昏愚。然而，賢人易疏，小人易親，所以寡不能勝眾，正不能勝邪。這就是自古以來，天下治日常少、亂日常多的原因啊！

第三百五十一條　所欲有甚於生者，所惡有甚於死者

生亦我所欲，所欲有甚於生①者，故不為苟得②也；死亦我所惡，所惡有甚於死者，故患有所不辟也③。如使人之所欲莫甚於生④，則凡可以得生者，何不用也？使人之所惡莫甚於死者，則凡可以辟患者，何不為也？由是則生而有不用也，由是則可以辟患而有不為也⑤。是故所欲有甚於生者，所惡有甚於死者，非獨賢者有是心也，人皆有之，賢者能勿喪⑥耳。

①有甚於生者：謂捨生取義的義。

②苟得：苟且得到，謂不苟且全生以害義。

③死亦…不辟也：惡，音ㄨˋ，厭惡。辟，同「避」。所惡有甚於死者，指不義。患有所不

避，謂雖死亦有所不避。

④如使人之所欲莫甚於生：假使人沒有良心，而只有利害的私情，那只要可以偷生免死的事，都將不顧禮義的要求，沒有不能做的了。

⑤由是則生：辟患而有不為也：要是這麼用就可以得生，有時也不會去用；要是這麼做就可以避掉禍患，有時也不會去做。

⑥喪：亡失。

生命固然是我所欲求的，但我所欲求的還有比生命更可貴的，所以我不會做苟且偷生的事。死亡是我所厭惡的，但我所厭惡的還有更甚於死亡的，因此有些禍患我就不迴避了。假使人的欲求沒有比生命更高貴的，那麼凡是可以保存得住生命的手段，有啥不可用呢？假使人所厭惡的沒有更甚於死亡的，那麼凡是可以避掉禍患的手段，有啥不可做呢？要是這麼用就可得生，有時卻不肯用；要是這麼做就可以避掉禍患，有時卻不肯做。所以我們所欲求的有超過生命的，所厭惡的有超過死亡的。不只賢明的人有這種心，而是每個人都有啊！只是賢明的人能保有這種心，不使它喪失罷了。

第三百五十二條　學問之道無他，求其放心而已矣哀哉！人有雞犬放①，則知求之；有放心，而不知求。學問之道無他，求其放心而已矣。

①放：失掉。

多麼可悲啊！人有雞狗走失了，就知道去找回來；而自己的本心丟失了，反而不知道去找回來。做學問的方法沒有別的，只是將走失的本心找回來罷了。本心乃一身之主，至爲重要，而雞狗則爲至輕之物。雞狗走失了，就知道要去找回來；本心丟失了，反而不知道去找回來。這不是珍愛無關輕重的身外之物，反而遺忘了至爲寶貴的本心嗎？只是懶得去思考罷了。學問之事，包羅萬象，何止一端？但其方法則在於找回這顆走失掉的本心而已。只有將本心找回來，自會志氣清明，義理昭著，日漸上達；否則，此心昏昧放逸，就算整天忙著做學問，也不能有顯著的長進。所以程夫子才會說：「聖賢千言萬語，只是欲人將已放之心，約之使反復入身來，自能尋向上去，下學而上達也。」

第三百五十三條　養小體爲小人，養大體爲大人體有貴賤，有小大①。無②以小害大，無以賤害貴。養其小者爲小人③，養其大者爲大人④。

①體有貴賤，有小大：賤而小的，指口腹而言。貴而大的，指心志而言。
②無：通「毋」，不。下同。
③小人：指爲營生而忙碌的普通百姓。
④大人：指重視養德的正人君子。

我們軀體的各個部位，有貴賤的不同，有大小的區別。我們不能只顧賤而小的口腹；而妨害了貴而大的心志。只知保養口腹的，就是小人；懂得保養心志的，才是大人。孟子在這裡指出小人與大人的分別，就在於：小人只在乎滿足口腹之欲；大人則在乎如何養心、養德。人之所以爲人，就貴在能養心、養德。如果不能專心致志去養心、養德，那人與禽獸又有什麼差別？

第三百五十四條　心之官能思，先立乎其大者，則爲大人從其大體①爲大人，從其小體②爲小人。…耳目之官不思，而蔽於物，物交物，則引之而已矣③。心之官則思，思則得之，不思則不得也④。此天之所與我者。先立乎其大者，則其小者弗能奪也。此爲大人而已矣⑤。

①大體：指心而言。

②小體：指耳、目之類。

③耳目之官…引之而已矣：官，猶器官。耳能聽，目能視，但皆不能思。既不能思就會爲外物所蔽，那耳、目本身也只是物而已。那麼以外物與此物相交往，此物就會被外物牽引而去。

④心之官…不得也：我們全身的器官只有心才有思考的功能。思則能得到事物之理；不思則得不到事物之理。

⑤此天…大人而已矣：這三樣器官（耳、目、心）都是上天賜予我的，而以心爲大。先將心樹立起來，爲此身之主，而耳目之欲就不能喧賓奪主了，這就是大人。

依從其心志的，就是大人；依從其耳、目的，就是小人。…耳、目這些器官不會思考，很容易被外來的聲色事物所蒙蔽。耳、目本身不能思考，與一般的事物沒什麼兩樣，當外物與此物相接觸，就會被外物牽引而去。只有心這個器官會思考，思考就能得到事物之理，不思考就得不到它。這些器官都是上天賜予我們的。只要先樹立這個大體的心做爲一身之主，那小體的耳、目就不能來移奪我們的心志了。這就是所謂的大人啊！孟子在此指出，人的可貴就在於有會思考的這顆心，而這顆心有個特色，那就是你要用它來思考才能得到事物之理，要是你不用它來思考就得不到它。唉！茫茫天地，人在這廣闊無垠的天地之間顯得何其的渺小啊！但人就偏偏能與天地並參而立，就只因爲我們有這顆能思考的心。要是不好好善用這顆心，那我們就會被外物所役使，那與禽獸又有何不同？務必要使這顆心成爲我們一身之主，不能讓耳目口鼻之欲主宰我們！要使這顆心成爲我們一身之主，就要能靜得下來，勤於思考，如此就會日漸清明，道心日長，進德就快了。《書經》說：「思曰睿，睿作聖。」勤於思考，人就會變得明睿，久而久之，就能成聖成賢！

第三百五十五條　修其天爵，而人爵從之

古之人修其天爵①，而人爵②從之。今之人修其天爵，以要③人爵；既得人爵，而棄其天爵，則惑之甚者也，終亦必亡而已矣。

① 天爵：爵，祿位的等級。上天所賦予的爵位。指仁義忠信這些素質，乃自然可貴，人努力

多少，就會獲得多少，不假外求。

②人爵：世俗上所獲得的爵位，如古代的公卿大夫，現代的各種官職、頭銜、學歷。要獲得人爵，除了自己努力外，還要很多社會現實條件的配合。

③要：音一幺，求。

古時候的人，努力修持好上天所賦予的品德才幹，世俗的名位自然跟著來。現代的人修持天爵，爲的是追求世俗的功名利祿；當取得人爵之後，就捨棄了天爵，這眞是糊塗透頂，如此那已得的人爵，終也必將丟失。其實，「修其天爵」乃我們做人的本份，「人爵從之」乃不待求而自至。「修其天爵，以要人爵」，已經夠迷糊了；「既得人爵，而棄其天爵」，則更加糊塗了，其結果必然是連已得到的人爵都保不住！這就是放失本心，逐於外物，終而本末倒置的鮮明例子。

第三百五十六條　人人有貴於己者

欲貴者，人之同心也。人人有貴於己者①，弗思耳。人之所貴者②，非良貴③也。趙孟④之所貴，趙孟能賤之⑤。詩⑥云：「既醉以酒，既飽⑦以德。」

言飽乎仁義也，所以不願⑧人之膏粱⑨之味也；令聞廣譽⑩施於身，所以不願人之文繡⑪也。

①人人有貴於己者：指天爵而言，謂仁義、廣譽這些事。
②人之所貴者：指別人以爵位加諸己身而後貴。
③良貴：眞貴、最貴的意思。
④趙孟：趙文子、趙簡子、趙襄子皆稱趙孟，指晉國有勢力的貴族，能使人尊貴，也能令人卑賤。
⑤賤之：奪其官爵，使復爲平民。
⑥詩：見《詩經・大雅・既醉》。
⑦飽：充足。
⑧願：羨慕。
⑨膏粱：膏，肥肉。粱，美穀。膏粱，指珍美的食物。
⑩令聞廣譽：令聞，美好的名聲。廣譽，廣博的聲譽。
⑪文繡：華美的繡服。

想要變得尊貴，是人所共有的心理。其實，每個人在自己身上都有極爲尊貴的天爵，只是不去思考罷了。別人使我們變得尊貴，並不是眞正的尊貴。趙孟固然可以授人爵位，使人變得尊貴；趙孟同樣可以奪人爵位，使人變得卑賤。《詩經》上說：「既因美酒而微醉，既因德義而飽滿。」這是說，當此心充滿仁義時，就不再羨慕別人肥肉良穀的美味了；美好的名聲與廣博的聲譽施加在自己身上，就不再羨慕別人文繡華美的衣服了。孟子在此闡述了天爵與人爵的區別。人爵是身外之物，「趙孟之所貴，趙孟能賤之」，這就不是眞正的尊貴了。至於天爵則本諸吾人自身的修持，誰得而賤之？只有努力自修，使仁義充足而聞譽彰著，這才是眞正的尊貴。人能善自珍重，則外物自然微不足道。

第三百五十七條　仁亦在乎熟之而已矣

五穀①者，種之美者也；苟爲不熟，不如荑稗②。夫③仁亦在乎熟之而已矣。

① 五穀：稻、黍、稷、麥、豆。
② 荑稗：荑稗，音ㄊㄧˊ ㄅㄞˋ，似穀的草，可食，但不如五穀好吃。
③ 夫：音ㄈㄨˊ，助詞。

五穀是各樣可做成食物的種子中最好的，但如果還沒成熟，就不如成熟的荑稗好吃。而培養仁德也是同樣的道理，仁德是各種善德中最好的，務必要存養仁德達到純熟的程度，否則就不如一般的善德。因此培養仁德務必要達到沒有片刻的間斷，造次必於是，顚沛必於是。

〈告子下〉

第三百五十八條　不揣其本而齊其末，方寸之木可使高於岑樓

不揣其本而齊其末，方寸之木可使高於岑樓①。金重於羽者，豈謂一鉤金與一輿羽②之謂哉？取食之重者，與禮之輕者而比之，奚翅③食重？取色之重者，與禮之輕者而比之，奚翅色重？

① 不揣…岑樓：揣，猜度、考慮。本，指下。方寸之木，至爲卑下，喻食、色。岑樓，樓的高尖像山一樣，至爲高聳，喻禮。如果不取下面的平齊，而置寸木於岑樓之上，則寸木反高，岑樓反卑了。

② 一鉤金與一輿羽：鉤，通「鈎」。輿，大車。金本重而鉤小，故輕，喻禮有輕於食、色的時候。羽雖輕而一輿多，故重，喻食、色有重於禮的時候。

③ 奚翅：問辭。奚，何。翅，同「啻」，但。

不揣度事物的根本，而只看它末端的高低，那就算方寸這麼小的木頭，也可以使它比高聳的大樓還高。金子比羽毛重，這怎麼會是指一只小帶鉤的金子和一大車的羽毛來相比呢？拿吃東西最重要的（不吃就會餓死）和禮節中最無足輕重的（如飯前要洗手）相比，何止是吃東西比較重要？拿女色最重要的（不娶就娶不到妻子）和禮節中最無足輕重的（如要親自到女家迎娶）相比，何止是女色比較重要。在這一段話，我們可以看到孟子傑出的辯才。有人問孟子的學生屋廬子，食色與禮相比，哪個重要。屋廬子答說：禮比較重要。那人就再問，如果依禮就得餓死，不依禮就有得吃，如此還須守禮嗎？如果依禮就娶不到妻子，不依禮就娶得到妻子，那還要守禮嗎？屋廬子答不上來，就來向老師請教，孟子就講了這段話，還要他去向那個人反問：假使扭傷哥哥的手臂，搶奪他的食物，就有得吃；不去扭傷就沒得吃。那你會背禮去扭傷哥哥的手臂嗎？跳過東家的牆，去摟抱別人家的處女就能得到妻子；不摟抱就得不到。那你還會背禮去強摟別人家的處女嗎？

第三百五十九條　堯舜之道，孝弟而已矣

夫①人豈以不勝②爲患哉？弗爲耳。徐行後長者謂之弟③，疾行先長者謂之不弟。夫徐行者，豈人所不能哉？所不爲也。堯舜之道，孝弟而已矣。子服堯之服，誦堯之言，行堯之行④，是堯而已矣；子服桀之服，誦桀之言，行桀之行，是桀而已矣。

①夫：音ㄈㄨˊ，助詞。
②勝：音ㄕㄥ，勝任。
③弟：音ㄊㄧˋ，同「悌」，兄弟友愛。下同。
④行堯之行：第二個「行」音ㄒㄧㄥˋ，指人的行爲。做堯所做的事。

人哪有什麼事勝任不了的？只是不肯去做罷了。徐徐地跟在長輩後面走，叫做「悌」；疾步搶先走過長輩，就叫做「不悌」。而徐徐地走路，豈是人所做不到的嗎？只是不肯做罷了。堯舜的道理，不過是孝悌兩字罷了。你穿堯所穿的衣服，說堯所說的話，做堯所做的事，便是堯了。你穿桀穿的衣服，說桀所說的話，做桀所做的事，便是桀了。其實，孝悌乃是人的良知、良能，天生本性如此。而堯舜二聖固然是人倫的楷模，但也只是遵循天性而已，哪能額外加上任何絲毫人爲的努力呢？堯舜之道雖然弘大，但就顯現在行止徐疾之間，並沒什麼特別深奧難懂或甚高難行的事。因此爲善、爲惡，就取決於我們自己而已。要「服堯之服，誦堯之言，行堯之行」，那就成爲堯舜了；要「服桀之服，誦桀之言，行桀之行」，那就成爲桀紂了。

第三百六十條　舜其至孝矣，五十而慕

凱風①，親之過小②者也；小弁③，親之過大④者也。親之過大而不怨⑤，是愈疏也；親之過小而怨，是不可磯⑥也。愈疏，不孝也；不可磯，亦不孝也。孔子曰：「舜其至孝矣，五十而慕⑦。」

①凱風：《詩經．邶風》篇名，衛國有七個孩子的母親，想要改嫁，後爲孩子的孝心所感動，遂不復嫁，孟子以爲這是過之小者。

②過小：謂其過失僅及一身。

③小弁：弁，音ㄆㄢˊ。《詩經．小雅》篇名。周幽王娶申后，生太子宜臼。後又得褒姒，生伯服，而黜申后，廢宜臼。於是宜臼的老師作了小弁，以表達宜臼的哀痛迫切之情。宜臼即後來的周平王，他的老師即他的舅舅申侯。

④過大：謂其過失影響天下興亡。

⑤怨：指周平王怨恨父親幽王的過錯。

⑥不可磯：磯，音ㄐㄧ，水激石。謂稍微激之，就勃然大怒，喻不能容忍。

⑦ 慕：思慕。

〈凱風〉那篇詩中，母親的過錯還小；小弁這篇詩中，父親的過錯可大了。父母親的過錯大而不怨恨，那與父母親的情感就會更加疏遠；父母親的過錯小而怨恨，那就太不能容忍了。過於疏遠是不孝；不能容忍也是不孝。孔子說：「大舜是最爲孝親的人了，到五十歲還思慕著父母。」

第三百六十一條　以仁義存心則王，以利存心則亡

先生以利說秦、楚之王，秦、楚之王悅於利，以罷三軍之師①，是三軍之士樂罷而悅於利也。爲人臣者懷②利以事其君，爲人子者懷利以事其父，爲人弟者懷利以事其兄。是君臣、父子、兄弟終去仁義，懷利以相接③，然而不亡者，未之有也。先生以仁義說秦、楚之王，秦、楚之王悅於仁義，而罷三軍之師，是三軍之士樂罷而悅於仁義也。爲人臣者懷仁義以事其君，爲人子者懷仁義以事其父，爲人弟者懷仁義以事其兄。是君臣、父子、兄弟去利，懷仁義以相接也。然而不王者，未之有也。何必曰利？

①三軍之師：三軍，古時候大諸侯國所建立的軍隊，一軍爲一萬兩千五百人，三軍爲三萬七千五百人。師，軍隊的通稱。

②懷：內心所思。

③相接：互相接待。

先生如果用利益去遊說秦、楚的國王，秦、楚的國王悅於利益而撤退了三軍將士；因此三軍將士樂於撤軍而悅於利益。於是做人臣的，存著利心去事奉他的國君；做人子的，存著利心去事奉他的父親；做弟弟的，存著利心去事奉他的哥哥。這樣，君臣、父子、兄弟之間，到了最後就會完全拋棄仁義，只以利心來相接待，如此而不亡國的，是從來沒有的啊！先生要是以仁義去遊說秦、楚的國王，秦、楚的國王悅於仁義而撤退了三軍將士；因此三軍將士樂於撤軍而悅於仁義。於是做人臣的，懷著仁義之心事奉國君；做人子的，懷著仁義之心事奉父親；做弟弟的，懷著仁義之心事奉哥哥。這樣，君臣、父子、兄弟，都捨去貪利的心，懷著仁義的心相接待，如此不稱王於天下，是從來沒有的啊！何必一定要說「利」呢？孟子在此是針對宋牼想要以利害的觀點說服秦、楚兩國的君主偃旗息鼓。孟子坦率指出，遊說秦、楚之王，罷兵與民修養生息，從事情來看是一件事，但何以要做出罷兵的決定，在心志上，有義、利的不同，在效果上，有興、亡的差別，不能等閒視之。

第三百六十二條　伯夷、伊尹、柳下惠雖不同道，其趨一也

居下位，不以賢事不肖者，伯夷也；五就湯，五就桀者，伊尹也①；不惡汙君，不辭小官者，柳下惠也。三子者不同道，其趨一也。

①五就湯……伊尹也：伊尹之所以爲商湯效勞，是因爲商湯有三聘之誠。伊尹之所以爲夏桀效勞，則是因爲商湯的舉薦。當時湯豈會有伐桀之意，只是舉薦伊尹到夏桀的身邊，希望能使夏桀悔過遷善。伊尹既然被湯的誠意所感動，當然就會以湯的心念爲自己的心念，竭盡所能來讓桀悔過遷善。誰知桀執迷不悟，眾叛親離，臣民都歸向湯，天命不得已，才討伐夏桀。假使湯禮聘伊尹時，即有伐桀之心，而伊尹遂輔佐湯討伐桀，這樣就是以取天下爲心了。聖人的心怎會是以奪取天下爲心呢？

情願居處下位，不以自己的賢才去事奉不肖的國君，是伯夷。五次投奔商湯，五次投奔夏桀，治亦進，亂亦進，以天下之重爲己任，是伊尹。不厭惡卑汙的國君，也不推辭小官的人，是柳下惠。伯夷是「聖之清者」，伊尹是「聖之任者」，柳下惠是「聖之和者」，他們三人的處世之道各有不同，但他們的趨向是一樣的，都是具有仁心、仁德。

第三百六十三條　孔子則欲以微罪行，不欲爲苟去

孔子爲魯司寇①，不用②，從而祭，燔肉③不至，不稅冕而行④。不知者以爲爲肉也，其知者以爲爲無禮也。乃孔子則欲以微罪行，不欲爲苟去。君子之所爲，衆人固不識也。

①司寇：官名，古時候六卿之一，掌刑獄。

②不用：謂其言不被國君所採用。

③燔肉：燔，音ㄈㄢˊ。祭肉。

④不稅冕而行：稅，音ㄊㄨㄛ，通「脫」。冕，指祭冠。大夫以上的禮冠不可做爲常冠用。謂來不及脫下祭冠就走，喻極爲匆促。

孔子當魯國的司寇，得不到魯君的重用，跟從魯君去祭祀，而應該分得的祭肉沒有送來，於是連祭冠都來不及脫下就匆忙離去。不知道的人以爲孔子是爲了得不到祭肉而離去；知道的人以爲孔子是爲了魯君對他無禮而離去。其實，孔子是要藉著魯君犯的一個小過錯而離去，而不要無故離去。君子的所作所爲，一般人本來就難以理解啊！依照《史記》的記載，孔子在魯國當司寇時，攝行相事，齊國擔心如果孔子治理好魯國，那將是對齊國的一大威脅，因

此就處心積慮，送能歌善舞的一批美女給魯君。季桓子與魯君前往觀賞歌舞而疏於政事。子路就跟孔子說：「夫子可以行矣。」孔子說：「魯今且郊（祭），如致膰于大夫，則吾猶可以止。」季桓子終於決定接受齊國饋贈的女樂，而郊祭之後又不送膰肉給大夫。孔子就離開魯國了。那些「以爲爲肉」的人，固不足道；而「以爲爲無禮」的人，也未能眞正知道孔子。因爲孔子不想彰顯魯國君、相的過失，而又不願無緣無故離開父母家邦，所以不以女樂，而以「膰肉不至」爲由離去。孔子見幾而作，其用意忠厚，豈是一般凡夫俗子所能理解？

第三百六十四條　巡狩、述職與討伐

天子適諸侯曰巡狩①，諸侯朝於天子曰述職②。春省耕③而補不足，秋省斂而助不給④。入其疆，土地辟⑤，田野治，養老尊賢，俊傑在位，則有慶⑥，慶以地。入其疆，土地荒蕪，遺老失賢，掊克⑦在位，則有讓⑧。一不朝，則貶其爵⑨；再不朝，則削其地；三不朝，則六師移之⑩。是故天子討而不伐⑪，諸侯伐而不討。

① 天子……巡狩：狩，音ㄕㄡˋ。天子，古時天下最高的統治者。適，往。諸侯，天子所封各國之君。按古制，天子每十二年巡狩諸侯一次。

②述職：稱述自己所守的職務。按古制，諸侯每五年朝拜天子一次。

③省耕：省，音ㄒㄧㄥˇ。視察百姓耕種。

④省斂而助不給：給，音ㄐㄧˇ，充足。視察百姓的收成，有歉收不足的就補助其生活。

⑤辟：同「闢」。

⑥慶：獎賞。

⑦掊克：掊，音ㄆㄡˇ。善於聚斂的官吏，謂以苛稅斂取民財的官吏。

⑧讓：責備。

⑨貶其爵：貶降其爵位。

⑩六師移之：六師，指天子所建的六軍。古時一萬兩千五百人為一軍。移之，誅殺而另立國君。

⑪討而不伐：討，謂發出詔令，聲討其罪，而使方伯連師，帥諸侯以征伐。伐，謂奉天子之命，聲其罪以征伐。

天子每隔十二年巡視諸侯各國，這叫「巡狩」；諸侯每五年朝見天子一次，叫做「述職」。春天視察百姓耕種，補助種苗、農具的不足，秋天視察農作的收成，補助歉收的不足。天子進入諸侯的封疆，看到土地開闢，田野修整，能夠安養老人，敬重賢人，才能出眾的俊傑居職用事，就有賞賜，以土地作爲獎賞。要是進了諸侯的封疆，看到土地荒蕪，老人被遺棄，賢人流失，當官的人盤剝百姓，就給予責罰。諸侯一次不來朝見，就貶降他的爵位；兩次不來朝見，則削減他的封地；三次不來朝見就動用六軍征討他，另立諸侯。所以天子只聲討有罪的諸侯，而不親自征伐諸侯國；而諸侯則是奉天子之命去征伐，而不聲討有罪的諸侯。從「入其疆」到「則有讓」，講的是「巡狩」的事；從「一不朝」到「六師移之」，講的是「述職」的事。

第三百六十五條　今之諸侯，五霸之罪人也

葵丘①之會諸侯，束牲、載書而不歃血②。初命曰：「誅不孝，無易樹子③，無以妾爲妻④。」再命曰：「尊賢育才，以彰有德。」三命曰：「敬老慈幼，無忘賓旅⑤。」四命曰：「士無世官⑥，官事無攝⑦，取士必得，無專殺大夫⑧。」五命曰：「無曲防⑨，無遏糴⑩，無有封而不告⑪。」曰：「凡我同盟之人，既盟之後，言歸于好。」今之諸侯，皆犯此五禁，故曰：今之諸侯，五霸之罪人也。長君之惡⑫其罪小，逢君之惡⑬其罪大。今之大夫，皆逢君之惡，故曰：今之大夫，今之諸侯之罪人也。

①葵丘：春秋時宋國地名，今河南省蘭考縣內。

②束牲：歃血：束牲，把牲畜束縛著。書，盟約。載書，將盟約放在盒中，置於牲口之上。歃，音ㄕㄚˋ。歃血，以口微吸牲血，以表信守盟約。把牲畜束縛著，上面背載著盟書，並不殺牲畜來歃血。

③無易樹子：無，不，禁辭，下同。易，改變。樹，立。樹子，已立的世子。

④以妾爲妻：妾，俗稱小老婆。廢掉元配，而改立妾。

⑤無忘賓旅：賓，指賓客。旅，指旅居在外的人。要善待賓客和旅居在外的人，不要忘忽。

⑥士無世官：士，包括卿大夫。世官，指世代爲官。士世祿而不世官，恐其未必賢明。更且，世官則易於專擅攬權，以致政逮大夫而不可挽救。

⑦官事無攝：攝，兼代。指當廣求賢才來任官，不可讓官職兼代。

⑧無專殺大夫：專殺，擅殺。大夫如果有罪，應先請命於天子之後，然後才可以處決。

⑨無曲防：不要曲爲堤防，獨享水利，而以鄰國爲壑。

⑩無遏糴：糴，音ㄉㄧˊ，買米。謂鄰國有災荒，不能阻遏人家來買米。

⑪封而不告：指諸侯私自封食邑給大夫而沒事先呈報天子。

⑫長君之惡：國君有過，不能諫，還順著他，就是長君之惡。

⑬逢君之惡：逢，迎合。君的過錯尚未萌發，而以己意誘導他爲惡，就是逢君之惡。

齊桓公在葵丘召集的諸侯會議，只是縛綁著牲口，上面放著盟書，並沒有殺牲歃血。第一條盟誓說：「誅殺不孝的人，不得私換已經立了的世子，不得以妾爲正妻。」第二條盟誓說：「尊敬賢人，培育人才，並表彰有德行的人。」第三條盟誓說：「尊敬老人，慈愛幼小，不可忘忽賓客及旅居在外的人。」第四條盟誓說：「士不能代代爲官，要充分任用有賢德的人，官職不可兼代，錄用士人，必求其賢能，不能私自擅殺大夫。」第五條盟誓說：「不得建彎曲的堤防損害別國的水利，不得阻擾遇到災荒的國家購買本國的米糧，不得私自封賞土地給大夫而沒稟告天子。」又說：「凡我同盟的人，已經盟誓之後，就須歸於和好。」現在的諸侯全都違反了這五條盟誓，所以說，現在的諸侯是五霸的罪人。不進諫而任憑國君的罪惡滋長，這種罪過還小；居心逢迎國君的罪惡，這種罪過就大了。現在的大夫都是居心逢迎國君的罪惡，所以說，現在的大夫，是現在各諸侯的罪人啊！齊桓公主持的葵丘之會，所立的五條盟誓，其實，在於申明天子的禁令。蓋當時周天子式微，齊桓公以稱霸諸侯的形勢，主持大局，重申天子的禁令，以維繫天下，而第一條盟誓的那三件事，乃修身正家的根本。邵雍曾說：「治春秋者不先治五霸之功罪，則事無統理而不得聖人之心。」春秋時期，有功者未有大於五霸；有過者亦未有大於五霸。故五霸乃功之首，罪之魁。孟子此章正在申明此義。但是五霸得罪於三王，「今之諸侯」得罪於五霸，因爲處在不同時代，所以能逃避其罪責。至於「今之大夫」得罪於「今之諸侯」則是並時而在，而諸侯非但沒有能罪責其大夫，反以爲是良臣而厚禮對待，何其荒謬。

第三百六十六條　富桀與輔桀

君不鄉①道，不志於仁②，而求富之，是富桀也。……君不鄉道，不志於仁，而求爲之強③戰，是輔桀也。

①鄉：音ㄒㄧㄤˋ，同「向」。

②志於仁：心在於仁。

③強：奮力而爲。

國君不嚮往正道，不以仁愛存心，卻還爲他聚斂財富，這就是在替夏桀謀財富啊！……國君不嚮往正道，不以仁愛存心，卻還努力爲他奮戰，這就是在輔佐夏桀爲惡啊！孟子認爲君子事君很有講究，「務引其君以當道，志於仁而已」。亦即要能引導國君的所作所爲無不合於正道，而且隨時以仁存心。否則「君不鄉道，不志於仁，而求富之，是富桀也」；「君不鄉道，不志於仁，而求爲之強戰，是輔桀也」。

第三百六十七條　大貉小貉與大桀小桀

今居中國，去人倫，無君子①，如之何其可也？陶②以寡，且不可以爲國，況無君子乎？欲輕之於堯、舜之道者，大貉小貉也；欲重之於堯、舜之道者，大桀小桀也③。

① 去人倫，無君子：君子，指官吏。沒有君臣、祭祀、交際之禮，那就是「去人倫」。沒有百官有司，那就是「無君子」。

② 陶：製作陶器的人。

③ 欲輕之…小桀也：貉，音ㄇㄛˋ，通「貊」，古代北方夷狄國名。堯舜之道是抽十分之一的稅，抽多了，就是桀；抽少了，就是貉。今想減輕或加重，那就是大貉小貉或大桀小桀。

現在我們居住在文明的中國，假使捨棄了人倫的禮節，沒有治民的官吏，怎麼行呢？製作陶器的人太少了，會使國家的陶器不夠用，何況沒有官吏辦事呢？所以想要抽取比堯舜所定什一稅更輕的稅率，便是大貉小貉那樣的夷狄；想要抽取比堯舜什一稅更重的稅率，便是大桀小桀那樣的暴君了！這是孟子針對白圭所提什一稅減半的主張所發的議論。依《史記》記載，白圭能「薄飲食，忍嗜欲，與童僕同苦樂。樂觀時變，人棄我取，人取我與，以此居積致富。」白圭想用這套方術來治國。孟子指出中國是文明的，有禮樂典章制度，設置百官，政府要有固定的收入，才能爲人民提供高品質的服務，讓人民享受安居樂業，子弟接受良好的教育。所以自古以來，明君取於民有制，不能太多，否則就變成暴政；但也不能太少，甚至不取，那就倒退到蠻荒的無政府狀態。

第三百六十八條　禹以四海爲壑，不以鄰國爲壑

禹之治水，水之道①也，是故禹以四海爲壑②。今吾子③以鄰國爲壑，水逆行④，謂之洚水⑤。洚水者，洪水⑥也，仁人之所惡也。吾子過矣。

① 水之道：順水流的本性。

② 以四海爲壑：壑，音ㄏㄨㄛˋ，低窪受水的地方。四海，指中國四面的大海。將水排到中國四面的大海。

③ 吾子：相親的稱呼。子，男子的美稱。

④ 逆行：倒流。

⑤ 洚水：洚，音ㄐㄧㄤˋ，水流不走河道，氾濫成災。水不遵道，成爲洪水。

⑥ 洪水：大水。將水引到鄰國去，致水不遵道，到處氾濫，故稱洪水。

大禹治理水患，是順著水性來疏導，所以大禹將水排到圍繞中國四面的大海裡頭。現在你將水排到毗鄰的國家去，水倒著流，這叫「洚水」。洚水就是洪水，這樣做是有仁德的人所厭惡的。你錯了。這是孟子針對白圭自以為治水比大禹高明所提出的批評。

第三百六十九條　樂正子好善

夫①苟好善，則四海之內，皆將輕千里②而來告之以善。夫苟不好善，則人將曰：「訑訑③，予既已知之矣。」訑訑之聲音顏色，距④人於千里之外。士止於千里之外，則讒諂面諛⑤之人至矣。

①夫：音ㄈㄨˊ，助詞。下同。
②輕千里：輕，輕易。不以千里爲難、爲遠。
③訑訑：訑，音一ˊ。自以爲是，不喜好善言的樣子。
④距：同「拒」。
⑤讒諂面諛：讒，虛構惡言陷害別人。諂，逢迎巴結。面諛，當面奉承，俗稱拍馬屁。

一個人如果能喜好善言，那麼四海之內的人，都會不遠千里而來，告訴他各種善言。如果不喜好善言，那麼人們就會說：「他自以爲是，老是講：『我都已經知道了。』」「訑訑」這種自以爲是的聲音和臉色，會把人拒在千里之外。讀書人都止於千里之外，不願前來，那麼喜進讒言，諂媚奉承的小人便都來了。孟子因魯國要使其弟子樂正子主持國政，而高興得睡不著覺。因爲樂正弟子喜聞善言，孟子指出，爲政之要，不在於用個人一己之長，而在於要能善用天下之智。而其關鍵就在於能不能喜聞善言，要是能喜聞善言，則四海之內皆將不遠千里來相告；否則，善言不進，那麼讒諂面諛之人就蜂擁而至了。

第三百七十條　生於憂患，死於安樂

故天將降大任於是人也①，必先苦其心志，勞其筋骨，餓其體膚，空乏②其身，行拂亂③其所爲，所以動心忍性④，曾益⑤其所不能。人恒過，然後能改⑥；困於心，衡於慮，而後作⑦；徵於色，發於聲，而後喻⑧。入則無法家拂士，出則無敵國外患者，國恒亡⑨。然後知，生於憂患而死於安樂也。

① 天將降大任於是人也：降大任，使之任大事。以天言之，故曰「降」。是人，猶「其人」。
② 空乏：窮絕匱乏，無以爲衣食。
③ 拂亂：拂逆擾亂，使其不能稱心如意。

④動心忍性：激動其心志，堅忍其性情。

⑤曾益：曾，同「增」。增加。

⑥人恒過，然後能改：恒，常，大率。人經常犯了過錯，然後才能改正。

⑦困於…後作：衡，同「橫」。作，奮起。

⑧徵於…後喻：徵，驗。喻，曉。

⑨入則…國恒亡：入，指國內。出，指國外。法家，主管法度的世臣。拂，ㄅㄧˋ，同「弼」。拂士，輔弼的賢士。

所以上天要把大任降交給這個人時，必先磨礪他的心志，鍛鍊他的筋骨，飢餓他的體膚，窮乏他的身家，拂逆擾亂他的作爲，這些都是要激勵他的心志，堅忍他的性情，增強他尙有不足的能力。人經常犯了過錯，然後才能改正；心中受困，思慮不順，然後才能奮發振作；驗之於別人的臉色，聽到別人講出直白的話，然後才能警悟而通曉。對個人如此，對一個國家也是同樣的道理。國內如果沒有力行法制的臣子和直諫不諱的賢士，而國外也沒有敵對的國家和外來的禍患，這種國家經常很快就滅亡了。然後我們才知道，生存是在憂患困頓中奮鬥得來的，死亡則是在安定豫樂中怠忽所招致的啊！

〈盡心上〉

第三百七十一條　存心養性以事天

盡其心①者，知其性②也。知其性則知天③矣。存④其心，養⑤其性，所以事⑥天也。殀壽不貳，修身以俟之⑦，所以立命⑧也。

①心：人的神明所在之府，能具備眾理而回應萬事。
②性：人所稟受於天的本性。
③天：天道，天下之理無不本源於天。
④存：操持而不捨去的意思。
⑤養：順其本性而不相害的意思。
⑥事：事奉。
⑦殀壽不貳，修身以俟之：殀，音一ㄠ，短命而死。壽，長壽。貳，疑。俟，音ㄙˋ，等待。之，指殀或壽。
⑧立命：樹立天命。

讓我們的本心能全盡其具眾理、應萬事的作用，就能知道我們受之於天的本性。能知道我們的本性，就可了知天道。操存這個本心而不捨，順養這個本性而不以私意危害它，就是事奉天道。生命的長短，根本不用疑慮，重要的是，要用心修養自己的身心，靜待天命的到來，這就是在樹立天命。這是盡心篇的第一章，也是孟子心性論的開篇之作，對理學，不論是程朱或是陸王都有極為深遠的影響。朱子認為，「不窮理則有所蔽，而無以盡乎此心之量。故能極其心之全體而無不盡者，必其能窮夫理而無不知者也。既知其理，則其所從出亦不外是矣」。朱子直接以「知性」為《大學》的「物格」，以「盡心」為「知至」。他認為，「盡心、知性而知天，所以造其理也。存心、養性以事天，所以履其事也。不知其理，固不能履其事；然徒造其理而不履其事，亦無以有諸己矣。知天而不以殀壽貳其心，智之盡也。事天而能修身以俟死，仁之至也。智有不盡，固不知所以為仁；然智而不仁，則亦將流蕩不法而不足以為智矣」。清初毛奇齡並不同意這種看法，他認為「知性非物格，盡心非知至」。他主張，「知天」是「盡心之量而無所闕，則知心所自來，性所從出，此誠而明者」；「事天」是「存心養性，言從乎此」；「立命」則更降一等，因為是「修身俟死，困勉終身」，所謂「命」，是指「從天之命我者，使不殞耳」。毛奇齡認為「知天」「事天」「立命」乃孔孟論學的三個層次，分別為生知安行，學知利行，困之勉行。毛奇齡晚年作《四書改錯》，對朱子攻擊不遺餘力，但大多集中在訓詁、考據方面，於義理發明的貢獻極為有限，根本動搖不了朱子《四書章句集注》的威信。但對於〈盡心〉首章的解釋，實為毛奇齡在義理上難得一見的發明，頗值參考。

第三百七十二條　求在我者與求在外者

求①則得之，舍②則失之，是求有益於得也，求在我者③也。求之有道④，得之有命，是求無益於得也，求在外者⑤也。

① 求：求取。
② 舍：舍，通「捨」，捨棄。
③ 在我者：指原本我就有的仁、義、禮、智等善性。
④ 有道：有方法。
⑤ 在外者：指富貴利達，泛指所有的外物。

仁義禮智這些善性，只要用心去求取，就能得到；不經意捨棄，就會失去。這種求取是有助於獲得的，因爲所求的是我本性所具有的啊！富貴利達這些東西，雖然有求取的方法，想獲得卻得靠天命。這種求取是無助於獲得的，因爲所求的是我身外之物啊！其實，仁義禮智就是天爵，富貴利達就是人爵。爲仁由己，而由人乎哉？富貴在天，如不可求，則從我所好。

第三百七十三條　無恥之恥，無恥矣

人不可以無恥①。無恥之恥②，無恥矣。

① 人不可以無恥：人不可以無所羞恥。恥，即羞惡之心。

② 無恥之恥：以無恥爲可恥。

人不可以沒有羞惡之心。能以無恥爲可恥，那就沒有恥辱了。孟子說過：「無羞惡之心，非人也。」孔子也說過：「知恥，近乎勇。」可見羞恥心在孔孟思想中的重要性。一個人想要進學成德，就得要有強烈的羞恥心。有了羞恥心，才會過而能改，見善則遷。否則，因循委蛇，有過不改，見善不遷，如何成德？像二零零四年三月十九日下午，正是選舉台灣地區最高領導人的前一天，陳水扁爲了贏得選舉，不擇手段，自編自導兩顆子彈刺殺總統的事件，致使選情逆轉，結果只以極些微的票數贏得選舉。當時，在醫院內，他還不斷打電話，掌握選情變化，明明輕傷，卻給人造成生命垂危的假象，以此來爭取同情票。雖然他的陰謀得逞，但台灣的民主體制從此也蒙上了陰影。二零零六年扁家洗錢的醜聞爆發後，雖然在第一時間陳水扁向全台灣民眾道歉，但隨後堅不認錯，認爲要是認錯，就會全盤輸得精光，寧願揹負天下的罵名，也絕不認錯，可說是無恥到了極點。他甚至在法庭的書面答辯狀申訴，他八年總統任內，都是依照美國在台協會的指示辦事，因而主張他的案件不應由台灣法院審理，而應該移交美國審理。這種行徑比起向契丹俯首稱臣、自稱「兒皇帝」的石敬塘還不要臉。至於他的兒子陳致中嫖娼一事，更是令人嘆爲觀止，竟然支持者還以嫖的是台灣妹，又不是大陸妹，而且也付了錢，並不是白嫖，說這是愛台的表現。台灣社會被這種無恥至極的領導人顛倒是非整整八年，至今餘殃未息，怎不令人扼腕！

第三百七十四條　樂其道而忘人之勢

樂其道而忘人之勢①。故王公②不致敬盡禮，則不得亟③見之。

①　勢：權力。

②　王公：王，指天子。公，泛指諸侯。

③　亟：音ㄑㄧˋ，屢次。

樂於奉行自己所信的大道，而忘了別人的權勢。所以王公大人如果沒有用最誠敬的心意與最崇隆的禮節來善待賢士，就不能與他時常見面。孟子在此指出，手握大權的人應當委屈自己，尊禮賢士；而賢士也要「守死善道」，不能枉道以求利。表面上看來，王公與賢士兩者似乎相矛盾，實則相反以相成，乃是兩者各盡其道而已。

第三百七十五條　士窮不失義，達不離道

故士窮不失義，達①不離道。窮不失義，故士得己②焉；達不離道，故民不失望③焉。古之人，得志，澤④加於民；不得志，脩身見⑤於世。窮則獨善其身，達則兼善天下。

①達：顯達。

②得己：謂沒有丟失自己。

③民不失望：沒讓百姓失望。

④澤：恩澤。

⑤見：音ㄒㄧㄢˋ，顯名於世。

所以讀書人窮困時，不做不義的事；顯達了，不會背離正道。窮困時不做不義的事，所以讀書人不會丟失自己，能保持自己的善性；顯達了不背離正道，所以百姓不會對他失望。古時候的人，得志時，將恩澤施加到百姓身上；不得志，就修養自己顯名於世上。窮困時，獨自善待自身；顯達時，則讓天下百姓同享善道。孟子在此指出，讀書人能夠「尊德」，就有以自重而不會羨慕人爵的虛榮；能夠「樂義」就有以自安而不會受到外物的誘惑。如此，就能「窮不失義，達不離道」，不會被貧賤所移，也不會爲富貴所淫。內心對德義原則愈爲看重，則人爵、外物的誘惑就愈輕，如此則無往而不善矣。

第三百七十六條　所過者化，所存者神

夫君子所過者化①，所存者神②，上下與天地同流。

① 夫君子所過者化：夫，音ㄈㄨˊ，助詞。君子，在此爲聖人的通稱。所過者化，謂他所經過的地方，無不被其感化。

② 所存者神：謂心所存念的地方，就神妙莫測。

因此聖人所經過的地方，百姓無不受到感化；其心所存念的地方，就神妙莫測。他的德業十分盛大，簡直上下都可以與天地共同流行。孟子在此指出，王道之所以爲大，不像霸道只能小小補塞一些罅漏而已。因爲霸道只是假仁義之名，違道干譽，乃是有所爲而爲，豈能持久？至於王道則無不出於仁義，自然天成，無所作做，既不令人喜，也不令人憂，百姓「日遷善而不知爲之者」，這是爲政的最高境界。

第三百七十七條　仁言不如仁聲，善政不如善教

仁言，不如仁聲之入人深也①。善政，不如善教之得民也②。

①仁言…深也：仁言，謂以仁厚之言加於民。仁聲，即仁聞，謂有仁之實而爲眾所稱道。入人，感化人。

②善政…民也：政，指法度禁令，用來規範人的外在行爲。教，指「道之以德，齊之以禮」，用來匡正人心。

仁厚的言論，不如仁厚的聲譽感人深切。良好的法度禁令，不如良好的品德教化能得到百姓的擁戴。孟子在此指出，言教不如身教、禁令不如教化的道理。領導者要下命令，是輕而易舉的事。但如果領導者能先將自己修持好，那就可以「不令而行」；反之，自己恣意妄爲，豈能服人，如此將「雖令不從」。

第三百七十八條　人之有德慧術知者，恒存乎疢疾

人之有德慧術知者，恒存乎疢疾①。獨孤臣孽子②，其操心③也危，其慮患也深，故達④。

①人之有……疢疾：知，音ㄓˋ，同「智」。恒，常。疢，音ㄔㄣˋ。疢疾，猶災患。人所以會有德行、智慧、道術與才智，經常是由於處在患難之中，能夠力學，所以才能成德。

②孤臣孽子：孤臣，指遠離國君而孤立的臣子。孽子，指庶出的兒子。這兩種人皆難以得到君親的喜愛，所以常有疢疾。

③操心：用心。

④達：謂達於事理，指「有德慧術知」而言。

人的德行、智慧、道術與才智，經常是在憂患中磨練出來的。所以只有孤立的臣子與微賤的庶子，他們常懷戒慎恐懼之心，存著深遠的憂慮，所以能通達事理。這裡孟子所講的，也是「生於憂患，死於安樂」的道理。以動物爲例，像百獸之王的獅子，因爲天生體型壯碩，牠就發揮不出狐狸的狡黠；反之，狐狸身軀瘦小，如果又不狡黠，那很快就絕種了。假使獅子除了天生的勇猛，又兼具狐狸的狡黠，那牠將橫行天下。還好，上天有好生之德，賦予每

種生物一種內在的限制，像獅子的繁殖力就很差，老鼠的繁殖力就特別強。而人做為五行之秀、萬物之靈，被上天賦予一顆能思考的心，因此在疢疾中，固然能砥礪出不凡的「德慧術知」，而自覺有天命的人，就算在順境之中，仍能培養出不凡的「德慧術知」。這就知道，靠惡劣環境的磨練而奮鬥不懈，固然可嘉。沒有惡劣環境的磨練，而猶能鞭策自己，成德成才，則尤屬難能可貴。

第三百七十九條　君子有三樂

君子有三樂，而王天下不與存焉①。父母俱存，兄弟無故②，一樂也。仰不愧於天，俯不怍③於人，二樂也。得天下英才而教育之，三樂也。君子有三樂，而王天下不與存焉。

①王天下不與存焉：王、與，均讀去聲。王，指稱王天下。與存，猶言「在內」。

②無故：故，在此當作「死」解。沒有死。

③怍：慚愧。

君子有三種快樂，而稱王天下卻不包含在內。父母俱在、兄弟無故，這是第一種快樂。

上無愧於天，下無怍於人，這是第二種快樂。能得到天下才華出眾的人來教導培育他們，這是第三種快樂。君子有三種快樂，而稱王天下卻不包括在內。第一種乃人所深願而不可必得的，現在既然得到，其樂可知。第二種，只要人能隨時隨地克己功深，就能俯仰無愧，心廣體胖，其樂可知。第三種能「得天下英才而教育之」，則聖道之傳有人，後世將有更多人得到聖道的恩澤，而這正是歷來聖賢最大的願望，今既得之，其樂可知。這三種快樂，一係於天，一係於人，其可以自己努力而得的惟有不愧不怍而已，豈可不更加勉力而為呢？

第三百八十條　仁義禮智根於心

君子所性①，仁義禮智根②於心。其生③色也，睟然④見於面，盎⑤於背，施於四體，四體不言而喻。

① 所性：所得於天的本性。
② 根：本源。
③ 生：顯現。
④ 睟然：睟，音ㄙㄨㄟˋ。清和潤澤貌。
⑤ 盎：豐厚盈溢貌。

君子的天性，是仁義禮智根本於心。所流露出的顏色，十分清和潤澤地顯見在臉上，豐潤盈溢在背上，施行到四肢，四肢的舉止動作，自然合於正道，不待吾言，而自能曉吾意。這是由於氣稟清明，了無物欲之累，則吾人本性的四德，根本於心，其積累之盛，則發而著見於外如此，不待言而無不順暢矣。

第三百八十一條　遊於聖人之門者難爲言

孔子登東山而小魯，登泰山而小天下①。故觀於海者難爲水，遊於聖人之門者難爲言②。

①孔子…小天下：東山，今山東省費縣西北的蒙山，當時在魯國的都城曲阜的東邊，故稱「東山」。泰山，今山東省泰安市境內，爲五嶽中的東嶽，當時在齊、魯兩國的交界。小魯，小天下，即視魯國與天下都小了。

②故觀…爲言：聖人，指孔子。遊，遊學，指出外拜師求學。難爲水、難爲言，即難乎其爲水、其爲言的意思。

孔子登上東山，就覺得魯國小了；登上泰山，就覺得天下也變小了。所以觀看過大海的人，認爲其它河、湖都難以和大海相比；遊學過聖人門下的人，認爲其它流派的言論都難以和聖人之言相比了。這是在說明聖人之道至爲弘大。所處愈高，則其視下愈小。所見既大，則其小者就不足觀了。

第三百八十二條　利與善之間

雞鳴而起，孳孳①爲善者，舜之徒②也。雞鳴而起，孳孳爲利者，蹠③之徒也。欲知舜與蹠之分，無他，利與善之間④也。

①孳孳：同「孜孜」，勤勉貌。
②徒：同類的人。
③蹠：音ㄓˋ，同「跖」，即盜跖，春秋魯國賢人柳下惠之弟。從卒有九千人，驅人牛馬，取人婦女，侵暴諸侯，横行天下。
④間：喻相距極微的意思。

一早雞叫就起來，孜孜行善的，是舜這一類的人；一早雞叫就起來，孜孜爲財利的，是盜蹠這一類的人。想要知道舜與盜蹠的區別，沒有其他方法，只在謀求財利與行善之間這麼些微的不同而已啊！才剛一離開行善，便是以財利爲考量，豈可不愼？

第三百八十三條　執中無權，猶執一也

執中無權①，猶執一也。所惡②執一者，爲其賊③道也，舉一而廢百也。

①無權：不用權。權乃稱錘，所以稱物之輕重而取其中。執中而無權，則膠於一定之中而不知變，也是另一種方式的執一。

②惡：音ㄨˋ，厭惡。

③賊：害。

執中本是針對具體的情況而隨時調整，採取最爲恰當的處理方式，並不是死守一個「中」字而不知權變，這種不懂權變的「執中」仍然是執守一偏之見。之所以厭惡執守一偏之見的人，是因爲他傷害了正道，只知頑固地執守一方面，而廢棄了其他各方面。這裡闡述，「道」最可貴的是「中」，而「中」最可貴的又是「權」。

第三百八十四條　飢渴未得飲食之正

飢者甘①食，渴者甘飲，是未得飲食之正也，飢渴害之也。

① 甘：美味。

飢餓的人，任何食物都覺得可口好吃；口渴的人任何湯水都覺得甘甜好喝。這是由於沒能得到飲食的正道，是飢渴害了他偏離了飲食的正道。孟子舉這個例子來說明：人不只口腹會受到飢渴的傷害，人心也常因爲遭逢困境而偏離正道。這就點出了爲學求道的重要，只有戮力聖學，才能深明義理，擇善而固執之。如此，就算遭逢困境，就能「貧賤不能移」、「富貴不能淫」，甚至也能「威武不能屈」。

第三百八十五條　無伊尹之志，則篡也

有伊尹之志①，則可；無伊尹之志，則篡②也。

① 志：志向，此處指忠心。

② 篡：奪取王位。

有伊尹的忠心而放逐其國君，那就可以；假使沒有伊尹的忠心而放逐其國君，那就是篡逆。這是孟子針對弟子公孫丑提問的回答。當年商湯崩殂後，嫡長孫太甲繼位，不依商湯的成法行事，被伊尹流放到湯墓所在的桐地，使自反省。過了三年，太甲懺悔改過，又在桐地修行仁義三年，伊尹才把太甲迎回亳都。公孫丑就問，賢者身為人臣，遇到不賢的昏君，是否就可以將他流放。孟子的答覆直點問題的核心，那就是要有伊尹的那一片赤誠忠心，才可流放君王；否則，就是篡逆。

第三百八十六條　君子使人君安富尊榮，使其子弟孝弟忠信

君子居是國也，其君用之，則安富尊榮；其子弟①從之，則孝弟忠信。「不素餐兮②」，孰大於是？

① 子弟：國中公卿大夫的子弟。

② 不素餐兮：出自《詩・魏風・伐檀》。素，空。素餐，謂無功而食祿。

有德君子居處在這個國家，如果國君能重用他，就可以安定富足，尊貴榮耀；國中卿大夫的子弟追隨他，就會養成孝悌忠信的美德。所謂「切勿無功而食祿」，請問還有哪種功績

比這樣更大的呢？這是孟子針對弟子公孫丑提問的答覆。公孫丑認爲，現在的君子不耕作而拿公家的俸祿，好像違反了《詩經》「切勿無功而食祿」的告誡。可見，一個有德君子平時要專心致志進德修業，不可奢望富貴利達，否則一旦受到重用，沒辦法讓信任他的領導「安富尊榮」，沒法讓追隨他的後輩晚生「孝弟忠信」，那就俯仰有愧了。

第三百八十七條　居仁由義，大人之事備矣

仁義而已矣。殺一無罪，非仁也；非其有而取之，非義也。居惡在①？仁是也；路②惡在？義是也。居仁由義，大人③之事備矣。

① 居惡在：惡，音ㄨ，問詞，作「何」解，下同。謂心居何處。

② 路：謂行事所由。

③ 大人之事備矣：大人，指公卿大夫。謂讀書人雖沒有大人之位，而其志向高尚，則大人之事，體用已全。

（讀書人最重要的是，要能夠使自己的心志高尚。而所謂的高尚其志，其實，就是）心存仁義罷了。殺了一個無辜的人，就是不仁；不是自己的東西而佔有它，就是不義。靜處時，

以仁存心；處事時，惟義是從。能以仁存心，行事由義，就具備做大人的條件了。這是孟子針對齊王之子（王子墊）有關讀書人做什麼工作的答覆。因爲一般人認爲，四民之中，農、工、商，各有工作，唯獨讀書人好像游手好閒，無所是事。孟子在此指出，讀書人的主要工作就是「尚志」，也就是要高尚其志。換句話說，讀書人擔負著弘揚仁義道德、傳承優秀文化的使命，這是公、卿、大夫等貴族與農、工、商等庶民所無法取代的。

第三百八十八條　居使之然也

王子①宮室、車馬、衣服多與人同，而王子若彼者，其居使之然也；況居天下之廣居者乎？魯君之宋，呼於垤澤之門②。守者曰：「此非吾君也，何其聲之似我君也？」此無他，居相似也。

①王子：這裡指齊王之子。
②呼於垤澤之門：垤，音ㄉㄧㄝˊ。垤澤，宋國城門名。宋城，今河南省商丘市。呼，叫喚。

王子的住宅、車馬、衣服，大多跟別人一樣，而王子的氣質卻明顯與別人不同，這是因爲他所處的地位使他那樣，何況那處在天下最廣大居處的仁人呢？以前魯國的國君到宋國，呼喊垤澤城門上的守衛，守衛說：「這個人並不是我們的國君，但他的聲音怎會那麼像我們的國君啊！」這沒其他原因，只因爲所處地位相似的緣故。孟子在此指出，人所處的地位、環境，對其人格、氣質的養成影響很大。他認爲「居移氣，養移體」，這是說，人所居處的地位不同，則其奉養的條件也隨而不同，其結果是，顯現出來的「氣體」也就不同。由此引申出，人的心量、氣度不同，則其人格、氣質也會不同。讀書人貴在「居天下之廣居」，能用心思考，進而反思。凡事行有不得，就反求諸己，如此德業進進不已。久而久之，其氣質自有王子者流所難以迄及的。

第三百八十九條　惟聖人，然後可以踐形

形色①，天性②也；惟聖人，然後可以踐形③。

① 形色：形，指人的形體。色，指人的容貌面色。「形」字重，「色」字輕，「色」便在「形」裡面，故下文只說「踐形」。

② 天性：上天所賦與的本性。

③ 踐形：踐，如踐言之踐。形，此「形」包括「色」，是指這有形色的東西，如腳著著實實踩踏著，使其充分發揮作用，而沒有絲毫的缺憾。踐形，充人之形。如耳是形，必盡其聽，

然後能踐耳之形；目是形，必盡其明，然後能踐目之形。

人的形體容色是上天所賦與的本性。只有聖人才能將此形體容色發揮得淋漓盡致。上天賦與人生命，人從上天得到形體容色，我們的耳、目、口、鼻無不具有特定的作用：耳就得無有不聰，目就得無有不明，口就得盡別天下之味，鼻就得盡別天下之嗅。聖人與常人一樣。只是眾人有氣稟之偏，物欲之累，雖同是耳，卻不足於聰；雖同是目，卻不足於明；雖同是口，卻不足以別味；雖同是鼻，卻不足以別嗅。雖有是形，惟其不足，故不能充踐此形。只有聖人耳則十分聰，而無一毫之不聰；目則十分明，而無一毫之不明；至於口、鼻莫不皆然。惟聖人如此，方可以踐此形；惟眾人如彼，自不能踐此形。程夫子對這段話如此詮釋：「聖人盡得人道而能充其形也。蓋人得天地之正氣而生，與萬物不同。既爲人，須盡得人理，然後稱其名。眾人有之而不知；賢人踐之而未盡；能充其形，惟聖人也。」聖人完全得到人之所以爲人的道理，所以能充分體現出人天生所應有的形色。因爲人本就是五行之秀，只有人才能得到天地的正氣而生，其他萬物所得到的陰陽五行之氣既偏且不全。既然有幸爲人，就應盡一切所能，得到人之所以爲人之理，然後才能名實相稱。一般凡夫俗子，徒有人的形色而不知踐形；賢明的人雖然知道踐形，卻不能充分做到極致；只有聖人才能做到。顏元也說：「人不能作聖，皆負此形也。人至聖人，乃充滿此形也。」正因爲「惟聖人，然後可以踐形」，所以孔門弟子在編纂《論語》時，特別在〈鄉黨〉篇收錄聖人日常生活起居中「形色」的點點滴滴；而朱子在編纂《近思錄》時，特別在最後一卷〈聖賢氣象〉，收錄足以體現聖賢「形色」的文字，以爲後學學習的榜樣。其實，耳、目、口、鼻不能思考，對人來講，只是「小體」，而只有聖人才可以「踐形」。至於能夠思考的心，則是「大體」，但也只有聖人才能「盡心」「知性」「知天」，這卻又是不能不知的！所以戴震才會說：「踐形之與盡性、盡其才，其義一也。」

第三百九十條　君子之所以教者五

君子之所以教者五：有如時雨化之①者，有成德②者，有達財③者，有答問④者，有私淑艾⑤者。此五者，君子之所以教也。

① 時雨化之：時雨，及時之雨。化，指變化生長。植物的生長，除了人力的栽培，及時雨露的滋長，至關重要。而教育學子，除了平常教學外，及時的點化也十分重要。

② 成德：謂因其固有的德行，教之使有成就。

③ 達財：財，通「材」。謂因材施教，使之通達有用。

④ 答問：就其所問而解答。

⑤私淑艾：艾，音一ˋ，治。指人或不能及門受業，但從別處聞得君子之道，就私下拿來善治其身。

君子用來教誨人們的方法有五種：有像及時的雨露滋潤萬物一樣的，如孔子之於顏回、曾參；有成就人的德行的，如孔子之於冉有、閔子騫；有通達人的才幹的，如孔子之於子路、子貢；有解答提問而啓發人的，如孔子之於樊遲、孟子之於萬章；有讓人雖未能及門受業而私自以其君子之道善治其身的，如孔子之於孟子，孟子之於墨者夷之。

第三百九十一條　中道而立，能者從之

大匠①不爲拙工改廢繩墨②，羿不爲拙射變其彀率③。君子引而不發④，躍如⑤也。中道而立，能者從之。

①大匠：手藝高明的木匠。

②繩墨：木工用以劃直線的工具，俗稱墨兜。即在木匣內浸墨線，頭繫於錐上，用的時候，以錐固定之，再拉墨線定於此端，將線拉高彈之，使墨色著於木上成一直線。

③彀率：彀，音ㄍㄡˋ。率，音ㄌㄩˋ。謂彎弓的極限。

④引而不發：引，引弓。發，放箭。

⑤躍如：像踴躍而出的樣子，沿上文彀率而說。君子教人，只教以學習的方法，而不講學得之後的美妙，就像射箭的人只是引弓而不放箭一樣，雖不講出來，卻已然踴躍而現於眼前了。

高明的木匠，不會爲了笨拙的學徒而改變或廢棄使用繩墨的方法。神射手后羿，也不會爲了笨拙的習射者而改變他彎弓的極限。君子教人，好比射箭，只是拉開弓而不放箭，然而箭在弦上，已有蓄勢待發的態勢了。所以君子教人依循中道來立身行世，不會太難，也不會太輕易，讓能學、想學的人跟得上就可以。

第三百九十二條　有所挾而問，皆所不答

挾①貴而問，挾賢而問，挾長②而問，挾有勳勞而問，挾故而問，皆所不答也。

①挾：音ㄒㄧㄝˊ，倚仗。

②長：音ㄓㄤˇ，年長。

凡是倚仗尊貴來提問的，倚仗賢能來提問的，倚仗年長來提問的，倚仗功勞來提問的，倚仗故舊來提問的，都是我不願回答的。有所倚仗，則其受道之心不專，因此不予答覆。君子雖說誨人不倦，但卻厭惡誠意不足的人。

第三百九十三條　其進銳者，其退速

於不可已①而已者，無所不已；於所厚②者薄，無所不薄也；其進銳者，其退速③。

① 不可已：已，止。謂所不可不爲的事。

② 所厚：所當厚待的。

③ 其進銳者，其退速：進銳者，用心太過，其勢不能久，故易衰而退速。

對於不該中止的事，竟中止不做，那就沒什麼事不可中止的了。對於該厚待的人，卻刻薄對待，那就沒什麼人不可以刻薄以待了。凡事前進得太快，倒退起來也最快。這三件事的弊病，乃理勢之必然。雖然有過與不及的差別，但結果同樣歸於廢弛。由此可見存心養性的重要，只有心性平和，沉著穩健，才不會犯這三樣過錯。

第三百九十四條　親親而仁民，仁民而愛物

君子之於物也，愛之而弗仁①；於民也，仁之而弗親②。親親而仁民，仁民而愛物③。

①君子…弗仁：物，指禽獸草木。愛，謂取之以時，用之有節。君子對物要愛護，而不加諸仁。仁是推己及人，如幼吾幼以及人之幼，於民則可，於物則不可。
②於民…弗親：對於百姓當視民如傷，仁慈對待，但不能以親人待之，因爲愛有親疏之分。
③親親…愛物：先親愛自己的家人、親人，然後仁慈對待百姓，然後再愛護萬物，由親及人，由人及物。

君子對於禽獸草木，要愛護它們，取之以時，用之有節，儘量讓它們繁殖、茂盛，但不要以待人的仁德對待它們。對於百姓，要仁慈對待他們，但不能以對待親人的感情對待他們。君子要先親愛自己的至親，慢慢推擴出去，仁慈對待百姓，再由此而推及到愛護禽獸草木。

第三百九十五條　知者急先務，仁者急親賢

知者無不知也①，當務之爲急；仁者無不愛也，急親賢之爲務。堯、舜之知而不徧物，急先務也；堯、舜之仁不徧愛人，急親賢也。

①知者無不知也：上面的「知」，通「智」；下面的「知」，音ㄓ。

有智慧的人，雖然可以無所不知，但總要以當前該做的事爲急；有仁德的人，雖然可以無所不愛，但總要以親近賢人爲要務。以堯、舜的智慧而不能徧曉一切事物，因爲要急於要緊的事。以堯、舜的仁德而不能徧愛天下百姓，因爲要急於親近賢人。孟子在此指出，事物有輕重緩急，就算有堯、舜般的仁、智，也要善加運用在「急親賢」「急先務」上，否則就會犯了「不知務」的錯誤。如此一來，就算能徧知人之所知、徧能人之所能，這也是白費精神，對天下的平治了無助益。同樣地，徒有仁民愛物之心，而其仁卻不急於親賢，那將導致小人在位，仁政無由下達，聰明日蔽於上，而惡政日加於下。

〈盡心下〉

第三百九十六條　不仁哉，梁惠王也

不仁哉①，梁惠王也！仁者以其所愛及其所不愛②，不仁者以其所不愛及其所愛③。

①不仁哉：梁惠王好戰殺人，故孟子批評他「不仁哉」。

②仁者…不愛：親親而仁民，仁民而愛物，這就是以其所愛及其所不愛。

③不仁者…所愛：惠王覬覦鄰國的土地而戰，其民死亡遍野，骨肉糜爛而不安葬。出師不利，又想報復，但恐士卒少不能勝，故又驅其所愛近臣及子弟出戰，跟從其「所不愛」一起往趨死亡。所愛，指其子，太子申。所不愛，指一般百姓。按梁惠王三十年，梁伐趙，趙王求救於齊，齊宣王用孫臏計，敗梁於馬陵，擄梁太子申，殺梁將龐涓。

梁惠王何其不仁啊！有仁德的人愛惜別人，是由他所最親愛的，推及到他所不親愛的；沒有仁德的人傷害別人，是由他所不親愛的推及到他所最親愛的。可見仁者的恩澤是自內及外；而不仁的禍害則由疏逮親，可不慎哉？

第三百九十七條　舜隨所遇而安之

舜之飯糗茹草①也，若將終身焉；及其為天子也，被袗衣②，鼓琴③，二女果④，若固有之⑤。

①飯糗茹草：飯，音ㄈㄢˇ，動詞，吃。糗，音ㄑㄡˇ，乾糧。茹，吃。草，野菜。
②被袗衣：被，音ㄆㄧ，通「披」。袗衣，有彩繡花紋的衣服。
③鼓琴：彈琴。
④二女果：二女，由堯嫁給舜的兩位女兒，娥皇與女英。果，女侍。
⑤若固有之：言其行所無事，不改常態。

舜在野時，吃乾糧野菜，像要終身如此似的。當上天子之後，穿了有彩繡的衣服，操彈古琴，又有帝堯兩位女兒事奉他，就像本來就擁有一樣。這是在說，聖人的心，不會因為貧賤而有所期待於外，也不會因為顯達而有所躁動於中，隨遇而安，從容中道，不以物喜，不以己悲。

第三百九十八條　身不行道，不行於妻、子

身不行道，不行於妻、子①；使人不以道，不能行於妻、子②。

①身不…妻子：身不行道，指一個人的德行不依循正道，那麼他妻兒的德行也不會依循正道。

②使人…妻子：使人不以道，指役使別人不依循正道，那麼就算是自己的妻兒也役使不動。

自身不履行正道，而想要別人行正道，雖自己的妻兒也不肯履行。役使別人不依循正道，連自己的妻兒也沒法役使。孟子在此重申儒學的一項基本原則，那就是恕道：「己所不欲，勿施於人」。想要自己的妻兒有良好的德行，那自己就要以身作則，躬行仁義道德。如果連自己的妻兒都不聽自己的話了，豈能奢望別人會聽從你的話？說來說去，總結一句話，那就是先把自己修養好，就可以成爲妻兒的楷模，就可以「修己以安百姓」。

第三百九十九條　民貴君輕

民爲貴，社稷①次之，君爲輕。

①社稷：社，土地之神。稷，音ㄐㄧˋ，五穀之神。古代立國時，政事堂的東面設社壇，西面設稷壇，因此以社稷象徵國家。

百姓最重要，國家其次，國君是最爲無關緊要的。孟子早在兩千四百多年前就提出「民貴君輕」的民本思想，而歐洲最早提出與此類似的「國民主權」思想的則是五百年前西班牙的薩拉曼卡學派（School of Salamanca）。相較之下，孟子要比西方最先進的思想流派還要早一千九百年就提出當今民主政治、法治國家的最基本命題。其實，孟子「民貴君輕」的思想源自《尙書》中的「民爲邦本，本固邦寧」，「天視自我民視，天聽自我民聽」，而且也受到孔子的啓發。「國民主權」在法國大革命後才取代了「君王主權」，而成爲時代的潮流，但這已是最近兩百多年的事了。所謂「主權」，是指至高無上的權力，「國民主權」認爲，國家的最高權力屬於國民全體，國家是爲國民而存在，不是國民爲國家而存在。國家要保護國民生命、財產的安全，維護國民的正當權益。管理國家的統治者要得到被統治者的同意。如果統治者沒法忠實履行職務，被統治者可以換掉統治者。這個思路不就是孟子所說的「諸侯（按即統治者）危社稷（按即國家），則變置」嗎？而孟子這種「民貴君輕」的思想早就浸熟灌透入中華民族的靈魂深處，爲商湯與周武王的革命乃是順天應人的正當性提供了堅實的理論基礎，這種文化積澱可是中國傳統所獨有，它是中華民族之所以可以自豪地矗立於世界民族之林的寶貴文化資產！

第四百條　去國之道

孔子之去①魯，曰：「遲遲吾行也。」去父母國之道也。去齊，接淅②而行，去他國之道也。

① 去：離開。

② 接淅：接，承接。淅，漬米水，俗稱淘米水。洗了米，將要煮飯，而要急著離開，所以用手承接淘米水，撈出米粒而行，顧不及炊煮，喻動身之快。

孔子要離開魯國時，說：「我要慢慢地走。」這是離開父母家邦應有的態度。當他要離開齊國時，連飯都來不及煮，撈起已經淘洗好的米就走了。這是離開別國的態度。父母家邦，生我育我，非不得已，豈忍離去。既要離去，也要「遲遲吾行」，依依不捨。至於其他國家，就沒有這份依戀的情感，當然是「接淅而行」。

第四百零一條　命也，有性焉，君子不謂命也

口之於味也，目之於色也，耳之於聲也，鼻之於臭①也，四肢之於安佚②也，性也，有命焉，君子不謂性也。仁之於父子也，義之於君臣也，禮之於

賓主也，智之於賢者也，聖人之於天道也，命也，有性焉，君子不謂命也。

① 臭：臭，音ㄒㄧㄡˋ，通「嗅」，泛指一切氣味，但在此指香味。

② 安佚：同「安逸」。

嘴巴對於美味，眼睛對於美色，耳朵對於音樂，鼻子對於香味，四肢對於安逸，是人人所喜愛的，一般認爲，這是人的本性，但卻不能樣樣如願，能滿足多少，其中有天命。所以君子不把這五種說成是天性，不會刻意去追求它們。父子間的仁愛，君臣間的道義，賓主間的禮節，賢者所追求的智慧，聖人與天道的融渾爲一，一般認爲這是命定的，事實上，卻是人的本性。所以君子不把這五種看成天命，反而是努力去追求它們。其實，前面的口、目、耳、鼻、四肢，與後面的仁、義、禮、智、天道，都是人性中所有，也與天命分不開。譬如易牙的味覺迥異於常人，這就是天命。但是一般人認爲前五者爲天性，雖不能必得，卻苦苦追求；認爲後五者爲天命，稍有不及，就不再努力求取。所以孟子將兩者分開，強調君子要致力於仁、義、禮、智與天道，對於口、目、耳、鼻、四肢則隨所遇而安之。

第四百零二條　善、信、美、大、聖

可欲之謂善①，有諸己之謂信②。充實之謂美③，充實而有光輝之謂大④，大而化之之謂聖⑤，聖而不可知之之謂神⑥。

①可欲之謂善：可欲，可愛、可求。言人人都認爲他可愛而不可惡，就是善人。
②有諸己之謂信：凡是善的，都實有諸己，如惡惡臭，如好好色，就是信人。
③充實之謂美：力行其善，至於充滿而積實，則美在其中，而無待於外。
④充實而有光輝之謂大：和順積中，而英華發外，美在其中；而暢於四肢，發於事業，則德業之盛無以復加，這就是大人。
⑤大而化之之謂聖：大而能化，使其大得泯然不再有可見之蹟，這就是不思不勉，從容中道的聖人了。
⑥聖而不可知之之謂神：聖而不可知，指聖到至妙處，人所不能測，並不是說，聖人上面還有另一等神人。

人人都覺得他可愛而不可惡，就是善人。只要是善的，他都實有諸己，就是信人。行其善，至於充滿而積實，就是「美」。充實於內而能發於事業，就是大人。大而能醇化致無形蹟可見，就是聖人。這時純熟到至妙處，人莫能測，就是「神」。其實，爲學首重在「有諸己」而已，能把仁、義、禮、智實有諸己，則居之也安，資之也深，如此，就可以漸漸達到「美」與「大」的境界。否則，光知「善」之可欲，卻若存若亡，不能「有諸己」，如此很難不被世俗所同化的。孟子在此講出爲學的境界，由善、信、美、大，而聖、神。人性本善，但我們必先要能「明乎善」，才能「有諸己」，堅持努力，自可達到「美」「大」。至於「聖」「神」則有賴於克己功深，至誠無息，存養既熟，自能純亦不已。

第四百零三條　寶珠玉者，殃必及身

諸侯之寶三①：土地，人民，政事。寶珠玉②者，殃必及身。

① 寶三：寶，名詞，貴重的事物有三種。

② 寶珠玉：寶，動詞，以珠玉爲可貴。

諸侯所寶貴的有三項：土地、百姓與政事。若把珠玉當寶貴，禍害一定會降臨他身上。把土地當寶貴，那就會好好開發利用，保護生態環境，使土地成爲可持續使用的資源，所謂「有土此有財，有財此有用」（《大學》）。把百姓當寶貴，那就會視民如傷，讓年輕子弟接受良好完整的教育，讓成年人都能充分就業，「男有分，女有歸」（《禮記・禮運・大同》），家家戶戶都能安居樂業，照顧好鰥寡孤獨廢疾者，使「老有所終，壯有所用，幼有所長」。把政事當寶貴，那就會舉賢任能，「民之所好好之，民之所惡惡之」（《大學》），勤於政事，使野無遺賢，下情上達。只要把這三項做好，不必去寶珠玉，珠玉自然不求而自至，積滿倉庫。否則，捨本逐末，以珠玉爲寶貴，而無視於土地、人民與政事，那不就是自取災禍嗎？

第四百零四條　無有乎爾，則亦無有乎爾

由孔子而來至於今，百有餘歲，去聖人之世，若此其未遠也；近聖人之居，若此其甚也①，然而無有乎爾，則亦無有乎爾②。

① 近聖人…其甚也：聖人，指孔子。聖人之居，在魯國的都城曲阜，而孟子則住在不及百里之遠的鄒城，鄒魯相近，所謂「魯擊柝，聞於鄒」，近之甚也。

② 然而無有乎爾，則亦無有乎爾：爾，此，指孔子之道。「然而無有乎爾」，指沒有見而知之的人；「則亦無有乎爾」，謂恐怕連聞而知之的人也沒有了。

自孔子以後到現在，才一百多年而已，離聖人在世並不遠，距聖人所居又如此近，然而已沒有親眼目睹聖人之道的人了！那麼以後恐怕連耳聞過聖人之道的人也沒有了！這是《孟子》七篇的壓軸之作，在此孟子雖不敢自謂已得孔子之傳，但卻擔憂後世失掉孔子之道。正因爲如此，孟子認爲自己有不可推辭的責任，確信天理倫常不可泯滅，百世之後，一定會有心領神會而得以傳孔子之道的人。所以在篇終歷序群聖之統：「由堯舜至於湯」，「由湯至於文王」，「由文王至於孔子」，而終之以此，所以明其傳之有在，而又以俟後聖於無窮，用意深遠啊！

《中庸》

第四百零五條　致中和，天地位焉，萬物育焉

天命之謂性①，率性之謂道②，脩道之謂教③。道也者，不可須臾離④也；可離，非道也。是故君子戒慎⑤乎其所不睹，恐懼乎其所不聞。莫見乎隱，莫顯乎微⑥，故君子慎其獨⑦也。喜怒哀樂之未發，謂之中⑧；發而皆中節，謂之和⑨。中也者，天下之大本⑩也；和也者，天下之達道⑪也。致⑫中和，天地位焉⑬，萬物育⑭焉。

①天命之謂性：天命，上天所賦予的稟賦。性，指人的本性。

②率性之謂道：率，遵循。道，人道。

③脩道之謂教：脩，同「修」，整治。聖人以禮樂刑政教化天下，無非率循人的本性，修明人道而已。

④須臾離：須臾，極短時間。離，背離。

⑤戒愼：警戒恐懼。

⑥莫見…乎微：莫，沒有。見，同「現」。隱，暗處。顯，明。微，細事。

⑦獨：獨處，人所不知而己所獨知的地方。

⑧喜怒…謂之中：喜怒哀樂之未發，指人的情感尙未發動時，本心是寂然不動的，所以沒有過與不及的毛病，所以叫「中」。

⑨發而…謂之和：情感發動時，也能做到無過與不及，恰中其節，所以叫「和」。中，音ㄓㄨㄥˋ，契合。

⑩大本：道的根本。

⑪達道：世人共由的道路。

⑫致：推而達到極點。

⑬位焉：位，安其定所。焉，助詞。

⑭育：生長。

上天所賦予人的稟賦叫做本性，順著本性去做叫做人道，修明人道叫做教化。這個道，是不可片刻離開的，要是可以離開，那就不是道了。所以君子在別人看不到的地方格外警戒謹愼，在別人聽不到的地方格外惶恐畏懼。因爲，越是隱暗的處所越容易現露動機，越是細微的事情越容易顯著眞意，所以君子在獨處的時候格外謹愼小心。喜怒哀樂這些情緒還沒有宣發的時候，我們的心不會表現出太過或不及，這叫做「中」；宣發出來時都能合乎節度，這叫做「和」。中，是天下萬事萬物自然的本性，乃道之體；和，是天下萬事萬物共由的大道，乃道之用。能夠把中和推致到極點，那麼天、地就都能安居其位，萬物也都能生長發育。

這是《中庸》首章。《中庸》原爲《小戴禮記》第三十一篇，朱熹將它與《大學》《論語》《孟子》合編爲《四書》，並親自爲《大學》《中庸》章句，爲《論語》《孟子》集註，而成《四書章句集註》一書。從元朝開始《四書章句集註》就成爲朝廷開科取士的定本。影響所及，朝鮮、越南與日本的讀書人無不將《四書章句集註》視爲必讀經典。易言之，《四書章句集註》可說是東亞文明圈的聖經。

《中庸》首章乃是子思依孔子傳授之意而立言，首先闡明大道本出自天命而不可更易，事實上這個本就存在於我們自身而不可以分離；其次說明存心養性隨時省察的重要性；最後說明聖人化育功效的極致。希望學者在這上面用功，只須反求於其自身而能實得於己，這樣就能遠離外物的誘惑，而充擴其自身原有的善性了。《中庸》全篇的綱領就在這一章。

第四百零六條　誠者，物之始終；不誠，無物

誠者，自成也；而道，自道①也。誠者，物之始終；不誠，無物②。是故君子誠之爲貴。誠者，非自成己③而已也，所以成物④也。成己，仁也；成物，知⑤也；性之德⑥也，合外內之道⑦也，故時措之宜⑧也。

①自道：自己所當行的道路。
②不誠無物：物，指萬事萬物。謂任何道德事功，如果不出於誠意，終難成就而持久。
③成己：成就自己。
④成物：成就事物。
⑤知：同「智」。
⑥性之德：天生的德性。
⑦合外內之道：外，指物。內，指己。成己成物，物我一體，沒有內外的分別。
⑧時措之宜：時，隨時。措，措施。宜，合適。

誠是成就自己最重要的德行，道是引導自己所當行的道路。誠是一切事物的始終本末；不誠，就虛妄無物了。因此，君子所至爲尊貴的，莫過於誠了。誠，並不是成就自己而已，還要成就萬事萬物。成就自己，是仁；成就事物，是智。仁與智，是天生的德性；是外成事物，內成自己，是融合內外的法則。所以誠是隨時不論做什麼事都合適的。「誠者，自成也」是說，誠是萬事萬物之所以能成就自身的充分理由。「而道，自道也」是說，道是人所當遵循的道路。「誠」是從心上來講，是根本；「道」是從理上來講，是施用。「誠者，物之始終，不誠，無物」是說，天下的萬事萬物無不依循一定的實理，因此必定有了這個「理」，然後才有這個「物」，所謂「天生烝民，有物有則」。所以人的心一有不實，那麼雖然有所作爲也就像沒有作爲一樣。所以君子必定以誠爲貴，因爲人的心能無不實，乃能成就自己，而道對我來講，就沒有行不得的。誠，既然可以成就自己，自然也就及於萬事萬物，而道也就行於萬事萬物了。仁與智是體與用的關係：仁是體，智是用，兩者都是我們本性所固有，沒有內外的分別。既然仁與智能實得於己，則見於用事施爲，隨時無不得宜。

第四百零七條　誠者，天之道也；誠之者，人之道也

誠者①，天之道也；誠之者②，人之道也。誠者，不勉而中③，不思而得，從容中道④，聖人也；誠之者，擇善而固執之者也。

① 誠者：眞實無妄。指大道本就無須任何後天的作爲，就可眞實無妄。

② 誠之者：未能天生眞實無妄，卻希望能做到眞實無妄，因此須努力追求。

③不勉而中：中，音ㄓㄨㄥˋ，契合。言無須勉力而爲，自然契合大道。
④從容中道：中，音ㄓㄨㄥˋ，契合。從容，安舒貌。言從容自在，生知安行，自然與大道契合。

誠乃眞實無妄，是天地萬物與生俱有的道理。而努力做到眞實無妄，則是人生應有的道理。天生眞誠的人，無須勉力而爲，就自然契合大道；不必用心思考，就自然得到它；從容自在，生知安行，就自然與大道契合，這樣就是聖人。努力做到眞實無妄的人，用心選擇善道，然後堅固執守此道，不敢稍有偏失。其實，聖人與大道融渾爲一，眞實無妄，不待思勉而從容中道，這就是「天之道」。對於絕大多數，還沒達到聖人境界的人而言，不能沒有人欲之私，其德行不能圓融無缺，所以未能不思而得，那就要謹愼選擇善道，然後才可以明於善道；未能不勉而中，那就要堅固執守善道，然後才可以使自己眞實無妄。這就是「人之道」。「不思而得」是「生知」的事，「不勉而中」是「安行」的事，「擇善」是「學知」、「困知」的事，「固執」則是「利行」「勉行」的事。

第四百零八條　至誠無息

故至誠無息①，不息則久，久則徵②，徵則悠遠，悠遠則博厚，博厚則高明③。博厚配地，高明配天，悠久無疆④。如此者，不見而章⑤，不動而變，無爲而成。天地之道，可一言而盡⑥也：「其爲物不貳，則其生物不測⑦。」

① 無息：不間斷。
② 徵：證驗於外。
③ 博厚則高明：博厚，相當於孟子所說的「充實之謂美」。高明，相當於「充實而有光輝之謂大」。
④ 無疆：沒有界線。
⑤ 不見而章：見，同「現」。章，同「彰」。言不待顯露而自然彰明。
⑥ 一言而盡：猶「一言以蔽之」。
⑦ 其爲…不測：不貳，眞誠專一，無貳心。不測，不可測度。

所以眞誠到極致，就不會有片刻的間斷；沒有片刻的間斷，就能持久；能久常於中，自能驗證於外；能驗證於外，就更能悠遠而無窮了；能悠遠，所以其積蓄就廣博而深厚；能廣博而深厚，所以其發用自能高大而光明。廣博深厚，就可與地匹配，負載萬物；高大光明，就可與天匹配，覆蓋萬物；如此就能悠久無疆，像天地一樣毫無界線。這樣，就像地一樣，不待顯露而自然彰明；像天一樣，不必有所動作而變化入神；就像天地一樣，不必有所作爲而成就萬事萬物。天地的道理，用一句話就可以概括無遺，那就是：「造物眞誠無妄，了無二心，所以化生萬物無法測度。」

第四百零九條　苟不至德，至道不凝焉

故曰：「苟不至德，至道不凝①焉。」故君子尊德性而道問學，致廣大而盡精微，極高明而道中庸②。溫故而知新，敦厚以崇禮③。

① 凝：聚斂，成功。

② 尊德性：道中庸：尊，恭敬，奉持。德性，吾人所受於天的本然善性。道問學，講論學問。一般來說，漢儒、清儒的章句、訓詁，是「道問學」；而宋、明諸儒的心性、義理之學，則爲「尊德性」。合兩者之長，廣大、精微，各臻其極。但即使達到最高明的境界，仍須由乎中庸。

③ 敦厚以崇禮：篤厚品德而崇尚禮節，不可徒尚空談。

所以說：「假使人沒有至高的德行，那至大的道理就難以凝聚。」因此，有德君子要恭敬持守自身的德性，還要講論學問；致力於道體的廣大，盡心於學問的精微；就算達到最高明的境界，仍須遵循中庸的法度。溫習舊學來增進新知，篤厚品德而崇尚禮節。「尊德性」是要存心而極乎道體之廣大。「道問學」是要求致知而盡乎道體之細微。這兩者是修德、凝道的關鍵。不以一毫的私意蒙蔽了自己，也不以一毫的私欲拖累了自己，涵泳乎其所已知的事，敦篤乎其所已能的事，這些都是存心的工夫。辨析事理不使有毫釐的忒差，處置事情不使有過與不及的謬誤。義理則日知其所未知，節文則日謹其所未謹，這些都是致知的工夫。因為沒有存心就無法致知，而存心又不可以不致知，所以這五句環環相扣，大小相資，首尾相應，聖賢教人入德的法門莫詳於此，學者不可不格外用心啊！

第四百一十條　學、問、思、辨、行，人一己百，人十己千

子曰：「博學之，審①問之，愼思之，明辨之，篤行之。有弗學，學之弗能，弗措②也；有弗問，問之弗知，弗措也；有弗思，思之弗得，弗措也；有弗辨，辨之弗明，弗措也；有弗行，行之弗篤，弗措也。人一能之，己百之；人十能之，己千之。果能此道矣，雖愚必明，雖柔必強。」

①審：詳盡。
②措：擱置，放棄。

孔子說：「想要做到眞誠無妄，那就要廣博地學習，詳盡地問究，謹愼地思考，清楚地辨析，誠篤地踐行。不學則已，學了沒學會絕不中止；不問則已，問了沒有徹底知道絕不中止；不思則已，思了而無所得絕不中止；不辨則已，辨了沒弄明白絕不中止；不行則已，行了而不誠篤絕不中止。別人一次就能做好，我就努力一百次；別人十次就能做好，我就努力一千次。要是眞能用這個方法，再愚蠢的人也會變得明睿，再懦弱的人也會變得剛強。」學、問、思、辨，乃是「擇善」，是「學而知之」的事；篤行是「固執」而爲仁，是「利而行之」的事。學、問、思、辨是理論的層次，篤行是實踐的層次。一切的理論，無不爲了實踐。這學、問、思、辨、行要是少了任何一個環節，那就不是眞學問了。至於從「有弗學，學之弗能，弗措也」到「人一能之，己百之；人十能之，己千之。」則告訴我們，不爲則已，爲則必然要有所成，所以常自許以百倍其功。這就是「困而知之」「勉而行之」的事，顯現出儒者有志於道，勇猛精進的幹勁。要眞能如此，「擇善」的功效就是明睿，「固執」的功效就是剛強。這就是張橫渠所說的：「爲學大益，在自求變化氣質。」我們生來稟賦不如聖人，想要「自求變化氣質」而成聖成賢，那就非以「人一己百，人十己千」這種「困知勉行」、百倍其功的努力，就不足以達成。但很多人生來稟賦不高，又不肯下定決心勤奮向學，只是空想要改變氣質，而結果就自怨自艾說：「天賦本就不如人，不是學習就能改變的。」這就是放棄自己的人，也是對自己不負責任的人。

第四百一十一條　言顧行，行顧言

子曰：「庸德之行①，庸言之謹②：有所不足，不敢不勉；有餘，不敢盡。言顧行，行顧言，君子胡不慥慥爾③！」

① 庸德之行：庸，平常。行，實踐。

② 謹：謹慎。

③ 胡不慥慥爾：胡，怎麼。慥，音ㄗㄠˋ。慥慥，篤實的樣子。爾，同「耳」。

孔子說：「在一般的德行上，盡我所能去踐行；在平常的言談中，務必謹慎些再說。還沒做好的事，不敢不勉力去做；說話要留有餘地，不敢說盡。言談時，要顧及自己的行爲；行爲時，要顧及自己的言談。君子固守中道，凡事不敢過與不及，怎麼可以不誠意篤實呢！」庸德之「行」，指踐行其實；庸言之「謹」，指慎擇其可。「德」雖不足，能勉力以行，則其行更加有力；「言」雖有餘，能謹愼以言，則其言更爲可信。謹愼到極致，那就「言顧行」；行愈爲有力，那就「行顧言」。如此，就是言行一致的翩翩君子了。

第四百一十二條　君子之道，鳶飛魚躍

君子之道①，費而隱②。夫婦之愚，可以與③知焉；及其至④也，雖聖人亦有所不知焉。夫婦之不肖⑤，可以能行焉；及其至也，雖聖人亦有所不能焉。天地之大也，人猶有所憾⑥。故君子語大，天下莫能載⑦焉；語小，天下莫能破焉。詩云：「鳶飛戾天，魚躍于淵⑧。」言其上下察⑨也。君子之道，造端乎⑩夫婦，及其至也，察乎天地。

①君子之道：在此指中庸之道。
②費而隱：費，指道的功用廣大。隱，指道體的精微。
③與：音ㄩˋ，參預。
④至：精深極致。
⑤不肖：指沒有修養。
⑥憾：遺憾。指天的晴雨寒暑不時、水旱疾疫，令人遺憾。

⑦ 載：音ㄗㄞˋ，容納。

⑧ 鳶飛：于淵：出自《詩經・大雅・旱麓》。鳶，音ㄩㄢ，猛禽，似鷹而嘴短尾長，俗稱鷂鷹。戾，達到。淵，深水處。

⑨ 上下察：上下，即高低。察，昭著。

⑩ 造端乎：起始於。

君子所奉行的中庸之道，其用處雖然廣大，但道體卻極其精微。就是一般沒有受過良好教育的愚夫愚婦也能知曉一些；至於講到精深極致之處，就是聖人也還有不曉得的地方。至於中庸之道的踐行方面，修養不好的男男女女也都能踐履一些；但是要做到精深極致，就算是聖人也還有做不到的地方。天地是如此的廣袤無垠，而人對它還是有些遺憾。所以君子要說這個道，大到極致，天下沒有能容納得下它的；要說這個道，小到極致，天下沒有能分解得開它的。《詩經》上說：「仰頭看到鷂鷹飛到天際，低頭看到魚兒躍入深淵。」這是說，這個道，上上下下無不昭著。君子所奉行的中庸之道，雖然只能從最平常不過的夫婦關係開始；它的精深極致，無不昭著於天地之間。其實，君子之道始自夫婦之間，遠可至於連聖人、天地也無法窮盡。這個中庸之道，其大無外，其小無內，可說極其廣大，然而它所依循的義理則極爲隱微而見不到。因爲可以知曉、可以能行，乃只是此道中的一部分而已，至於此道最爲精深極致的部份，就算聖人也會有所不知、不能。舉道的全體而言，聖人本就不能全盡，譬如孔子問禮或者堯舜病博施等事。

第四百一十三條　君子素其位而行，不願乎其外

君子素①其位而行，不願乎②其外。素富貴，行乎富貴；素貧賤，行乎貧賤；素夷狄③，行乎夷狄；素患難，行乎患難。君子無入而不自得④焉。在上位，不陵⑤下；在下位，不援⑥上。正己而不求於人，則無怨。上不怨天，下不尤⑦人。故君子居易以俟命⑧，小人行險以徼幸⑨。

① 素：不加修飾，獨行其志，外不求應，內不失正，猶《易經》履卦初九爻辭「素履，往无咎」中的「素」。
② 願乎：願，嚮慕、希望。乎，於。
③ 夷狄：與華夏相對，指茹毛飲血，尚未開化的地區。
④ 自得：隨遇而安，不作非分之想。
⑤ 陵：侵凌。
⑥ 援：攀援。

⑦ 尤：怨恨。
⑧ 居易以俟命：居易，處於平易之中。俟命，等待天命。
⑨ 徼幸：也作「僥倖」。

君子立身行事，安於其位，不會貪慕分外的職位。處在富貴的地位，就照富貴地位去做人；處在貧賤的地位，就照貧賤地位去做人；處在夷狄地區，就照夷狄風俗去生活；處在患難之中，就做患難中該做的事。君子不論在任何處境，都能悠遊自在。居高位，不會欺凌下屬；居下位不會攀援長官。己身端正而不責求別人，那就沒有怨恨。上不怨恨蒼天，下不責怪別人。所以君子自處平易，靜待天命的安排；小人則不安本分，冒險圖謀非分的好處。

第四百一十四條　愚而好自用，烖及其身

子曰：「愚而好自用①，賤而好自專②，生乎今之世，反古③之道。如此者，烖④及其身者也。」

① 自用：自作聰明。
② 自專：自作主張。

③ 反古：反，同「返」。復古。

④ 烖：同「災」。

孔子說：「愚笨而偏要自作聰明；卑賤而偏要自作主張；生於當今這個時代，卻要回到古時候的道路上；像這樣的人，災禍很快就會降臨到他身上。」這是說，愚笨的要聽命於聰明的；卑賤的要聽命於尊貴的；不可墨守成規，要懂得與時俱進；否則，就是自取災禍。在《周易・繫辭下》中，孔子也說過：「德薄而位尊，知小而謀大，力小而任重，鮮不及矣。」意思是說，一個人如果積德不夠敦厚，卻高居尊位；智識淺薄，卻謀畫大事；力量微小，卻承擔重任；像這樣的人，災禍很快就不招自至了。

第四百一十五條　天之生物，必因其材而篤焉

子曰：「舜其大孝也與①！德為聖人②，尊為天子，富有四海之內。宗廟饗之③，子孫④保之。故大德必得其位，必得其祿，必得其名，必得其壽⑤。故天之生物，必因其材而篤焉⑥。故栽者培之，傾者覆之。」

① 與：同「歟」，助詞，表讚嘆。

②聖人：修德極致而與大道融渾為一的人，乃儒家最尊崇的人格典型，如堯、舜二帝，禹、湯、文、武、周公、孔子等人。

③宗廟饗之：宗廟，古時天子或諸侯祭祀先人的處所。饗，祭祀。

④子孫：指舜的後人，虞思、陳胡公等。

⑤得其壽：舜享年一百一十歲。

⑥其材而篤焉：材，材質。篤，厚。

孔子說：「舜可眞是個孝子的典型啊！他的德行已達到聖人，他的尊貴已做到天子，他的財富已擁有天下，後世造起宗廟來祭祀他，他的子子孫孫保持著祭祀直到永遠。所以有偉大德行的人，一定能得到該有的爵位，一定能得到該有的俸祿，一定能得到該有的美名，一定能得到該有的高壽。所以上天創生萬物，一定會依照它的材質而篤厚它（材質好的讓它更好；材質差的讓它更差）。所以剛栽植的，就會善加培養；已經傾斜的，就會加速顚覆。」

第四百一十六條　孝者，善繼人之志、善述人之事者也

子曰：「夫孝者，善繼人之志、善述①人之事者也。」

①述：依循而行，一般指繼承、完成別人的事業，如「善述人之事」；或承襲別人的學說，如「述而不作」。

孔子說：「所謂孝，就是要能善於繼承先人的志向，善於完成先人的事業。」其實，儒學的核心理念就是「孝弟忠信」四個字。「孝文化」可說是中國傳統文化的重要組成部分。孝文化是以天生的親子關係爲紐帶，從「父慈子孝」而要求「兄友弟恭」，乃至於「夫和婦柔」，從「孝文化」衍伸出來的「家文化」，讓中國文化極爲鮮明地矗立於世界民族之林。中國傳統文化向來最重視的就是，如何理順人與人的關係，所謂「父子有親、君臣有義、夫婦有別、長幼有序、朋友有信」。孔子的仁學，這個「仁」字拆開來講，就是「二人爲仁」，也就是說，從最親近的人與人的關係，先把它妥善處理好，然後再由親及疏，由近及遠，乃至於「不獨親其親，不獨子其子」。也就是說，先從「親己之親，子己之子」，以致推擴到，要能「親人之親，子人之子」，以天下爲一家，四海之內皆兄弟也。這跟近代西方的個人主義，可說是大異其趣。個人主義，在西方世界有其產生的歷史背景和一定程度的進步意義。就個人主義要擺脫封建社會的農奴制來說，強調個性的解放，發揮個人的能動性，唾棄集體主義，讓整個歐洲社會「從身份（status）走向契約（contract）」、「從社群（Gemeinschaft）走向社會（Gesellschaft）」，從農村走向城市，從農業走向工業，是大有貢獻的。但個人主義也有它的弊病，人是孤零零的一個人，而過份張揚的權利意識（Rechtsbewusstsein），導致強者欺負弱者，人與人之間，缺乏應有的關懷與照顧。而中國傳統文化的可貴，就在於重視，處理好人與人的關係。就以「善有善報，惡有惡報」爲例，在現實世界裡頭，幹了很多壞事的人，不見得有惡報；做了很多善事的人，卻得不到善報。所以基督教世界裡頭，他們務必要假定人死之後，靈魂仍未朽壞，要依靠那個「全知全能」的上帝來執行「最後審判」，把一個人一輩子的所做、所爲，甚至於所思、所謀，來個全面審判。當一個人畢生的功與過經加加減減評比、審理之後，善有餘的，上天堂；惡太多的，下地獄。反正任何的善惡，最後還是回報到同一個人身上。中國傳統文化就不是這樣，一個人做了很多惡事，還沒有惡報，這是因爲他的先人留下來的餘蔭還沒用完；一個人做了很多善事，竟沒有善報，這是因爲他的先人留下來的業障還未償清。在中國人的世界裡頭，人不是孤零零的，有生之年務必要多積陰德，俾能庇蔭子孫；當子孫的人，則要懂得「善繼人之志、善述人之事」，感念先人對我們的庇祐。就因爲這樣，作爲後人的，要愼終追遠，也因爲這樣，自然而然地衍伸出家譜、家廟，乃至於琳瑯滿目極爲豐碩的家訓文化。經由孝文化，發展出來的家文化，正是中國人安心立命之所在，也是爲何中國不必有西方意義的宗教，卻能長久安定繁榮矗立在東亞的緣故。所以孔老夫子說：「夫孝者，善繼人之志、善述人之事者也。」言簡意賅，也只有能盡孝的人，才能友愛兄弟，然後才能「言忠信，行篤敬」。就像先賢林則徐所說：

「父母不孝，奉神無益；兄弟不和，交友無益。」就是說，對父母不能好好盡孝，拜再多的神明，也沒有幫助；親兄弟都不能和好相處，結交再多的朋友，也是白費力氣！

第四百一十七條　君子之道，本諸身，徵諸庶民

故君子之道①，本諸②身，徵諸庶民③，考諸三王而不繆④，建諸天地而不悖⑤，質諸鬼神而無疑⑥，百世以俟⑦聖人而不惑。

①君子之道：君子，這裡是指稱王天下的人。道，這裡是指議禮、制度、考文方面的事。
②諸：乃「之於」二字的合音。下同。
③徵諸庶民：徵，驗證於外。庶民，一般百姓。謂在一般百姓身上得到驗證。
④繆：音ㄇㄡˋ，同「謬」，錯誤。
⑤建諸…不悖：悖，音ㄅㄟˋ，背離。建立於天地之間而不相違逆，亦即與天地合德的意思。
⑥質諸…無疑：質問於鬼神而無所疑慮。
⑦俟：等待。

所以君臨天下的聖王，對於議禮、制度、考文這些事，要從修養好自身的德行做起，而

驗證於一般百姓是否信從，以夏、商、周三代的禮制來查考也沒謬差，建立於天地之間而能與天地合德，質問於鬼神也能得到首肯，就算等到百世以後才復出的聖人對它也不會有所疑惑。

第四百一十八條　君子動而世爲天下道

是故君子，動而世爲天下道①，行而世爲天下法②，言而世爲天下則③。

① 動而世爲天下道：動，兼「行」與「言」而言。世，世世代代。道，兼「法」與「則」而言。

② 法：法度。

③ 則：準則。

因此君臨天下的聖王，他的言行可以世世代代成爲天下的楷模，他的行爲可以世世代代成爲天下的法度，他的言談可以世世代代成爲天下的準則。

第四百一十九條　人道敏政，地道敏樹

子曰：「人道敏①政，地道敏樹。夫②政也者，蒲盧③也。故爲政在人，取人以身，修身以道，修道以仁。仁者，人也，親親④爲大；義者，宜也，尊賢爲大。親親之殺⑤，尊賢之等，禮所生也。」

① 敏：快捷。
② 夫：音ㄈㄨˊ，語助詞。
③ 蒲盧：草名，易生，而成長尤速，喻爲政易見成效。
④ 親親：親愛其父母親。第一個「親」爲動詞。
⑤ 殺：音ㄕㄞˋ，等差。

孔子說：「以人立政就像以地種樹一樣，很快就會出現成效。講到政事，就像蒲盧草一樣，很快就會有所成就。所以要治理政事，在於能得到人才；要選取人才，先修養好自身；要修養自身，就要以大道爲準則；要修持大道，就要以仁爲根本。所謂『仁』，就是把人當人看，最重要的是，先從親愛自己的父母親做起，再漸漸推擴，由近及遠，終至對天下兆民無不親愛。所謂『義』，就是把事情處理得恰到好處，無過與不及，而最重要的，莫過於尊重有賢德的人。從親愛自己的父母親開始，由親及疏，關係自有等差；尊重有賢德的人，也有尊重程度的不同等級，這就是禮制產生的根源。」

第四百二十條　在下位而能獲乎上之道

子曰：「在下位，不獲乎上，民不可得而治矣；獲乎上有道：不信乎朋友，不獲乎上矣；信乎朋友有道：不順乎親，不信乎朋友矣；順乎親有道：反諸身不誠，不順乎親矣；誠身有道：不明乎善，不誠乎身矣。」

孔子說：「處在下屬的地位，如果得不到上級的委信，就沒法管治百姓了；要獲得上級的委信是有方法的：如果得不到朋友的信任，就得不到上級的委信；要得到朋友的信任是有方法的：如果不能孝順父母，就得不到朋友的信任；要孝順父母是有方法的：反求於自身，而心之所存、所發未能眞實而無妄，就不能孝順父母了；要使自己眞誠無妄是有方法的：未能察明人心、天命的本然，而眞知至善的所在，那就沒法使自己眞誠無妄了。」

第四百二十一條　萬物並育而不相害，道並行而不相悖

仲尼祖述①堯舜，憲章②文武，上律天時③，下襲水土④。辟⑤如天地無不

持載，無不覆幬⑥；辟如四時之錯行⑦，如日月之代明⑧。萬物並育而不相害，道並行而不相悖。小德川流⑨，大德敦化⑩，此天地之所以為大也。

①仲尼祖述：仲尼，孔子的字。孔子因出生在魯國的尼丘山，因此名「丘」，是第二個兒子，因此字「仲尼」。仲，排序第二的意思。
②憲章：憲，取法之意。章，同「彰」，闡明。
③上律天時：律，效法。天為純陽，在上。向上效法天的運行有常，才能四時不忒，寒來暑往。
④下襲水土：襲，因襲。五行之中，只有水、土二者屬陰，其餘則屬陽。陽在上，而陰在下。向下則因襲水性潤下，土能稼穡，栽種、灌溉各種作物。
⑤辟：同「譬」。
⑥覆幬：幬，音ㄉㄠˋ。覆蓋。
⑦錯行：交替運行。
⑧代明：交替照明。
⑨川流：如河川流水的脈絡分明。
⑩敦化：篤厚化育。

孔子遠宗堯、舜之道而傳述給後人，近則取法文王、武王而予以闡明彰顯，上則效法天道的自然運行，下則因襲水土的作育萬物。譬如天地能夠持載、覆蓋萬物；譬如四季的更迭運行，如日月的交替輝映。天覆地載，萬物一同生長於天地之間而不相妨害；四時錯行、日月代明於天地之間而不相背離。其不相妨害、不相背離，乃小德的川流脈絡分明，長流不息；其並育、並行，則是大德的敦厚化育，根本盛大而衍出無窮。小德是全體的一部分，大德則是萬殊的根本。這就是天地所以偉大之處啊！

第四百二十二條　衣錦尙絅：君子之道，闇然而日章

詩曰：「衣錦尙絅①。」惡其文之著②也。故君子之道，闇然而日章③；小人之道，的然④而日亡。故君子之道，淡而不厭⑤，簡而文，溫而理；知遠之近，知風之自，知微之顯⑥，可與⑦入德矣。

①衣錦尙絅：衣，音一ˋ，穿著，爲動詞。錦，彩色的綢衣。尙，加的意思。絅，音ㄐㄩㄥˇ，同「褧」，單層的罩衫。出於《詩經・衛風・碩人》與《詩・鄭風・丰》，皆作「衣錦褧衣」。

②惡其文之著：惡，音ㄨˋ，厭惡。文，衣上的文彩。著，太過顯明。

③闇然而日章：闇然，幽暗的樣子。章，同「彰」。
④旳然：旳，音ㄉㄧˋ。光明的樣子。
⑤淡而不厭：清淡而不惹人厭。
⑥知遠……之顯：遠之近，見於彼者，由於此也。風之自，著於外者，本於內也；微之顯，有諸內者，形諸外也。
⑦與：猶「以」。

《詩經》說：「穿了彩色的綢衣，還得再加上一件單層的罩衫。」這是因為嫌惡那綢衣的文彩太過亮麗啊！所以君子為人之道，內斂而不外露，只在存心養性下工夫，日子一久，德行日長，自然一天天彰明起來；小人的為人之道，急著求知於人，而不在心性上下工夫，日子久了，自然一天天的消亡。所以君子的為人之道，清淡而不令人厭煩；雖然平易，卻有文彩；像美玉一樣，溫潤而有條理。知道遠處是由近處開始的；知道風行草偃的教化是有所本的；知道細微的也終將顯明，這樣，就可以進入德行之門了。

四書精華階梯

作者◆朱高正
發行人◆施嘉明
總編輯◆方鵬程
主編◆葉幗英
校對◆蔡蔚泰
美術設計◆吳郁婷

出版發行：臺灣商務印書館股份有限公司
臺北市重慶南路一段三十七號
電話：(02)2371-3712
讀者服務專線：0800056196
郵撥：0000165-1
網路書店：www.cptw.com.tw
E-mail：ecptw@cptw.com.tw

局版北市業字第 993 號
初版一刷：2012 年 12 月
初版二刷：2013 年 2 月
定價：新台幣 690 元

ISBN 978-957-05-2772-8

四書精華階梯／朱高正著. --初版. --臺北市
：臺灣商務， 2012. 11
冊； 公分

ISBN 978-957-05-2772-8(全套：平裝)

1. 四書 2. 研究考訂
121.217 101019728

廣　告　回　信
臺灣北區郵政管理局登記證
台北廣字第6450號
免　貼　郵　票

100台北市重慶南路一段37號

臺灣商務印書館　收

對摺寄回，謝謝！

讀者回函卡

感謝您對本館的支持，為加強對您的服務，請填妥此卡，免付郵資寄回，可隨時收到本館最新出版訊息，及享受各種優惠。

■ 姓名：________________________ 性別：□ 男 □ 女

■ 出生日期：________年________月________日

■ 職業：□學生 □公務(含軍警) □家管 □服務 □金融 □製造
□資訊 □大眾傳播 □自由業 □農漁牧 □退休 □其他

■ 學歷：□高中以下（含高中）□大專 □研究所（含以上）

■ 地址：____
____

■ 電話：(H) ________________________ (O) ____________________

■ E-mail：____

■ 購買書名：____

■ 您從何處得知本書？
□網路 □DM廣告 □報紙廣告 □報紙專欄 □傳單
□書店 □親友介紹 □電視廣播 □雜誌廣告 □其他

■ 您喜歡閱讀哪一類別的書籍？
□哲學・宗教 □藝術・心靈 □人文・科普 □商業・投資
□社會・文化 □親子・學習 □生活・休閒 □醫學・養生
□文學・小說 □歷史・傳記

■ 您對本書的意見？（A/滿意 B/尚可 C/須改進）
內容 ____________ 編輯________ 校對________ 翻譯________
封面設計________ 價格________ 其他____________________

■ 您的建議：____

____

※ 歡迎您隨時至本館網路書店發表書評及留下任何意見

臺灣商務印書館 The Commercial Press, Ltd.

台北市100重慶南路一段三十七號 電話：(02)23115538
讀者服務專線：0800056196 傳真：(02)23710274
郵撥：0000165-1號 E-mail：ecptw@cptw.com.tw
網路書店網址：http://www.cptw.com.tw 部落格：http://blog.yam.com/ecptw
臉書：http://facebook.com/ecptw